纳税规划及其法律规制研究

夏仕平 著

中国言实出版社

图书在版编目（CIP）数据

税收规划及其法律规制研究 / 夏仕平著 . -- 北京：
中国言实出版社，2019.12
ISBN 978-7-5171-3297-4

Ⅰ. ①税… Ⅱ. ①夏… Ⅲ. ①税法—研究—中国
Ⅳ. ① D922.220.4

中国版本图书馆 CIP 数据核字（2019）第 283744 号

出 版 人　王昕朋
总 监 制　朱艳华
责任编辑　代青霞
责任校对　崔文婷
出版统筹　史会美
责任印制　佟贵兆
封面设计　水岸风

出版发行　**中国言实出版社**
　　　　　地　　址：北京市朝阳区北苑路 180 号加利大厦 5 号楼 105 室
　　　　　邮　编：100101
　　　　　编辑部：北京市海淀区北太平庄路甲 1 号
　　　　　邮　编：100088
　　　　　电　话：64924853（总编室）　 64924716（发行部）
　　　　　网　址：www.zgyscbs.cn
　　　　　E-mail：zgyscbs@263.net

经　　销　新华书店
印　　刷　北京虎彩文化传播有限公司
版　　次　2020 年 1 月第 1 版　 2020 年 1 月第 1 次印刷
规　　格　710 毫米 ×1000 毫米　1/16　20.5 印张
字　　数　263 千字
定　　价　39.80 元　　ISBN 978-7-5171-3297-4

前言

    在中国，纳税规划（Tax Planning）理念和避税理念一样都是从西方引进的，从时间上来看，避税理念的引进要略早一些。避税理念进入我国学者视野后，就有"逆法避税"和"顺法避税"的纠结，纳税规划理念引进后，不仅打开了这一心结，而且曾经风靡一时。学者们往往把"顺法避税"称为纳税规划或纳税筹划，把"逆法避税"称作避税。在学者们的推动和鼓噪下，纳税规划理念在中国得以迅速推广，并付诸实践，但政府或官方并不十分认可，在官方的法律、法规里没有涉及这一概念。随着专业中介机构的介入，在纳税规划减轻税收负担的示范效应下，纳税规划发生变异，在实际操作中逐渐模糊了"顺法"和"逆法"的界限，大部分筹划方案演变成一种避税的高级形式。2008年肇始于美国的全球金融危机，引爆了各国政府对激进型纳税规划（Aggressive Tax Planning）进行规制的愿望，激进型纳税规划的研究及规制迅速进入了人们的视野，并很快成为国际税收领域研究的热点之一。

    激进型纳税规划事实上是避税的高级形式，其泛化实际上是新自由主义全球化发展的结果。新自由主义对内主张减少国家对经济的管制和干预，推进私有化；对外主张资本全球化、贸易自由化，为资本和技术的跨国输出提供一切便利。新自由主义主张的推广，主导了资本主义全球化的扩张，推动了经济全球化和贸易自由化，促进了资本、技术、人员等的全球自由流动。随着新自由主义的泛滥，虚拟经济恶性膨胀，发达国家工业空心化；发展中国家政治经济主权受损，产业链条低端化。在税收上表现为"避税天堂"泛化、国家税收主权被削弱、国际税收秩序趋于失衡。

20世纪二三十年代建立起来的国际税收秩序，在经济全球化，尤其是数字经济的冲击下，与跨国企业不断翻新的经营模式和盈利模式不相适应。首先，数字经济的无形性和可移动性使得确定税收管辖权的连接因素消失或模糊，给传统的居民税收管辖权和来源地税收管辖权的认定标准带来挑战。其次，数字经济模式下所得的定性分类标准越来越不清晰，使得按不同所得类型分别规定不同税基的协调原则变得举步维艰。经济实质和合理商业目的等有关交易所得的定性标准面临严峻挑战。再次，跨国企业全球化经营模式以及不断创新的盈利模式，使不同国家税制因差异引起的冲突加剧，错配范围呈扩大趋势。冲突的典型形式是双重征税，错配的典型形式为双重不征税。企业利用其全球运营网络，借助数字技术进行激进型纳税规划，相关国家税收流失严重，加剧了金融危机之后的财政危机。

早在2006年9月，OECD（经济合作与发展组织，简称"经合组织"）第三次税收征管论坛，对快速蔓延的激进型纳税规划给予了重点关注，并把应对激进型纳税规划的工作计划写入了《首尔宣言》。该计划包括：（1）进一步完善《OECD激进型纳税规划方案手册》，持续关注激进型纳税规划行为，跟踪和掌握其发展趋势，提出积极的应对措施。（2）调查研究税务中介在税收不遵从和激进型纳税规划中所起的作用。根据上述两项计划内容，OECD专家小组经过一年多的研究，于2008年发布了《对税务中介作用的研究（2008年）》，对激进型纳税规划的基本特征进行了描述，即"可能导致税法被滥用而出现立法者无法预见后果的纳税规划"和"有利于纳税人的、对与纳税申报相关的重大事项是否合法存在的不确定性不进行披露的纳税规划"。

该研究报告还针对激进型纳税规划提出了一系列应对措施。2013 年，OECD 推出的"税基侵蚀和利润转移行动计划"（以下简称"BEPS 行动计划"），在 G20 圣彼得堡峰会上，各国领导人进行了背书。该计划的 15 项子计划于 2015 年已全部完成，并在 G20 安塔利亚峰会上获得核准。从理论上讲，BEPS 行动计划将产生三个层次的规则协调：一是对各国国内税收立法的建议；二是涉及所得税方面的国际规则的修订，包括 OECD 税收协定范本及其注释的修订，OECD 转让定价指南的更新；三是形成多边法律工具，进行多边税收协调。三个层次的协调不仅涉及经济贸易中的所得税政策的协调，而且会直接影响或调整资本、技术和人员等生产要素的跨境流动。可以说，BEPS 行动计划的实施将指引国际税收秩序的重大调整和变革，国际税务合作出现历史转折点。

为遏制和防范激进型纳税规划行为的蔓延，有关国家对税制安排进行了重新审视，制定或修订反避税规则，中国也毫不例外，修订和制定了一系列反避税规则。尤其是 2014 年 11 月 16 日，习近平主席在澳大利亚举行的 G20 领导人第九次峰会上关于加强全球税收合作、打击国际逃避税等讲话，标志着中国从借鉴国际税收规则逐步转向参与制定国际税收规则。

解读、吸收、消化这些反避税规则变得十分紧迫，我们试图从激进型纳税规划行为及其规制的维度，对反避税的过去、现在及未来进行探究，为纳税人开展纳税规划、税务机关开展反避税提供指引。

本书以我国税收理论和实践为基础，吸收了 BEPS 行动计划的合理成分，梳理了纳税规划在我国的演进过程，并进行了法理学分析。通过对大量的避税或纳税规划案例分析，筛选出了典型的激进型纳税规划行为，并分别从资本弱化、混合错配、滥用税收协定、受控外国公司、转让定价、强制信息披露等视角分析了激进型纳税规划的基本路径或模式，通过文献研究，评析了相关国家对激进型纳税规划的规制措施的着力点及经验，重点分析了我国现行的法律、法规及规章对激进型纳税规划的规制，并提出了相应的完善措施。但由于本人的研究能力有限，研究的广度和深度不够，如有不足之处，敬请批评指正。

本书是教育部人文社会科学研究规划基金项目（《恶意税收筹划行为及法律规制研究》项目编号：14YJA790063）的主要研究成果之一，由教育部人文社会科学研究规划基金资助完成研究工作。

湖北第二师范学院　夏仕平

2019 年 10 月

目 录

1. 纳税规划的税收法理学分析

纳税规划作为纳税人的一项基本权利，有其存在的法理基础。纳税人在生产经营活动中可以基于各国税收管辖权的差异，有对纳税范围及方式、税率的适用性、税收优惠、避免双重征税的方法、反避税措施以及税收征管水平等自由选择的权利。但是纳税规划是否合法，税收理论界和各国政府认识不一致，有的认为纳税规划是合法的，应受到法律保护；有的认为纳税规划是不合法的，应予以打击；有的认为纳税规划既不违法，也不合法。正因为这种认识上的差异，各国政府对纳税规划采取了不同的法律规制措施。我们认同纳税规划在法理上有其存在的基础，但作为一种权利是否在法律上予以保护，应遵循各国的法律规制措施。

1.1 纳税规划在中国

纳税规划理念自 20 世纪 80 年代引进到中国后，在理论研究和税收实践中，大致经历了四个阶段，即纳税规划的酝酿期、形成期、发展期和反思期。[①]

第一阶段：中国纳税规划的酝酿期（1994 年以前）。中国在改革开放之前，实行的是高度集中的计划经济体制，国有经济占主导地位，国有企业利润上缴是财政收入的主要形式，税收职能作用的发挥受到了极大限制。改革开放以后，为了积极应对对外开放给税收制度提

---

① 夏仕平．纳税筹划误区研究综述 [J]．当代经济，2011（03）．收入本书时有修改。

出的新要求，中国财税部门在思想上、理论上全面贯彻党的十一届三中全会精神，实事求是地总结了新中国成立以来税制建设的经验和教训，从当时的实际情况出发，提出了包括开征国营企业所得税和个人所得税等内容的税制改革基本设想，并确定配合对外开放政策、税制改革优先解决对外征税问题。这一时期，纳税人谋求减轻税负的主要手段是偷税、漏税、欠税。1993年1月1日，《中华人民共和国税收征收管理法》（以下简称《税收征管法》）正式实施，这是我国第一部统一的税收方面的法律，标志着中国税收征管工作从此进入法制化、规范化的轨道。随着对偷税、漏税、欠税行为打击的加强，避税尤其是逆向避税逐渐成为减轻税负的一种新型手段。这一时期税收理论和实践的研究主要集中在建立和完善税制以及防止税收流失等问题上，避税问题的研究开始成为热点。虽然这一时期关于避税与反避税方面著作的大部分内容是国外研究成果的"移植"，但这些研究无疑为纳税规划理念的引进打下了基础。搜索这一时期国内对纳税规划的研究，以"纳税规划""税收筹划""纳税筹划"为主题词的文献几乎没有，而以"避税"为主题词的文献有100多条。因此，可以说这一时期理论界和实务界开始对避税和反避税问题进行研究，但在对避税问题性质的界定上，争议较大，关于避税"合法""非法""既不违法也不合法"三种观点各执一词；在内涵和外延上未能对避税进行明确的界定，其明显表现就是没有将避税与偷税、逃税、节税等相关概念明确区分，也没有体现避税的本质特征。"近年来，在研究加强税收征管的过程中，常有人把逃税、避税、节税相混同，认为避税就是逃税，节税也是避税。应当肯定，逃税、避税、节税之间的界限确有不清之处，但也绝非等同。"中国政府一直以来都不提倡避税，并致力于通过完善税法、堵塞漏洞等反避税措施来加以防范。鉴于此，一些学者把避税分为合理（合法）避税与不合理（不合法）避税，将符合国家立法意图、符合税收政策法规并达到减轻税收负担目的的行为视为合理（合法）避税，不符合国家税收立法精神、钻税收法律漏洞的行为视为不合理（不合法）避税，并试图用节税和纳税规划的概念取代合理（合法）的避税。因此，这一时期通过对避税行为的研究，中国试图开拓一个新的研究领域——纳税规划。

第二阶段：中国纳税规划的形成期（1994—2001年）。1994年，中国进行了分税制改革。分税制改革后，中国的税收程序法和实体法逐步完善，市场配置资源的作用逐渐增强，其对于纳税规划的市场需求也明显增加；税务代理作为一个行业逐步形成，税务代理中介纷纷建立，中国出现了第一批注册税务师，但这一阶段由于中介行业和税务机关的业务及行政隶属关系尚未完全理顺，所以代理中介的主要职能是业务代理，以具体涉税事项为主。唐腾翔、唐向（1994）所著的《税务筹划》是国内第一本提出纳税规划概念并进行系统研究的专著，该书指出税收筹划是在法律规定许可的范围内，通过对经营、投资、理财活动的事先筹划和安排，尽可能地取得"节税"的税收收益。"该定义在我国税收筹划研究领域中起到了奠基的作用，但限于当时的经济体制，从事理论研究与实践运用的企业和个人少之又少。"与此同时，有关法律、法规的出台为税收筹划的研究和运用做了法律层面的铺垫。如1993年颁布了《税收征管法》、1994年国家税务总局制定的《税务代理试行办法》，这些法律和规范性文件的出台标志着我国政府对税务代理及其行为在法律地位上的认可，为税收筹划的研究做了铺垫。1999年11月，由原浙江财经学院承办的国家教育部"面向21世纪财政专业教学内容和课程体系改革项目"第二次研讨会在舟山顺利召开，与会代表认为，《税收筹划》作为财政专业的教材是一个新的尝试，但要写得好，难度很大，其作为主干课尚不够成熟，宜先作为选修课，待条件成熟后再考虑定为必修课。与会代表认为，从纳税人角度研究纳税规划问题很有必要，也很重要，是培养 21 世纪财经人才的必需。这无疑成为纳税规划研究的号角，纳税规划开始成为热点。2000 年，《中国税务报》率先开办了"筹划周刊"，公开讨论税收筹划问题，这是一次社会观念与思维的质的飞跃。2001 年 1 月，由全国各地近百家税务师事务所联合承办的全国首家税收筹划方面的专业网站——中国税收筹划网（www.ctaxplan.com）在大连正式上线运行。关于纳税筹划的文章、专著如雨后春笋般涌现。这一时期虽然出版了不少书籍，但原理性的介绍居多，理论和技巧大多是引用国外的成果，没有根据我国的国情和税法体系形成一套成型的理论，可行性较差。通过文献检索，这一时期以"纳税规划""税收筹划""纳税筹划""节税"为主题词与以"避税"为主题词的文献旗鼓相当，且绝大部分文章都以概念辨析、性质界定、成因分析为主。

第三阶段：中国纳税规划的发展期（2001—2007 年）。这个阶段的起始标志是 2001 年 5 月 1 日新的《税收征管法》的颁布和实施。这一阶段，随着全国税务机关法制化、规范化建设的逐步深入及税务中介改制的全面完成，纳税规划在中国开始迅速发展、全面展开。这一阶段的研究有以下几个特点。

1. 构建了有中国特色的纳税规划基础理论框架。学者们在纳税规划的界定、法律分析、原则和基本原理等方面进行了详细的研究，并在总体方面达成共识。

2. 研究视野开阔，形成了三个纳税规划类别的研究：一是围绕税种类别展开的研究；二是围绕企业经营活动的不同方式展开的研究；三是纳税规划的理论研究，从契约理论、博弈理论、比较利益学说和系统论等角度剖析纳税规划的理论渊源，对纳税筹划的必要性、可行性、约束性和过程等从理论上进行揭示。此外，这一阶段还对纳税规划的风险及防范进行了广泛的探讨。

3. 纳税规划交流平台多样化，形成了四种交流平台：一是《中国税务报》《税务研究》和《涉外税务》等主要税收理论报纸、刊物分别开辟的"税收筹划"专栏而形成的报刊平台；二是以中国税收筹划网等开办的专门进行税收筹划理论研讨和案例交流的网络平台；三是以电视、广播开办的专门的纳税筹划论坛平台；四是以各种纳税规划讲座和研修班为载体的直接交流平台。

4. 各高等院校相继开出了税收筹划课程。许多高校财务管理专业和相邻专业纷纷开设了税收筹划课程，税收筹划逐步进入普及阶段。

5. 研究成果丰硕，范围不断扩展。专著、编著、论文数量急剧增加，与此同时中国也开始了对纳税规划误区的研究。"尽管纳税筹划已渐渐地深入到人们的生活中，但很多人仍然对于纳税筹划没有很明确的认识，往往将纳税筹划与税务筹划、避税，甚至偷税等同起来，而且，现在许多纳税人所做的筹划方案很不规范，其中一部分实际是偷漏税。这些都说明我们纳税筹划已经走入误区。"[①]

第四阶段：中国纳税规划的反思期（2008年至今）。2008年，《中华人民共和国企业所得税法》（以下简称《企业所得税法》）颁布以后，纳税规划进入了一个新的发展阶段。一方面，《企业所得税法》及其实施细则的颁布使我国在所得税的实体法上与国际更加接轨，传统的纳税规划手段迫切需要调整。另一方面，2009年我国颁布了《特别纳税调整实施办法（试行）》，以理论界学者、企业税务顾问和中介为代表的纳税规划从业人员开始了理性的回归。夏仕平在2010—2013年期间对纳税规划的误区进行了研究，形成了《流转税纳税筹划误区及指正》（2010）、《企业所得税纳税筹划误区及指正》（2010）、《利用固定资产折旧进行纳税筹划的误区指正》（2010）、《我国纳税筹划误区研究

---

①智敏等.纳税大思维——走出纳税筹划的误区[M].北京：机械工业出版社，2002.

综述》（2011）等阶段性成果，对理论与实际的差异进行了剖析。这一时期，纳税规划的质量开始受到广泛关注，①优化纳税、化解风险在学界、业界达成共识，强调纳税规划方案的优劣需要经历实践和时间的检验。陈珝《应对恶意税收筹划措施的国际比较研究及启示》（2011）将"恶意税收筹划"②的概念引入中国，对恶意税收筹划的含义、产生的背景以及应对措施进行了介绍，目前围绕"税基侵蚀与利润转移行动计划》"开展了广泛的研究和讨论，核心是如何对恶意税收筹划行为进行有效的反制。

1.2 纳税规划的内涵及外延

纳税规划是"Tax Planning"的意译，从单词可以理解为"税收计划"。由于中国税务部门将税收征收任务的安排称为"税收计划"，为避免混淆，在从国外文献中引入这一术语时，将其意译为"纳税规划""纳税筹划"或"税收筹划"。

究竟什么是纳税规划，国际上也尚无统一、权威的定义。关于纳税规划的产生，中国理论界公认有两件标志性事件：一是1935年英国上议院议员汤姆林爵士在针对"税务局长诉温斯特大公案"时的发言："任何一个人都有权安排自己的事业，依据法律这样做可以少缴税。为了保证从这些安排中得到利益……不能强迫他多缴税。"二是1947年美国著名法官汉德在"专员 V. 纽曼案件"中的陈述："法院一直认为，人们安排自己的活动以达到低税负的目的，是无可指责的，每个人都可以这样做，不论他是富翁，还是穷光蛋。而且这样做是完全正当的，因为他无须超过法律的规定来承担国家税收；税收是强制课征的，而不是靠自愿捐献的。"

---

① 于丽. 税收筹划的"质量"开始受到广泛关注 [N]. 中国会计报，2011-10-28.
② "恶意税收筹划"是"Aggressive Tax Planning"的意译，直译为"激进型纳税规划"。

关于纳税规划的表述，在中国引用比较多的有三种：

第一种：国际财政文献局（International Bureau of Fiscal Documentation，简称 IBFD）在《国际税收词汇》（*International Tax Glossary*）中对纳税规划的定义，即"纳税规划是指通过对纳税经营活动或个人事务活动进行安排，以达到缴纳最低税收的目的"。

第二种：印度税务专家 N.J. 雅萨斯威在《个人投资和纳税规划》（*personal Investment and Tax Planning*）一书中对纳税规划的描述，即"纳税规划是指纳税人通过对财务活动的事先安排，借助于对税收法规所提供的包括减免税在内的一切优惠的充分利用，从获取最大的税收利益"。

第三种：美国南加州大学 W·B. 梅格斯博士在与 R·F. 梅格斯合著的《会计学》（*Accounting*）中的解释，即"人们通过既合理又合法的方法安排自己的经营活动，使之缴纳尽可能低的税收。他们使用的方法可称之纳税规划……少缴和递延缴纳税收是纳税规划的目标所在"。

上述三种界定，其共同点在于：第一，纳税规划的目的是"缴纳最低的税收"或者"获得最大的税收利益"。第二，纳税规划是通过对公司经营活动或财务活动的事先规划和安排。不同点在于：第三种解释强调了纳税规划既要合理，又要合法。第二种描述强调了纳税规划要利用税收法规提供的一切优惠，暗含要合法。而第一种定义没有强调纳税规划是否需要遵守法律、法规。

纳税筹划理念于 20 世纪 80 年代引入中国，有的叫"纳税筹划"，有的叫"税务筹划"，也有的叫"合理避税"。但在对其界定时大多是对上述三种定义的综合，只是表述上有差异而已。如中国纳税规划研究的先驱唐腾翔先生认为："纳税筹划指的是在法律规定许可的范围内，通过对经营、投资、理财活动的事先筹划和安排，尽可能获得

'节税'（tax saving）的税收利益。"[1]学者张中秀先生认为："纳税筹划应包括一切采取合法和非法手段进行的纳税方面的策划和有利用纳税人的财务安排，主要包括节税筹划、避税筹划、退税筹划和实现涉税零风险。"[2]学者盖地先生认为："纳税人在税法的规定下，行使自身权利，遵守税法规定的'允许'和'不允许'的内容、'应该'和'不应该'的项目，还有'非不允许'与'非应该'的相关内容等，制定出一系列规划和策略，指导各种事务、投资、经营等活动，目的是降低税负。"[3]学者高金平先生认为："税收筹划是纳税主体在符合法律规定的条件下，提前规划好自己的各种应税行为，从而使自己获得最多的利润。"为数不多的带有官方烙印的有关纳税规划的表述是《税务代理实务》一书，其把纳税规划明确定义为："在遵循税收法律、法规的前提下，当存在两个或两个以上纳税方案时，为实现最小的合理纳税而进行的设计和运筹。"[4]这些界定大多强调的还是：第一，纳税规划不以违反税收政策法规为前提，是在法律许可的范围内进行的，是纳税人进行的纳税优化选择。第二，纳税规划应顺应政府政策意图，有利于政府实现某些政治或经济目的。第三，纳税规划要具有前瞻性。纳税规划不同于一般的会计处理，会计处理一般在事后，纳税规划一般在事前。第四，纳税规划具有目的性。纳税规划的直接目的是通过少缴税款减轻税收负担，进而增加企业收益，实现企业利益最大化目标。

从对纳税规划的界定来看，纳税规划的确值得鼓励和保护。一是纳税规划有利于纳税人增强法律意识。纳税人减轻税收负担的动机是客观存在的，其行为方式可以是纳税规划、避税，也可以是偷税，其

① 唐腾翔，唐向.税收筹划[M].北京：中国财经出版社，1994.
② 张中秀.纳税筹划宝典[M].北京：机械工业出版社，2001.
③ 盖地.税务会计与纳税筹划[M].大连：东北财经大学出版社，2001.
④ 国家税务总局.税务代理实务[M].北京：中国税务出版社，2004.

中避税和偷税都是不可取的。用合法的手段达到减少缴税款的目的，从税务风险的角度看，不仅提高了规避税务风险的有效性，而且达到了税收零风险的目的，促进了纳税遵从的实现。纳税人纳税规划的过程也是对其法律意识的强化过程。二是纳税规划有利于促进税收法制建设。纳税人顺应国家的政策导向，对其投资、筹资、生产和经营等活动进行计划安排，获取国家给予的税收优惠，既是纳税人对国家税收法规及有关经济政策的一种回应，也是对国家政策导向的正确性、有效性以及国家税收法规完善性的检验。因此，国家可以根据纳税人纳税规划行为，捕捉改进相关税收政策，完善税收法律、法规的信息。三是纳税规划有助于国家产业结构和投资结构的优化。纳税人的纳税规划活动，是纳税人对国家税收法规、税收政策，乃至社会经济政策的个性化解读。如果国家的经济政策，尤其是税收政策导向正确，那么纳税规划的结果对宏观经济的影响就是良性的，具有积极和正面的作用，主要表现在税收的杠杆作用得以发挥，国家社会经济政策得到响应和实施，产业结构、投资结构达到优化。四是纳税规划有利于提高企业的经营管理和财务管理水平。纳税规划的过程就是对经济活动各个方面的事先缜密决策和安排，从这个意义上讲，纳税规划过程就是企业提高经营管理水平和财务管理水平的过程。

但是对纳税规划仅做以上理解是远远不够的。随着纳税规划理念的引进和推广，尤其是所谓筹划技术的运用，纳税规划行为与理论产生了偏离，误入了避税和偷税的歧途。因为纳税人在实际操作时，采纳的是《国际税收词汇》对纳税规划的定义，即"纳税规划是指通过纳税经营活动或个人事务活动的安排，以达到缴纳最低税收"。为使纳税人正确运用纳税规划，有必要对纳税规划的内涵和外延进行重新认识，厘清纳税规划与避税、节税之间的内在逻辑。

1.2.1 纳税规划与避税

避税，即"税收规避"的简称，在用语上，不同的国家和地区的称谓并不相同。如在德国称为"Steuermeidung"或"Steuerflucht"，在法国称为"évasion fiscale"，在美国和英国称为"tax avoidance"，而中国台湾地区则习惯称为"税收规避"。

"避税"这一术语虽然在日常生活中的出现频率很高，但在税法上，大多数国家并没有对其给出明确的定义，在税收理论研究和税务实践中，给出的概念也不统一。其中具有代表性的表述包括：荷兰国际财政文献局（IBFD）《国际税收词汇》（1992）对避税所下的定义："'避税'一词指的是用合法手段以减少税收负担。通常表现为纳税人通过个人或企业活动有巧妙安排，钻税法上的漏洞和缺陷，谋取税收利益。"这是在中国引入避税理念时，引用最多的定义。联合国税收专家小组在《发达国家与发展中国家之间谈判双边税收条约手册》（1979）中给出的定义是："避税可以认为是纳税人采取利用法律上的漏洞或含糊之处的方式来安排自己的义务，以致减少其本应承担的纳税数额。但这种做法不受法律约束。"这一定义对发达国家和发展中国家的税务当局影响比较大。中国台湾税法学家陈清秀先生在《税法之基本原理》（1997）一书中给出的定义是：税收规避是指利用私法自治契约自由原则对于私法上法形式的选择可能性，从私经济交易的正常观点来看，欠缺合理理由，而选择通常所不适用的法形式，于结果上实现所意图的经济目的或经济成果，但因不具备对应于通常使用的法形式的课税要件，因此减轻或排除了税收负担。这是为数不多的从法理学的角度对纳税规划进行的定义。中国学者刘剑文先生在《避税之法理新探》（2003）一文中提出，避税是指纳税人滥用法律形成的可能性，通过法律所未预定的异常的行为安排达成与通常行为方式同一的经济目的，谋求不正当减轻税负的行为。尽管理论界对于避税的理解不尽相同，但对避税的认识，在三个方面达成了共识。第一，非违法性，即不以违反税法为前提。第二，避税的着眼点是税法的缺陷、漏洞或含糊以及国际税务合作的困难。第三，避税的目的是减轻税负，谋求其经济利益的最大化。对避税认识的分歧主要体现在避税的正当性问题，即顺法避税和逆法避税问题。

顺法避税，也称"合理避税""合法意识避税"，是指纳税人顺应国家社会经济政策，尤其是税收政策，对经营活动和财务活动进行合理安排、规划，通过实施最优的纳税方案，减轻税负，获取正当的税收利益的行为。这种避税活动及产生的结果不仅不会削弱税法的法律地位，而且有利于税收各项职能的发挥。例如中国现行税法规定对高尔夫球及球具、高档手表、游艇等高档消费加征消费税，如果纳税人通过替代品的消费来规避纳税义务，这种避税行为就属于顺法避税，由于其没有违反法律意图，为国家所允许和鼓励。

逆法避税，也称"恶意避税""违法意识避税"，指纳税人违背国家税法的立法意图和初衷，利用税法的缺陷、漏洞及含糊，钻税收征管的空子，达到减轻税负或排除税法适用的行为。该行为与税法的立法意图相悖，例如对经济技术开发区、自贸区的企业，中国现行税收制度中规定了许多税收优惠政策，目的在于鼓励高新技术产业开发和促进特定地区经济的快速发展。但如果纳税人并不在这些地区设立企业或经营可以享受税收优惠的实体，而只是将其经营所得体现为在这些地区的所得，这类行为就称为逆法避税。如为促进新疆霍尔果斯地方经济的发展，2010年国家特批该地区为特殊经济开发区，入园企业能享受"五免五减半"（企业所得税五年内免征，五年后减半的优惠），有效期十年。但许多公司，尤其是影视公司为了利用这一政策，设立无经营场所、无固定办公人员的开票公司，规避国家税收，这类行为我们认为就是逆法避税。

对于纳税规划和避税之间的区别，学界观点也不一致，通过梳理，可以归纳为两大主流观点：一是认为纳税规划与避税是两个不同的范畴，前者运用的手段没有违反法律意图，并不需要利用法律规范进行限制；而后者是通过利用法律的漏洞减轻税收负担，其运用的手段违反了法律意图，需要制定法律予以限制。二是认为纳税规划与避税没有本质的区别，可以统称为避税。这种认识上的分歧，我们认为主要源于立法渊源的不同。立法条文没有规定或者禁止税收规避的国家，一般承认避税和纳税规划的合法性，因而认为两者没有本质的差别。在立法过程中更注重实质的国家，往往侧重于纳税人的行为所产生的经济结果，看是否违反立法意图，即使法律没有明文规定，法庭也可以认定其行为具有非法性，因而避税和纳税规划是有区别的。我们认为，纳税规划和避税这两者是有区别的，两者并不是完全重合的，纳税规划的范围包括避税，避税是纳税规划的一个子集。我们可以把顺法避税称为节税或善意的纳税规划，将逆法避税称为激进型纳税规划。

1.2.2 纳税规划与节税

中国税务专家钱晟先生认为："税务筹划也称节税，是纳税人在法律许可范围内，通过经营、投资、理财等事项事先安排和策划，以充分利用税法所提供的包括减免税在内的一切优惠，从而获得最大的税收利益。"[1] 学者盖地先生（1998）认为："纳税筹划的基本实质就是节税。"[2] 张守文先生也认为："它不仅在形式上合法，而且在实质上也与税法的宗旨相一致，甚至还是国家鼓励的行为，因此，它还具有实质

---

[1] 钱晟.税收管理[M].北京：中国人民大学出版社，1996.
[2] 盖地.纳税申报与纳税筹划[M].上海：立信会计出版社，1998.

上的合法性。"① 虽然对于节税的具体表述不同，但他们比较一致地认为：第一，节税具有合法性。节税是在法律允许的范围内对纳税方案的优化选择。第二，节税符合政策导向性。节税行为的实施及其结果能够体现税法的立法精神和意图，符合国家对国民经济进行宏观调控的意图，能够实现纳税主体利益与政府利益的共赢。第三，节税具有筹划性。在节税方案的选择上，纳税主体需要充分了解法律、法规知识，综合权衡自身所具备的条件进行合理合法的筹划。

由于节税与纳税规划的特征有较多相似之处，其概念也比较通俗，因此，国内很多学者把纳税规划进行狭义解释，将纳税规划视为节税的同义词，作为互换概念使用，认为二者并无实质差别。我们通过上述对纳税规划与避税关系的索源及分析，可以得出节税也是纳税规划的一个子集。

1.2.3 对纳税规划的界定

综上所述，我们认为，纳税规划是纳税主体旨在节约缴纳税款的计划。避税和节税从属于纳税规划，避税中的顺法避税属于节税的范畴，是"可以接受的纳税规划"，是纳税规划的一个子集；逆法避税即激进型纳税规划，是"不可接受的纳税规划"。

1.3 纳税规划的正当性分析

由于纳税规划在其公民权利、一般法理、价值追求等维度上具有一定的正当性，所以长期以来，无论是税收理论界还是税收实践中，普遍认为纳税主体开展纳税规划是一项应该得到认可和加以保护的权利。

---

① 张守文. 财税法疏议 [M]. 北京：北京大学出版社，2005.

1.3.1 纳税规划的价值追求：纳税规划的价值追求与税法的一般价值追求的一致性

自由、公平、效率和秩序是所有法律调整所共同追求的价值，这种价值追求也是税收法律规范、税收制度和税收制度体系创制的基础。在税收实践中，一个主体的特定行为在税法框架内是否合法、正当，除具体的税收法律规范外，可依据法的一般价值标准加以评判，这一点在英美法系中体现得更加充分。纳税规划行为要得到法律、政府和社会的认可，必须遵循法律的一般价值追求。纳税规划的正当性是通过顺法实施的纳税规划，即善意的纳税规划，这样不仅可以减轻自身的税收负担，节约经营和遵从成本，增加可税性收益，而且为政府税收职能的实现提供了经济基础，节约了征收机关的执行成本，有利于实现税法追求的效率价值。纳税主体遵循具有公法性质的税法进行纳税规划，也应受到私法的保护。一般而言，任何企业都有选择和不选择纳税规划以及选择什么样的筹划技术的权利和自由。尽管纳税规划由于其高度的专业性和技术性以及纳税主体运用能力的局限，会损害公平竞争，但从事纳税规划的专业人员和机构的专业服务可以弥补这一缺陷，为纳税主体选择纳税筹划的自由提供了现实基础。纳税主体通过善意的纳税规划，提高了自身竞争能力，使市场趋向于公平竞争。顺法实施纳税规划，有利于实现纳税主体利益和国家公共利益在长远意义上的动态平衡，有利于维持良好的征纳关系，同时也不伤及各纳税主体之间竞争的公平性，由此可见，纳税规划的正当性需符合公法和私法所共同追求的公平、效率和秩序的价值追求。这也是研究纳税规划正当性的税法理论基础。

1.3.2 纳税规划的基础：税法的"两权分离"原则

从法律权利的角度考察，税收体现的是财产权在公民和政府之间的分配与转移，税法是对这种"分配与转移"的权利配置。公民财产权和国家财政权两者之间的"两权分离"，既是税法发展的重要基础，也是税法在实践中得以有效运作的前提。"两权分离"作为税法实践与税法研究的前置条件，逐渐被越来越多的研究者接受。所谓"两权分离"，是指国家财政权与国民财产权的分离，或称公共财产权与私人财产权的分离。[①]"两权分离"要求对公民财产权与国家财政权进行"法定"，并在此基础上依法进行保护。"两权分离"既保护私人财产权，也保护公共财产权，并且注重保护的适度和均衡。"两权"在税收中体现了征税主体和纳税主体的不同权利主张和利益诉求。虽然这两个主体双方在地位和权利方面是不完全对等的，但在纳税主体法律地位的问题上，大部分国家已经将纳税主体作为权利主体，并逐步从宪法和税法层面建立了纳税主体的权利体系。如《中华人民共和国宪法》（以下简称《宪法》）第五十六条规定："中华人民共和国公民有依照法律纳税的义务。"宪法层次上的纳税主体权利不与具体的纳税行为相关，它是纳税主体履行纳税义务的制度依据和合法性保证。税法层次上的纳税主体权利反映的是纳税主体与征税主体之间的关系，是一种具体的法律上的权利与义务，具体包括：第一，税负确定权。纳税主体只承担在法律确定的边界内的纳税义务。第二，知情权。纳税主体有权了解国家税制的基本情况和国家税收法律法规的完整准确信息，了解自己享有的权利。第三，保密权。即税务机关不得滥用纳税主体提供的需要保密的信息，纳税主体提供的需要保密的信息只能用于征收目的，即税收核定、实施和征收，不能用于其他目的。第四，平等对待权。纳税主体有权得到税法平等的对待，尤其需要公正的执法，有法不依，有损公平竞争。第五，拒绝额外负担权。纳税主体依

---

①张守文.财税法疏议[M].北京：北京大学出版社，2005.

照税法规定足额缴纳税额，有权拒绝超额缴纳。第六，税负从轻权。纳税主体有权在税法规定的幅度内承担最低的税负，可以依法享有申请减免税等税收优惠，并可以合法进行纳税规划。[①]第七，损害救济权。纳税主体由于征税机关的不法行为或重大过失受到损害时，有权申请行政复议或提起行政诉讼，要求国家赔偿。

纳税主体利用纳税规划减轻税收负担是其经济方面的一项权利，但这项权利受法律约束，是法律约束下的权利。合法的纳税规划理应受到法律的保护。也就是说，纳税规划是有边界的，这个边界就是纳税主体的法定权利，纳税规划超越了这个边界，就构成了对纳税义务的违背和践踏。在这个边界之内，则属于纳税主体的正当权利。

不论是善意的纳税规划，还是恶意的纳税规划，其所追求的税收负担最小化目的，均体现了纳税主体财产权利和征税主体收入利益的冲突。然而，在税收实践中，纳税主体依照政策意图和税法规定减轻税收负担的同时，因为其收入的增加和增长，也增加了政府的可税性收入，为政府税收权利的实现打下了物质基础。纳税主体出于自身经济利益最大化的考虑，通过规划尽量少纳税款，符合纳税主体"经济人"的属性。政府和纳税主体在税收征纳过程中的动态博弈，使国家财政权与国民财产权趋向平衡与协调，这与"两权分离"的基本精神吻合。这也是纳税规划的正当性为许多法学研究者所认同，并在相关国家的司法实务界得到认可的重要原因之一。

1.3.3 纳税规划的权利保障：私法自治与税收法定相互融合

私法自治是个人依照自己的理性判断，自主参与市民生活，管理自己的私人事务，不受国家权力和其他组织的非法干预。[②]私法自治原

---

① 莫纪宏.纳税人的权利［M］.北京：群众出版社，2006.
② 王泽鉴.民法总则［M］.北京：北京大学出版社，2009.

则主要包括三个自由，即所有权自由、契约和遗嘱自由。在私法范围内，个人可以发挥其主观能动性，积极地、自主地参与经济活动；通过自由处分其私有财产，实现社会资源的优化资源配置，进而推动经济社会的进步与发展，促进社会效益和社会公平正义的实现。因此，各国民法法典大多强调私有财产神圣不可侵犯，强调契约自由和当事人意思自治等，以避免国家对个人权利的侵犯。在税收法律关系中，私法自治原则的"三个自由"是纳税规划的基本前提，使纳税主体在具备行为能力的同时，开展纳税规划有了法律保障。

税收法定主义建立在社会契约思想基础之上，其基本含义是税收的课征事项应以法律的形式加以明确，即"有税必须有法，未经立法不得征税"。税收法定原则在倡导并实行法治的西方国家，一般在宪法中载明，并通过公民的权利和义务的规定予以体现，主要是为了限制国家作为征税主体过度或滥用税收权力。尤其强调要求尽量明确课税要素，避免出现歧义，保护纳税主体的基本权利。但由于立法的有限性，现行税法必然存在漏洞或法外空间，而法律解释只能在法律可能的文义范围内进行。[①]因此，税收法定原则所包含的"课税要素法定""课税要素明确""依法稽征原则"等，构成了纳税规划实践中，征纳双方争执的焦点，构筑了纳税规划的又一条边界。

我们认为，法律就是宣告权利和设置义务，通过宣告权利，给予行为人从事社会活动和经济活动的选择范围；通过设置义务，使社会成员明确从事社会经济活动的行为边界。在税收法定原则下，纳税主体在享有纳税规划权利的同时，必须依法履行纳税义务。因此，在税收法律关系中，税收法定原则应为征纳双方设定明确的评价标准，即纳税主体的纳税规划行为是合法还是非法，抑或是纳税规划行为还是

---

① 刘剑文，熊伟.税法基础理论 [M].北京：北京大学出版社，2004.

偷逃税行为，都应该在相应的法律、法规中予以明确。

另外，税收法定原则对纳税规划予以保护和救济。在税收实践中，征纳双方所处的地位与立场会截然不同：纳税主体从经济利益最大化出发，必然通过规划、采取各种措施，努力降低税收成本，减轻税收负担，而利用现行税法的漏洞成为其规划的首选。征税主体从国家财政收入的角度出发，必然设法增加税收收入，堵塞法律、法规漏洞，遏制纳税主体的纳税规划行为，而法律的滞后性和筹划的超前性必然产生矛盾。中国在改革开放之前，在财政税收领域，国家分配论占主导地位，税收法律、法规倾向于保证和保护征税主体的权利；改革开放以后，随着依法治国理念的确立和落实，税收法制观念的转变，保护私有财产的重要性逐步受到重视。尽管税收法定原则还没有写入中国宪法，但是在 2015 年已正式载入《中华人民共和国立法法》（以下简称《立法法》），标志着纳税主体权利的保障将更加充分。纳税主体正当的纳税规划权利，在税收法定原则下也会得到法律的保护与救济。

如果简单地从字面理解"税收法定"与"私法自治"，两者好像相互对立，其实它们之间是对立统一的关系。在实际生活中，二者相互补充、相互融合，构成了纳税规划正当性的法律根据。

首先，税收法定原则的根本目的之一是保护纳税主体的基本权利，这与私法自治原则有共同之处。税收法定原则通过对征纳双方权利义务的限定，将征纳双方的行为限制在法律规定的范围内，在税法规定的纳税义务范围内，纳税主体有选择生产经营方式的自由，处分其财产权利的自由等权利，即自由进行纳税规划的权利。但自由是在法治之下的自由，自由如果没有法律的约束，最终也会沦丧；同样，权利如果没有法律的约束，就会被滥用，最终也会沦丧。因此，税收法定原则不仅对私法自治没有损害，而且对纳税规划权利的确立有利，为纳税规划提供法律保障。

其次，虽然税收法定原则对私法自治有限制作用，但并不妨碍私法自治原则的适用，税收法定原则是"意思自治""契约自由"强有力的制度保障。税收法定原则在对公权力形成约束的同时，对各种利益集团的行为也进行了规范，避免了对私法自治的干扰或破坏，有效地避免了公权力对私权力的介入和侵扰。

最后，税收法定原则对鼓励和扶持国家产业发展，引导企业开展生产经营活动，调整私法自治具有现实意义。税收既是国家财政收入的主要来源，也是重要的宏观调控工具，税法直接体现了一定时期的税收政策。国家刺激或抑制经济活动，往往通过税负水平进行调控，纳税主体为追求价值或利润最大化，为减轻税收负担，进行纳税规划，既是对税收法律、法规的选择性使用，也是一个守法与违法的博弈过程，有利于国家税收法治的推进及税收政策的落实。

由此可见，税收法定原则为纳税规划规定了权利边界，划定了一条不能逾越的边界或红线，超越边界或红线就会构成偷税、漏税等违法行为，就会受到法律的制裁与惩罚。而私法自治对"自由"的追求则赋予了纳税规划的内在动力，推动了纳税规划的开展。税收法定与私法自治共同奠定了纳税规划法理存在之基石，其最终目标在于对公民私有财产权利的确认和保障。[①]

1.3.4 纳税规划正当性检验

随着纳税规划的经济、社会、制度及其规制环境的变化，税收法律规范呈现多元化和复杂化，在不同层面对纳税规划进行规制和约束，同时也为纳税规划提供了更加广阔的空间，正当的纳税规划应该为各国政府所认同。纳税规划主体包括会计师事务所、税务师事务

①张修林.税收法定与私法自治[J].扬州大学税务学院学报，2004（06）.

所、部分咨询机构、部分企业。由于会计师事务所和税务中介等专业机构的介入，纳税规划更具有隐蔽性、专业性和复杂性；市场竞争的加剧，纳税主体往往把纳税规划作为提高竞争力的一种重要手段；在纳税规划的法律规制、税务实践和理论研究滞后的情况下，纳税主体在利益的驱使下，使大部分纳税规划失去其正当性基础，异化为偷逃税等违法行为和事实，危及税收法制所追求的公平、效率和秩序。因此，重新审视纳税规划的合法性，更好地区分"善意"和"恶意"的纳税规划行为，保护善意的纳税规划行为，防范和规制恶意的或激进型纳税规划行为变得十分迫切，而且必要。

尽管各国都试图在立法或司法上从节税与避税的角度，区分"善意"和"恶意"的纳税规划行为，但是由于其内含的技术性、隐蔽性和复杂性基本趋同，两者的边界十分模糊。因此，判断纳税规划的正当性既要基于税法的具体规定，又不能仅限于税法的具体规定。纳税规划的正当性不仅强调对税法规范的遵从，而且强调遵循税法理念、原则、精神等更广泛意义上的正当性。我们认为，对纳税规划进行正当性检验时，首先要看纳税规划是否遵循法律调整所追求的效率、公平和秩序等价值观，这是纳税规划得以存在的法律基础，也是纳税规划能得到法律、政府和社会认可的前提，构成了识别和研究纳税规划正当性的税法理论基础。其次，要看纳税规划是否符合税收法定原则。一般认为，税收法定原则是为了约束征收主体，限制其征税权力的不当行使。事实上，税收法定原则也是对纳税主体的约束，纳税主体必须依法纳税。纳税规划从操作层面来看，就是通过规划和安排，以不违法的方式改变税制要素（纳税人、征税对象、计税依据、税率、税收优惠等）的适用性，或者利用国际税务合作的困难及其征管漏洞，少缴、缓缴或不缴税款，其实质是利用国家及国家之间税收法律制度，维护自身税收权益的最大化。

在税收征管实践中，纳税主体及其纳税规划代理人通过分析税收及相关法律规制，制定并提出规划方案，税收征管机关应根据税收法定原则和要求，判定纳税规划方案或行为的合法性和正当性，在法律没有规定的情况下不能任意否认纳税规划的方案或行为。也正因为如此，任何纳税规划行为都要经得起正当性检验，具体包括：

（1）规则检验。这是基于"税收法定原则"（在第三章有详细论述）的检验，即税收征收主体通过一定形式，如纳税检查、纳税评估、纳税主体自查、税收举证等，检验纳税主体的规划行为是否遵守了相关税收要素的规定（对权利与义务的约定），如果纳税规划行为或过程没有遵守相关税收要素的规定，即为我们通常所说的纳税规划行为或过程是违法、违规的行为，很显然是不正当的规划行为。只有当纳税规划行为合法、合规时，才可能具有正当性，其规划才成为"可接受的纳税规划"。

（2）商业目的检验。这是基于"合理商业目的原则"（在第三章有详细论述）的检验，即税收征收主体对纳税规划中商业活动的动机、手段、结果的检验。如果商业活动的目的不符合商业盈利的正常逻辑，而以不缴、少缴或推迟纳税为主要目的；或者商业活动存在人为的安排和设计，即便这种安排和设计使某种交易活动融于各种业务活动中，但并不是业务活动中必不可少的组成部分，它可以独立分割和还原，不能体现常态化；或者商业活动在不考虑税收因素的情况下，不会给纳税主体带来任何经济利益，而只会增加额外负担，即交易活动的结果获得了"税收利益"，符合上述三种情形之一，一般认为纳税规划具有不正当性。正当的纳税规划应该具有合理的商业目的，不具有合理商业目的的纳税规划，是"不可接受的纳税规划"。

（3）经济实质检验。这是基于"实质重于形式原则"（在第三章有详细论述）的检验，主要检验经济交易或经济活动安排是否符合税收立法意图。这一检验标准主要基于这样的事实：纳税主体为达成某种交易目的，可以选择两种或两种以上的交易形式，其中一种为常规交易形式，其他的为非常规交易形式。从税收负担上考量，常规交易形式的税负重于非常规交易形式的税负，纳税主体选择了非常规交易形式，以期减轻税收负担。在这种情形下，税收征收机关应当允许纳税主体依照税法进行税务处理。因此，纳税主体在实践中很有可能会采取在表面上对相关税收法规和政策进行遵守，但是其交易措施在本质上和税收立法意图相悖的某种"合法"的形式，并通过这一形式来实现减轻自身税收负担的目的。在这种情形下，纳税主体所采取的"合法"形式从本质上是与实际状况相背离的，与税法的价值追求不相符，损害了税收的公平与效率，因而以此为基础的纳税规划也不具有正当性。纳税规划中的经济交易或经济活动安排与税收立法意图一致时，我们才说规划具有正当性，才是"可接受的纳税规划"。

2. 激进型纳税规划行为

上一章我们通过对纳税规划的正当性分析，得出了一个基本结论：纳税规划是纳税主体旨在节约缴纳税款的计划。避税和节税从属于纳税规划，避税中的顺法避税属于节税的范畴，是纳税规划的一个子集，逆法避税即激进型纳税规划。纳税规划只有通过"规则检验""合理商业目的""经济实质"等检验，才具有正当性，并成为"可接受的纳税规划"，否则即为恶意的或激进型纳税规划，是"不可接受的纳税规划"。因此在对恶意纳税规划行为进行研究时，我们不具体研究偷税或做假账行为，即对以下行为或类似以下行为我们不进行具体研究。[①]（1）成本和费用滥用。将属于成本项目的支出在账务处理时做费用处理，达到当期税前扣除最大化的目的，或将属于费用项目的支出在账务处理时做成本处理，达到对税前扣除比例进行调控或夸大当期利润的目的。（2）费用和资本（产）滥用。将属于费用项目的账务处理做资产处理，通过折旧递延税前扣除。或将属于资产类科目的支出直接确认为费用，增加当期税前扣除。（3）费用名目转化。将部分税前扣除有比率限制的费用超额部分转变为其他限制较宽松的或没限制的费用名目入账，以达到全额税前扣除的目的或减少相关税费等目的。（4）费用预提或递延或选择性分摊。为调控当期税前利润，通过预提费用推迟纳税。或为其他目的（如股权转让价、当期业

---

① 参见：https://www.sohu.com/a/256089322_99898862。

绩）夸大当期利润选择递延确认。或有选择性地将费用分摊，如在各费用支出项目上对分摊比例进行调节，控制因该项目造成的税费（如调节土地增值税）。（5）成本名目转化。将属于本期可结转成本的项目转变为其他不能结转成本的项目，或反向操作。（6）成本提前或推迟确认或选择性分摊。将本期结转成本时多结转，或本期少结转，下期补齐，或选择成本分摊方法，调节利润和税收。（7）收入提前或推迟确认或选择性分摊。将本期结转收入多结转或少结转，下期补齐。或选择收入分摊方法调节利润和税收。（8）收入名目转化。将收入总额在多种收入项目间进行调节，如把主营收入变为其他业务收入或营业外收入，以达到控制流转税或突出主营业绩的目的。（9）收入负债化或支出资产化。将收入暂时挂为其他应付款，或将支出暂时挂为其他应收款，达到推迟纳税或不纳税的目的。（10）收入、成本、费用虚增/减。人为虚增或虚减收入或成本或费用，或虚减收入，编造差错调整的依据，达到纳税期拖延或其他目的。（11）转移定价。与外部交易方进行人为价格处理，达到转移定价的目的，将价格降低或提高，以其他费用的方式互相弥补进入各自小金库，以达到偷税目的。（12）资产、负债名目转化。将固定资产中的资产类别名目转变，改变其折旧年限；将应收账款挂其他应收款，或预收账款挂其他应付款等。（13）虚假交易。以不存在的交易合同入账，造成资金流出，增加本期费用，达到减少所得税的目的。（14）费用直接抵减收入。在收入确认前即彼此以费用直接抵消，达到控制流转税目的。如将商业折扣变为后续期间降低售价。（15）重组转让。利用股权转让、资产转让、债务重组等进行资金或收入转移达到偷税目的。如将公司的资金转移，导致公司破产。（16）私人费用公司化。将私人的费用转变为公司的费用，既达到降低私人收入个税应纳税额的目的，又增加企业所得税前扣除费用的目的。如将个人车油费在公司处理，将个人房租费在公司处理。(17)转移收入或成本或费用。通过分立合同，将收入或成本或费用转移至其他公司或个人，达到差异税率处理的目的。或将各公司的费用进行填充报销，小金库补偿，达到各自平衡有限制的费用。(18)虚增流转过程。虚增流转环节，使有比率限制的费用可扣除范围增大。或虚拟出租，如个人向公司借款买下公司资产，再由公司租赁个人资产，无形增加租赁费用。(19)利用金融工具。利用股票、期货、外汇等金融工具进行难以控制未来价格的交易。将交易时价格控制在低水平，交易后成为金融工具的投资收益，避免部分流转税。(20)集团化操作。利用集团化操作，达到国家批准的部分集团化统一纳税的要求，将集团内各公司的费用平衡分配，达到统筹纳税的目的。(21)其他偷税行为。

2.1 激进型纳税规划问题的提出

有纳税规划行为，就有激进型纳税规划行为。我们研究发现：大规模的激进型纳税规划及其蔓延肇始于美国，源于会计师事务所收费依据的改变。在1991年之前，美国会计师行业以工作时间为依据，向客户收取服务报酬，工作时间的长短根据服务的性质、风险的大小、繁简程度等确定，工作质量与其核心竞争力、市场份额相关，与工作报酬没有直接关系。但从1991年开始，美国注册会计师协会修改了以工作时间为依据的规定，允许会计师行业以服务质量为标准，向客户收取费用，这意味着工作报酬与工作质量直接相关。此规定从逻辑上看无可挑剔，但从纳税规划的角度看，实际上是变相允许按为客户节省的税额的一定比例提取报酬的行为。一般而言，一个纳税规划产品开发成功后，会计师事务所大都可以获得节省税款的10%～40%的高额利润。在高额利润的驱使下，与税收相关的中介机构有了进行纳税规划、开发避税产品的冲动。国际上一些著名的会计师事务所，如普华永道（PWC）、毕马威（KPMG）、德勤（DDT）、安永（EY）、德豪（DDO）等纷纷行动起来，分割这块"巨额利润"的蛋糕，拉开了激进型纳税规划的序幕。随后，众多税务中介蜂拥而起，竭尽能事"钻营"政策的漏洞，制定各种筹划方案满足客户要求。到20世纪90年代末，形成了"工业化生产"，众多的合法和非法的避税方案在美国开始泛滥，并向全球蔓延，披着投资产品的外衣进行避税的行为大行其道。例如德豪会计师事务所向美国国内税务局（IRS）报告的投资产品，实际上是避税计划。这些产品美其名曰卖空（Short Sale）、价差期权（Spread Options）、货币期权投资策略（Currency Option Investment Strategy，简称 COINS）、数字化期权（Digital Options）、G-1 全球基金（G-1Global Fund）、FC 衍生品（FC Derivatives）、不良资产债务（Distressed Asset Debt）、离岸投资组合策略（Offshore Portfolio Investment Strategy，简称 OPIS）、罗斯个人退休账户（Roth IRA）以及 OID 债券（OID Bond）等等，而实际上是帮助德豪高收入客户逃避个人所得税，这一数据有13亿美元之多。又如毕马威会计师事务所大约从1996年开始集中人力和财力大力推荐避税产品。其产品大致可以分为四类，即债券及相关发行溢价结构解决方案、外国杠杆投资项目、离岸投资组合策略和公司贡献战略组合策略。根据相关调查，其中"债券及相关发行溢价结构解决方案"产品，使用仅一年就导致10亿多美元的政府税收流失。再如安永会计师事务所伙同诸多法律事务所、银行及投资顾问，开发并销售旨在为200名高净值客户节省20亿美元税款的四款避税产品。这四款产品分别是：利用所获的利润购买多元化的证券组合，利用股票期权把薪金转化为税负较低的资本收益，通过企业间复杂交易形成名义损失，抵销真实收益。在税务中介（包括会计师事务所）着力兜售避税产品的同时，各大著名的跨国公司也毫不示弱，纷纷加入激进型纳税规划的行列。下面我们重点分析谷歌、星巴克规划模式，我们认为，他们是激进型纳税规划的基本模式，大多数恶意税收筹划都建立在这两种模式的基础之上。

1.Google（谷歌）"双层爱尔兰汉堡"避税模式。谷歌是美国的跨国高科技企业，其主要业务包括互联网搜索、云计算、广告技术，以及基于互联网的产品与服务。通俗地讲，谷歌生产的主要产品不是普通商品，而是无形商品——知识产权。谷歌曾经利用知识产权定价困难的特点，借助于不同国家税制的差异，进行纳税规划，并被学者们总结为"双层爱尔兰汉堡"避税模式，如图2-1。在"双层爱尔兰汉堡"避税模式中，谷歌主要利用了当时各国税制的差异产生的税收漏洞：（1）爱尔兰公司所得税税率10%~12.5%，[①]且设立的子公司不需披露损益表或资产负债表等财务信息，根据实际管理机构所在地而非注册所在地确定收入来源。（2）荷兰对来自爱尔兰的特许权使用费免征20%的预提税。（3）著名国际避税地百慕大群岛。（4）美国高科技产品定价标准模糊，美国对其在百慕大群岛的收入控制较弱。其规划运作具体解析如下：

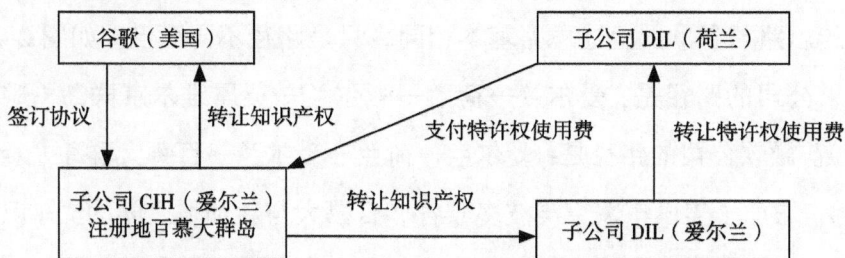

图 2-1　谷歌"避税地图"

谷歌公司首先在爱尔兰设立了两个子公司：一个是实体销售公司（GIH），注册地在百慕大群岛，对外宣称为公司总部；另一个是空壳

---

① 爱尔兰公司所得税税率曾经只有 10%，目前提高到 12.5%。

公司（GIL），设在爱尔兰首都都百灵，并在荷兰阿姆斯特丹设立 GNH 子公司。

　　具体来说，谷歌公司将在美国开发的知识产权和在欧洲、非洲、中东的特许权通过压低销售定价和收费标准卖给总部位于百慕大的 GIH，继而 GIH 将这些知识产权转让给 GIL，GIL 公司将这些知识产权转让给 GNH，再由 GNH 转让给 GIH（如果 GIL 公司将这些知识产权的收入转给 GIH，按当时的爱尔兰税法，需要缴税）。按照欧盟协议，其间的转让不用纳税。知识产权兜了这一圈后，特许权使用费最终回到了百慕大的 GIH。其运作路径为：爱尔兰→荷兰→爱尔兰→百慕大群岛（避税港）。由于荷兰夹在爱尔兰和百慕大中间，因此，这种做法有"双层爱尔兰汉堡"或"爱尔兰荷兰三明治"之称。这种规划操作起来很复杂，但收益丰厚。对谷歌在法国、德国、西班牙、英国、荷兰、爱尔兰的有关税收资料分析，通过规划转移利润，谷歌的海外税负只有 2.4%，在美国科技企业中，税负最低。

　　事实上，苹果、微软、亚马逊、Facebook（脸书）等科技公司运作的思路与谷歌的上述思路基本相同，只是路径不同而已。如图 2-2，苹果公司的路径是：爱尔兰→荷兰→爱尔兰→英属维尔京群岛（避税港）。微软公司的路径是：爱尔兰→荷兰→爱尔兰→百慕大群岛（避税港），增加了美国雷蒙德与波多黎各，百慕大与新加坡之间的"知识产权—资金"的转移环节。亚马逊的路径是：爱尔兰→荷兰→爱尔兰→开曼群岛（避税港）。

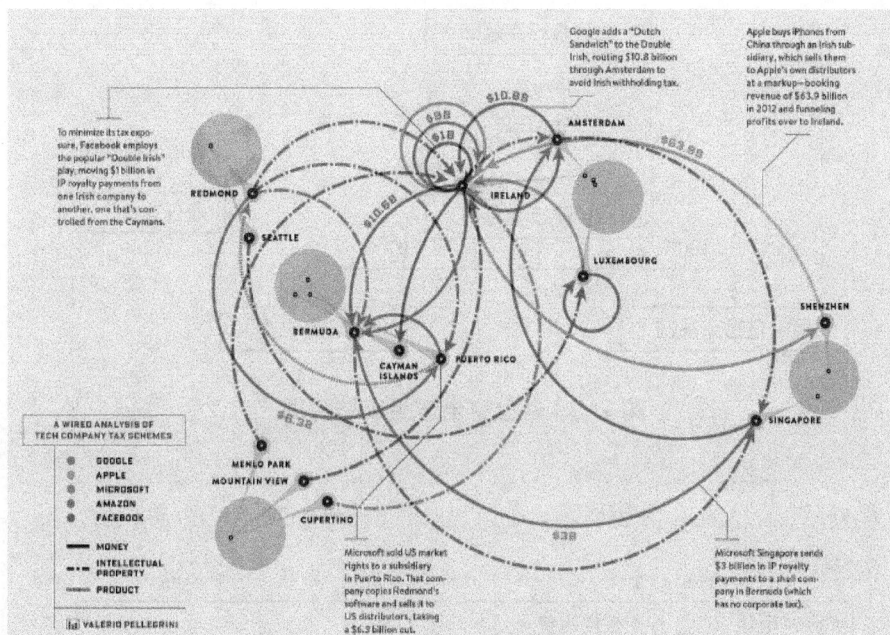

图 2-2 "避税地图" [①]

2. 星巴克避税模式。星巴克（Starbucks）总部坐落在美国华盛顿州西雅图市，是一家在全球进行咖啡连锁经营的有限责任公司。主要提供咖啡豆、浓缩咖啡、咖啡冷热饮料、各式糕点以及各种咖啡机、咖啡杯等商品。其连锁店主要分布在北美、南美洲、欧洲、中东及太平洋区。它通过美国复杂的控股关系最终控制着位于英国的有限合伙企业 ALKILP，ALKILP 控股荷兰星巴克总部，荷兰星巴克总部又控股瑞士星巴克采购和荷兰星巴克制造两家企业。星巴克的组织构架看起来并不复杂（见图 2-3），但是其避税模式较为复杂，其运作过程（见图 2-4）、避税路径解析如下：

―――――――――

①资料来源：美国科技新闻评论网站 Wired（2016 年 8 月 30 日）。

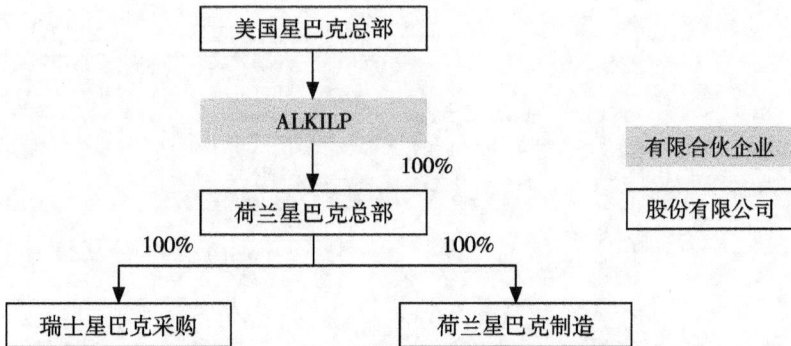

图 2-3 星巴克全球组织结构图[①]

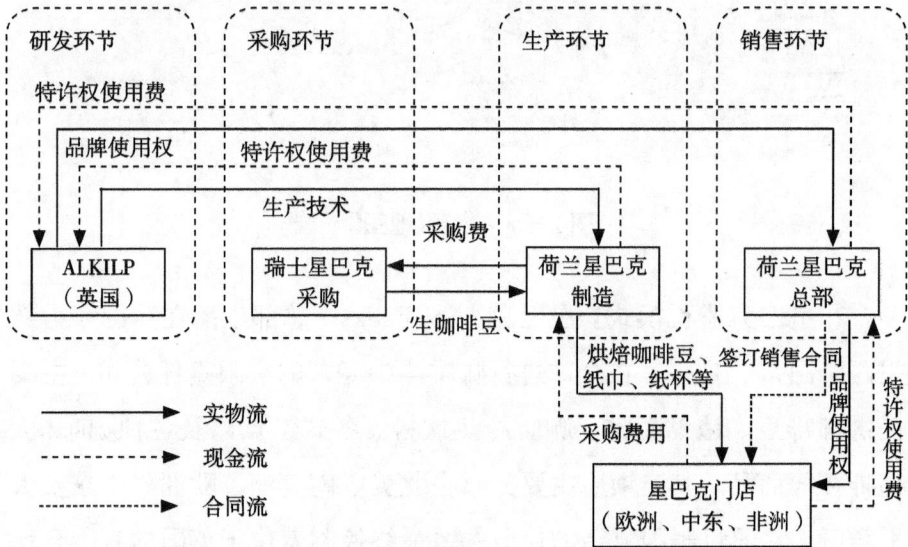

图 2-4 星巴克避税路径[②]

第一，星巴克位于英国的合伙企业 ALKILP 和位于美国的星巴克总部签订成本分摊协议[③]，对产品研发费用进行分配或分摊；ALKILP

①②王杨.跨国公司国际避税问题研究——以星巴克避税案例为例[D].长春:吉林财经大学, 2017.

③成本分摊协议是指两个以上企业之间议定的一项框架，用以确定各方在研发、生产或获得资产、劳务和权利等方面承担的成本和风险，并确定这些资产、劳务和权利的各参与者的利益的性质和范围。

主要是负责无形资产使用权的授权业务，对其拥有的欧洲、非洲、中东等地区的无形资产的所有权进行授权。ALKILP 只授予荷兰星巴克制造公司咖啡豆烘焙技术，而将其余的无形资产使用权授予荷兰星巴克总部。荷兰星巴克制造公司和荷兰星巴克总部都必须向 ALKILP 支付特许权使用费。

第二，瑞士星巴克采购公司负责在全球采购生咖啡豆，然后将生咖啡豆分销给包括荷兰星巴克制造公司在内的各地的工厂进行加工。荷兰星巴克制造公司及其他加工厂向瑞士星巴克采购公司支付高于同行业的采购费用，将利润转移至税负较低的瑞士（瑞士联邦的公司利润的固定税率仅为 8.5%）。

第三，荷兰星巴克制造公司主要负责烘焙和包装业务，通过两条渠道转移利润，一条渠道是通过向瑞士星巴克采购公司支付高额的采购费用将利润转移至瑞士，另一条渠道是通过向 ALKILP 支付高额特许权使用费将利润转移至英国。

荷兰星巴克总部主要负责与其所属各门店签署分销协议，各门店向荷兰星巴克总部支付特许权使用费，荷兰星巴克总部通过成本分摊协议计入其成本费用，将利润转移到英国 ALKILP。据英国《卫报》2012 年 10 月报道：星巴克 1998 年在英国开业，在其经营的 30 年间取得营业收入超过 30 亿英镑，向英国支付的所得税仅为 860 万英镑，而同期英国的法定企业所得税税率为 30%。

从上述解析可以看出：星巴克运用的主要规划工具有：（1）成本分摊协议。英国 ALKILP 和美国星巴克总部签订成本分摊协议，根据两国相关规定，ALKILP 参与的无形资产开发所获得的特许权使用费在美国不需要缴税。（2）转让定价安排。在荷兰星巴克制造公司和瑞士星巴克采购公司采购之间，ALKILP 与荷兰星巴克制造之间以及 ALKILP 与荷兰星巴克总部之间均有转让定价安排。（3）税收优惠。主要利用了荷兰的税收优惠政策，在荷兰向境外支付的股息、利息、特许权使用费等都缴纳预提所得税。（4）机构组织形式。按照英国的税法，ALKILP 的相关组织结构形式在英国不负有企业所得税和个人所得税的纳税义务，而美国华盛顿州也不对其征收个人所得税，即双重不征税。（5）税收居民的判断。美国华盛顿州依据注册所在地标准判定纳税人身份，星巴克则不在美国登记注册，而登记注册在英国、荷兰、瑞士等地，从而避免了成为美国的"税收居民"。

上述两个案例虽然在激进型纳税规划上具有一定的代表性，但只是冰山一角。激进型纳税规划的泛滥，致使相关国家的税收严重流失。据美国财政部门的估算，每年激进型纳税规划的避税活动导致政府税收损失 100 亿多美元。为了防止税收流失，美国率先向激进型纳税规划宣战。2002 年，美国国内收入署开始把开发、销售和使用激进型纳税规划方案列为重点打击对象，对会计公司（包括四大会计师事务所）、法律公司和报税服务机构等 92 家机构进行调查，要求这些机构不仅要登记向客户推荐的所有纳税规划方案，而且要向国内收入署提供使用这些方案的纳税人名单。同时，对这些机构的税务咨询运作程序，定期进行检查和监控，对有违法嫌疑的税务咨询，进行进一步的调查，要求提供更加详细的资料。2002 年 6 月，普华永道在国内收入署的压力下，在提供有关纳税规划方案资料的同时，支付了 100 万美元的罚款。2005 年 8 月，毕马威在初审法庭公开承认向客户兜售了恶意避税方案，并同意支付 4.56 亿美元的罚金。2013 年，安永保证不再向客户推荐激进型纳税规划方案，同意接受定期检查，向政府支付 1.23 亿美元罚款。

不过，激进型纳税规划引起国际社会及各国政府的关注，我们认为始于 2006 年 9 月 OECD 第三次税收征管论坛。该论坛关注的重点是税务中介的激进型纳税规划行为，并通过其《首尔宣言》推动应对激进型纳税规划工作计划的制订，推动 BEPS 行动计划共识的达成，引起对激进型纳税规划的全球关注。

对激进型纳税规划行为的甄别，无论在理论上，还是在实践操作中，都十分困难。我们通过对纳税规划案例、反避税案例、纳税检查案例、BEPS 行动计划案例以及中国税收法律、法规等的梳理、分析，试图进行初步的探索性研究。

2.2 激进型纳税规划的成因及危害

2.2.1 激进型纳税规划的成因

激进型纳税规划就其产生的原因来看，可以从经济、法律、管理三个维度来分析。

从经济的维度来看，激进型纳税规划产生的原因包括三个方面：一是纳税主体对经济利益的追求。它既是纳税规划的动因，也是激进型纳税规划的驱动力。纳税主体作为理性经济人，根据市场条件、税收环境等因素选择有利的纳税方案，达到经济利益最大化的经济结果，这既是其理性的选择，也是其与生俱来的动机和不懈追求的目标。由于税收是对纳税主体财产所有权的一种强制性的移转，且无直接的、显现的对等给付，在经济利益最大化的驱使下，基于不直接违反税法规定的理念，纳税主体自然有相机抉择、精心策划以规避税收义务的行为倾向。不同的是，在税收道德意识和税法遵从意识层面将纳税规划区分为善意的纳税规划（合法节税）、恶意的纳税规划（逆法避税）以及违法偷逃税三种层次的纳税主体。激进型纳税规划和违法偷逃税均属于不可接受的纳税规划，只是我们在研究时没有将偷逃税作为研究对象。二是经济全球化以及科学技术的进步使得国家税收管辖权界限划分越来越困难，纳税规划由国内向国外拓展具有可能性和现实性，跨国企业（组织）通过规划以最有利的组织形态、最佳的地域组合、最低的成本支出、最小的商业政治风险等追求最大利润有了更广阔的空间。就激进型纳税规划行为而言，在一国国内比较容易规制，因为其只涉及本国税收管辖权，既可以通过完善税制，堵塞漏洞，也可以通过司法程序予以解决。但跨国的激进型纳税规划行为的规制就比较困难，因为其涉及不同的税收管辖权，而税收管辖权涉及主权问题，所以规制就十分困难，这也是激进型纳税规划行为得以在全球迅速蔓延的根本原因。三是国家（地区）经济发展的需要，税收竞争[1]，尤其是国际有害税收竞争[2]为纳税规划提供了实现途径。税收作为国家财政收入的重要组成部分，关系到每个国家（地区）的经济和社会发展，而吸引国际资本则成为国家对外政策的重要组成部分。资本在自然环境、法制环境、税收因素、人力资源、劳动力成本、市场容量等诸因素中选择权衡流入方向，国家（地区）则为满足资本的流入环境不断推出各种吸引资本的措施，发展中国家，尤其是被称为避税地的地区，为了弥补自然资源等方面的不足，通过采取税收刺激

---

[1] 税收竞争：各国（各地区）通过竞相降低有效税率或实施有关税收优惠等途径，以吸引其他地区财源流入本地区的政府自利行为。

[2] 1998年，OECD公布了《有害税收竞争：一个正在出现的全球性问题》，概括了有害税收竞争的四条标准。（1）无税或实际税率很低。一国提供免税或仅有名义税率而实际税率却很低，本身就被视为提供非居住者进行国际避税的场所。（2）优惠税制限定在特定的范围之内。当一国在税收上采取所谓"环形篱笆"时，依据范围的不同将其国内经济予以部分或全部隔离。所谓"环形篱笆"政策，是指一国为了吸引外资而制定的税收优惠政策仅允许非当地居民享受。其具体方式有二：一是明示或默示地规定居民纳税人不得利用其税收优惠政策，即指该规定仅为非居住者才能享受，是指一种"超国民待遇"；二是明示或默示地禁止从该税收优惠政策中受益的企业在其国内市场营业，即指其税收优惠规定限定为国内某一特定地区享受。（3）缺乏透明度。立法和行政规定缺乏透明度，不但有助于投资者避税，更助长了非法活动。有些国家立法规定金融机构不得将投资者的相关信息提供给税务稽查机关，如此一来，他国即无法通过税收协定或其他双边互助协定取得相关信息。（4）缺乏有效的信息交换。一国为了吸引境外投资者，通常提供法律或行政帮助或其他保护措施，使得个人得以逃避税务机关的稽查，其相关资料将不能被其母国的税务机关通过相互交换而取得。

措施，谋求在全球资源配置和分工链条的最佳位置。这些地区及其税收刺激政策，为纳税规划行为的实施提供了实现路径，如英属维尔京群岛、百慕大群岛、毛里求斯、瑞士等国家或地区往往成为激进型纳税规划的必由之路，曾经是避税者的"天堂"。

从管理维度来看，激进型纳税规划产生的原因包括三个方面：一是各国行使税收管辖权的差异，为纳税主体规避税收管辖而游走于不同的税制之间提供了机会。在税收地域管辖权、税收居民管辖权、税收公民管辖权中，一国采取什么样的税收管辖权，是国家主权的事，由该国根据其国家权益、国情、政策和在国际上的经济地位等因素决定。一般来说，资本技术输入较多的发展中国家，多侧重维护税收地域管辖权；而资本技术输出较多的发达国家，则多侧重维护税收居民（公民）管辖权。大多数国家为维护本国权益，一般会同时行使税收地域管辖权和税收居民管辖权两种税收管辖权。不过也有单一行使地域管辖权的国家（地区），如文莱、荷兰、厄瓜多尔、巴拿马、委内瑞拉及中国香港等。只有美国对居民管辖权、公民管辖权和地域管辖权三种管辖权同时行使。各国行税收管辖权一方面导致了国际重复征税的扩大化，另一方面也使避免成为一国居民的规划成为可能。二是国际税收征管合作的困难，为激进型纳税规划提供了可操作的时空。目前，国际税收征管合作的方式主要有税收情报交换、税款追缴协助和税收文书送达三种方式，主要依据各国签订的避免双重征税和防止偷漏税双边协定与多边框架下的《多边税收征管互助公约》，并在此基础上，逐渐形成的双边情报交换协议、《金融账户信息自动交换标准》（包括主管当局协议，Competent Authority Agreement，简称 CAA）、通用报告准则（Common Reporting Standard，简称 CRS）和转让定价国别报告主管当局间协议（包括多边和双边两种形式）等专项协定。但是这些协定的加入、签署以及承诺声明都涉及国家主权问题，各国根据行使主权的需要，加入并签署不同的协议，作出不同的承诺声明，这既是国际税收征管合作的进步，也是纳税主体进行纳税规划的选择路径之一。三是税收征管力度与激进型纳税规划呈反相关关系，税收征管力度越大，激进型纳税规划生存的空间越小；征管力度越弱，激进型纳税规划越猖獗。对企业所得税的执法不力导致了大范围的企业避税。① 发达国家放松对境外投资的管制是激进型纳税规划在全球蔓延的重要推手。

从税收制度的维度来看，激进型纳税规划产生的原因包括三个方面：一是税法漏洞存在客观性。受税收立法者认知和语言描述的局限，任何法规都不可能有完美无瑕的表述，而且税收法律概念的界定通常考虑的是能够说明某个特定概念的最为典型的税收征纳情形，往往不会考虑模棱两可的税收征纳情形。尤其是在税收立法者直接接触各种经济交易或进行税收执法的税收实践不充分，信息不对称，新型交易形式不断涌现，立法滞后在各国成为一种普遍现象的情形下。纳税规划者或利用税收法律、法规中认知和语言描述的局限，或利用特定概念的内涵和外延形成的模糊不清的区域，或利用税收立法的滞后性进行激进型纳税规划。二是各国税制的现实差异。由于各国政治、经济、社会等因素的差异，不同国家的税制均有差异，这既是国际避税存在的主要原因，也是进行激进型纳税规划的重要条件。它使跨国公司利用跨境交易、架构倒置、避税地业务操作、隐瞒海外所得和财产等手段进行激进型纳税规划成为可能。三是国家之间税收事宜协调困难。目前，国家之间税收事宜主要通过签订税收协定进行协调。国家之间税收协定的签订，虽然在避免重复征税、打击偷逃税中起到了积极作用，但由于国家之间税收协定的差异，尤其是相互给予的税收优惠的差异性，也为跨国纳税人滥用税收协定进行激进型纳税规划提

---

① 范子英，田彬彬.税收竞争、税收执法与企业避税 [J].经济研究，2013（09）.

供了条件。

综上所述，激进型纳税规划形成的原因是多维度的，纳税主体对经济利益的追求是激进型纳税规划的驱动力，放松税收管制是激进型纳税规划的重要推手，税收法律、法规的漏洞，各国税制的差异及国际征管合作的困难是激进型纳税规划的现实基础。

2.2.2 激进型纳税规划的危害

激进型纳税规划的边界是一种实质的违法，它虽然与节税紧密相连，但与偷逃税只有一步之遥，其违法性与偷逃税具有相同的税收效应。从某种意义上说，激进型纳税规划比偷逃税更可怕，因为其动机更具隐蔽性、欺骗性，其行为外观的合法性往往会掩盖其实质的避税意图，并使得税法对其难于规制。概括而言，激进型纳税规划的危害体现在以下几个方面：

第一，造成税收收入流失，减少财政收入。激进型纳税规划行为的直接后果是损害相关国家的税收利益，使财政收入大量减少。BEPS第十一项行动计划指出：由于 BEPS 的存在，全球企业所得税损失在4%~10%，对应于 2014 年，大约相当于 1000 亿 ~2400 亿美元之间。根据英国的研究机构 Tax Justice Network（租税正义联盟）的调查统计，全世界主要国家的纳税人为了避税而转移到"避税天堂"①的总资产，1970—2010 年资产转移累积总量大约有 21 万亿美元。其中资产转移输出较多的国家有：中国（11000 亿美元）、俄罗斯（7900 亿美元）、韩国（7700 亿美元）、科威特（4900 亿美元）和巴西（5000 亿美元）。在中国，据当地税务部门的统计显示，每年至少有 200 家企业各自向霍尔

---

① "避税天堂"一般是指加勒比海地区的巴拿马、开曼群岛、百慕大、英属维京群岛、巴巴多斯、巴哈马和哥斯达黎加；欧洲地区的爱尔兰、荷兰、卢森堡、瑞士、马耳他、直布罗陀和塞浦路斯；非洲的毛里求斯；亚洲的中国香港、澳门和新加坡。

果斯注册的子公司转移 2000 万元以上利润,这意味着仅一年时间,霍尔果斯一地就有 40 亿税收流失。[①]另外,中国近年来的反避税成效,也印证了激进型纳税规划对税收收入的影响。近年来,中国反避税对税收贡献快速增长,2008—2015 年中国反避税对税收的贡献如图 2-5:

单位:亿元

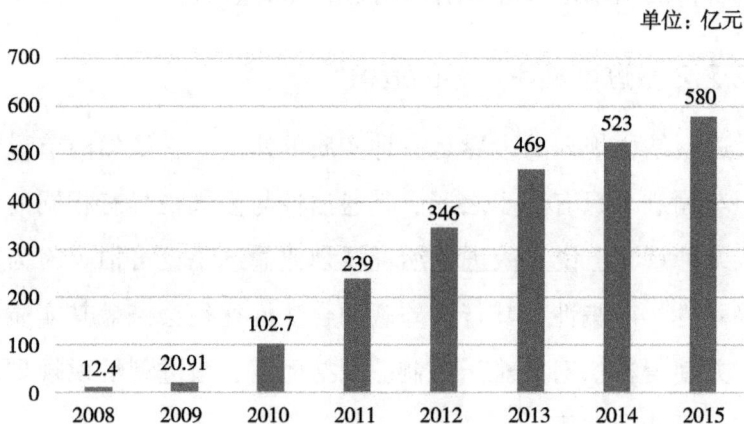

图 2-5　2008—2015 年中国反避税税收增收图

图 2-5 数据显示,中国 2008 年反避税对税收贡献仅为 12.4 亿元人民币,2015 年这一数字达到 580 亿元人民币。这一数字的变化有三个层面的含义,一是反映了中国税务当局反避税的成果,间接说明了激进型纳税规划对税收收入的影响;二是说明了近年来中国激进型纳税规划发展有逐渐扩大的趋势;三是说明了中国税务当局对激进型纳税规划持有的态度,是"不可接受的纳税规划行为"。

第二,扭曲了资本(资金)的正常流动,降低了资本的使用效率。任何纳税规划的实施均伴随着资本(资金)的流动,激进型纳税规划也不例外,纳税主体通过转让定价、受控外国公司的运用、债资比的调控以及滥用国家之间的税收协定等开展激进型纳税规划,将公司利

---

① https://new.qq.com/omn/20180611/20180611A1W0FR.html。

润进行不当转移，扭曲了资本（资金）的正常流动，降低了资本的使用效率。国内资金在离岸中心转一圈之后再回流到国内，不仅造成国家税收的流失，而且带来了监管的困难。[①]激进型纳税规划对资本流动的影响，从有关实证研究也可以得到印证。杜莉、金伟嘉（2016）基于 A 股上市公司对中国内地对外投资企业的避税地运作及其避税效应进行实证研究，研究表明中国 A 股上市公司在 2007—2013 年间仅对中国香港、新加坡、英属维尔京群岛和开曼群岛四个避税地的投资金额占比超过了 70%；刘行、叶康涛（2013）从避税代理观的角度，实证研究了企业避税对投资效率的影响；陈北国等（2015）选取我国制造业上市公司 2011—2013 年的数据对企业避税与企业投资进行实证研究；欧湘婷（2016）以 2008—2014 年间中国 A 股上市公司作为研究样本，分析了企业的避税活动对企业投资效率的影响；马玲利、沈菊琴（2019）选取中国 A 股市场所有上市公司，以其 2013—2015 年相关数据作为研究对象，对企业避税行为与投资效率进行了实证研究。研究结果均显示：企业的避税程度与投资效率呈负相关关系，即企业避税程度越高，投资效率越低。

第三，有悖于税法的宗旨和基本原则。税法的宗旨即税法调整所要达到的目标，是税法的灵魂和考量的标准。现在，一般把有效保障财政收入、有效参与宏观调控和有效保障经济与社会的稳定作为税法的立法宗旨，税法的基本原则是税法宗旨的具体体现，是税收立法、执法、司法等各个环节直接遵循的基本准则。激进型纳税规划有悖于上述立法宗旨和原则。其一，激进型纳税规划行为是以规避税法为主观动机，以减轻税负为客观经济结果，其直接后果是损害相关国家的税收利益，使财政收入大量减少，是对保障财政收入有效性的一种直

---

① 沈衍琪. 中国对外直接投资扎堆"避税天堂"[N]. 北京日报，2006-09-05.

接损害。其二，激进型纳税规划行为扭曲了资本（资金）的正常流动，进而扭曲了正常的经济活动，导致税收政策对资源配置的引导作用失灵，国家宏观调控政策失效，有损市场经济的健康运行。其三，激进型纳税规划行为对税收负担的人为规避，有悖税收的公平原则（主要是横向公平），享有同一经济效果的纳税人减轻或排除税收负担，实际上是将税收负担不公平地转移给其他诚实守法的纳税人，加剧了税收负担的不公平性，妨碍了税收社会功能的实现。

总之，激进型纳税规划行为违背了税法的宗旨和基本原则，危及税法的公平和正义理念，妨碍税收职能的正常发挥，造成了税收收入的流失，降低了资本的使用效率，是对国家乃至国际税收秩序的严峻挑战。

2.3 激进型纳税规划行为征兆

激进型纳税规划行为征兆是指激进型纳税规划事先显露出的迹象、症候，一般被认为是开展反避税调查的前置条件。分析激进型纳税规划行为征兆，对于研究其法律规制，确定法律规制的范围具有十分重要的意义。我们从不同的视角考察了激进型纳税规划行为征兆。

2.3.1 从 BEPS 行动计划视角

通过对 BEPS 全部 15 项产出成果的分析，我们认为，出现下列纳税规划行为，将是激进型纳税规划征兆。

1. 一方扣除、一方不计收入。主要是指跨国纳税人（关联方、控制集团、利益集团）通过规划，可能利用相关国家对债权、股权和衍生工具，税收抵免等的征税规则差异，以及抵押贷款安排或衍生交易，替代支付等规则的冲突，达到一方扣除、一方不计收入的情形。

2. 双重不征税。主要指跨国纳税人（关联方、控制集团、利益集团）通过规划，可能利用不同国家、地区税制的差异，滥用税收协定，导致双重不征税的情形。双重不征税一般包括纳税人的经常性支出，如服务费、租金、特许权使用费、利息以及可以抵减的其他收入。

3. 间接性一方扣除、一方不计收入。主要指跨国纳税人（关联方、控制集团、利益集团）通过规划，可能利用国际避税地①（离岸税收管辖区）的税收优惠，对诸如服务费、租金、特许权使用费、利息等进行安排，造成一方扣除，一方不计收入。

4. 不合理保留利润。主要指受控外国公司通过规划，可能将进行股息分配后的利润不汇回母国，保留在公司内部并超过合理的限度，或跨国纳税人将利润转移到受控外国公司。

5. 债务安排。主要指跨国利益集团通过规划安排，可能利用第三方债务安排或集团内部债务安排将利益集团所属的第三方债务转移到高税负国家。

6. 利息扣除安排。主要指纳税人通过规划安排，可能利用第三方、关联方和集团内部贷款进行超出实际第三方利息费用的利息扣除。

7. 内部融资安排。主要指纳税人通过规划安排，可能通过第三方、关联方和集团内部为生产免税或递延税项收入进行融资。

8. 税收优惠安排。主要指纳税人通过规划安排，可能利用减税、免税、延期纳税、出口退税、再投资退税、投资抵免、税收抵免、加计扣除、加计折旧、税收协定等税收优惠进行人为利润转移。

9. 税收错配安排。主要指跨国纳税人通过规划安排，可能仅为享

---

① 国际避税地：又称"避税港""离岸地"，通常是指那些可以被人们借以进行所得税或财产税国际避税活动的国家或地区。主要有以下几种类型：（1）不征收任何所得税的国家和地区，如巴哈马共和国、百慕大群岛、开曼群岛以及瑙鲁；（2）征收所得税但是税率较低的国家和地区，如瑞士、列支敦士登、海峡群岛；（3）所得税课征仅实行地域管辖权的国家和地区，如中国香港、巴拿马、塞浦路斯等。（4）对国内一般公司征收正常的所得税，如卢森堡、荷属安第列斯等；（5）与其他国家签订有大量税收协定的国家。根据国际税收协定，缔约国双方要分别向对方国家的居民提供一定的税收优惠，主要是预提所得方面的税收优惠，如荷兰。

受免税或低税待遇，在税收优惠国并不从事实质性活动，而将实质性活动发生国的利润转移至税收优惠国。

10. 择协避税安排。主要指跨国纳税人通过规划安排，可能通过合同分拆、劳务外包、股息转移以及位于第三国的常设机构等，人为规避相关国家之间的税收协定本身的限制。

11. 滥用国内税法的安排。主要指跨国纳税人通过规划安排，可能利用相关税收协定试图滥用相关国家国内税法的规定。

12. 佣金代理人安排。主要指跨国纳税人通过规划安排，可能以佣金代理人代替分销商，或在某国开展实质性合同谈判，但不在该国签订正式合同，或者经常代表外国企业行使订立合同权力的人，却声称为"独立代理人"。

13. 合同拆分安排。主要指跨国纳税人通过规划安排，可能利用跨国网路销售保险等规避构成常设机构。

14. 关联企业交易及相关安排。关联企业之间无形资产转让或使用的利润分配与价值创造不一致；以不具有经济实质的合同安排确定关联企业之间的转让定价；关联企业之间合同约定的风险分配没有实际商业决策作为支撑；投入资本但不执行任何功能的关联企业获得完全风险回报；商业上不合理的受控关联交易下的利润分配；关联企业之间采用使利润偏离其重要经济活动的转让定价方法；关联企业之间的支付方式与价值创造不匹配。

BEPS 的主要表现形式为以下几种：一是规避纳税人身份，运用各种手段避免成为任何一个征税国家的纳税人；二是在避税地或低税地注册公司并且无实质经济活动，运用各种方式将利润转移至避税地或低税地注册的公司；三是利用跨国活动规避正常纳税义务，将利润留存在海外低税率的中间控股国，且居民国本身没有"受控外国公司（CFC）"条款或可摆脱 CFC 限制、减少投资来源国和被投资国的税基，导致双重不征税；四是内幕交易，大规模跨国企业甚至可以利用自身的强大经济优势，与避税地或低税地国家或政府谈判，取得当地的纳税特权，达到少缴税或不缴税的目的。

2.3.2 从中国税收法律、法规的视角

通过研读和解析中国的税收法律、法规，我们认为激进型纳税规划行为的征兆，可以依据《特别纳税调查调整及相互协商程序管理办法》的有关规定进行推定，这些征兆包括以下企业行为：

1. 关联交易金额较大或者类型较多。

2. 企业长期亏损、微利或者跳跃性盈利。

3. 企业利润水平长期低于同行业利润水平。

4. 企业利润水平与其所承担的功能风险不匹配，或者分享的收益与分摊的成本不匹配。

5. 企业与低税国家（地区）关联方发生关联交易。

6. 企业关联申报或者同期资料准备不合规。

7. 企业债权性投资与权益性投资的比例超过规定标准。

8. 由中国居民企业，或者由居民企业和中国居民控制的设立在实际税负低于 12.5% 的国家（地区）的企业，并非由于合理的经营需要而对利润不作分配或者减少分配。

9. 跨国企业对中国子公司的利润分配没有充分体现市场贡献与利润分配的匹配。

10. 跨国企业在利润分配时，没有充分体现中国政府在土地、厂房、公共配套等方面的投入。

11. 滥用中国对高新技术企业的税收优惠政策，虽然享受中国高新技术企业的各种优惠政策，但仅提供简单加工利润。

12. 关联企业之间不合理的费用支付。包括向境外关联方支付费用

时，无实质性交易支撑；虽间接受益，但支付境外关联方无须支付的费用；向境外关联方支付的费用标准超过了与独立第三方发生交易应支付的费用；支付的费用不能为企业带来直接或间接经济利益等。

13. 规避常设机构的认定。包括通过"化整为零""连环合同"等方式对完整的劳务合同进行分拆，造成每个合同都不构成常设机构认定的时间标准等等。

14. 关联企业之间抵销交易，隐匿劳务费和特许权使用费。包括企业实际上获得了境外关联方提供的劳务或特许授权，但不以劳务费或特许权使用费的形式支付，而是通过向境外关联方高价购买材料和设备或低价销售产品（或者两者同时进行）的方式，抵销其本应支付的劳务费用或特许权使用费。

15. 关联企业的境外方低估其直接和间接持有的中国应税财产价值，或者高估其持有的境外应税财产的价值。

2.4 激进型纳税规划的典型行为

不同性质的企业，在不同的国家或地区有不同的纳税规划方法，我们试图从这些方法中探寻其共性的特质，通过对中国大量的反避税案例、纳税规划案例、税务当局的税收遵从指引（规划）[①]的分析，大型会计师事务所的研究报告的研读，列举了一系列典型的激进型纳税规划行为的类型，通过对这些规划行为共同特征的分析，对其规划的基本方法进行了描述，给出了其进行规划的基本路线图和典型案例。

1. 利用国际避税地，返程享受中国税收优惠。在过去30年里，不论是中国，还是其他发达国家的跨国企业充分利用国际避税地进行纳税规划，导致相关国家税基侵蚀。虽然各国不断完善税法，加强国际

---

① 参见：《江苏省国家税务局2014—2015年度国际税收遵从管理规划》、《江苏省国家税务局2016—2018年度国际税收遵从管理规划》。

合作，特别是 BEPS 行动计划启动后，对其中的激进型纳税规划具有一定的遏制作用，但是只要国际避税地存在、各国税收优惠存在，这种激进型纳税规划就有滋生的土壤。

方法描述：中国境内企业在国际避税地通过复杂的股权构架，设立多层控股公司，使集团控股公司或上市公司在多层控股构架中成为境外注册企业，但该企业的实际管理控制（经营、管理、财务、财产）仍在中国境内，再通过收购中国境内企业股权，成立新公司，享受中国给予相关企业的优惠待遇。其基本构架如图 2-6 所示：

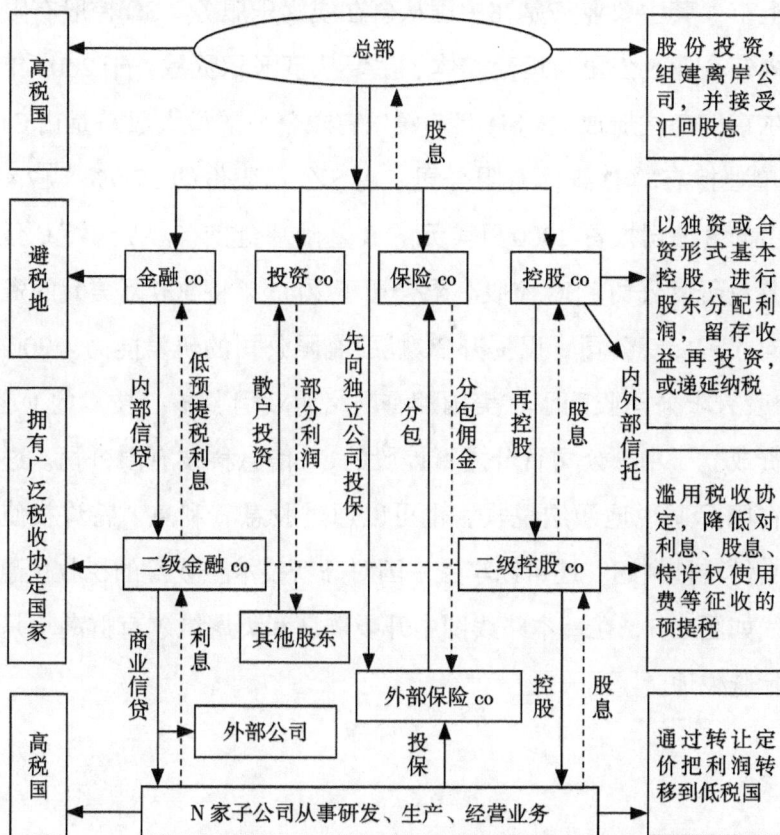

图 2-6 利用国际避税地进行纳税规划的基本构架 [①]

---

① 张康俊. 跨国公司方式的探讨——离岸公司避税 [D]. 杭州：浙江工业大学，2006.

　　图中：Co. 代表公司，将集团管理简化为（从上至下）四个层次。第一层是集团总部，第四层为子公司。主要考虑的是所在地投资环境，第二、第三层分别为在国际避税地和税收协定网路广泛的国家成立的离岸公司。主要考虑的是税收负担水平及资本的流动性。

　　典型案例：上海 S 网络有限公司（以下简称"S 公司"）成立于 1999年 12 月 29 日，是中国网络游戏运营商。创始人为 C1 和 C2，分别占注册资本的 30% 和 70%。并由 G 增资成立 D 媒体有限公司。SH 互动娱乐有限公司于 2003 年在开曼群岛注册成立，并于 2004 年在美国纳斯达克上市，其主要业务是在中国从事在线娱乐服务。SG 控股有限公司是以内资企业 S 公司为运营实体，主要从事国际贸易，于 2002 年在英属维尔京群岛注册成立。SH 互动娱乐有限公司的最大股东是由 C1、C2 和 G 单独持有的 D 媒体有限公司，占 S 公司股份的 57.9%，17.4% 的股份由向 S 公司投资 4000 万美元的 R 基础基金持有。A、B、C 公司为网路游戏研发公司，SG 控股有限公司于 2003 年将 500 万美元的资金分别投向 A、B、C 公司，以提升 SG 控股有限公司的研发能力。2004 年，SG 控股有限公司收购了在美国拥有网络游戏引擎核心技术的 F 公司，并独资成立了由 S 公司百分之百控股的 SC 信息科技有限公司。这样既不用在国际避税地缴纳税收，也可以通过股息、利息、特许权使用费等的支付转移利润，还可以享受中国对高新技术企业等的税收优惠。基本路线如图 2-7，在基本路线图中开曼群岛和英属维尔京群岛均是著名的国际避税地。

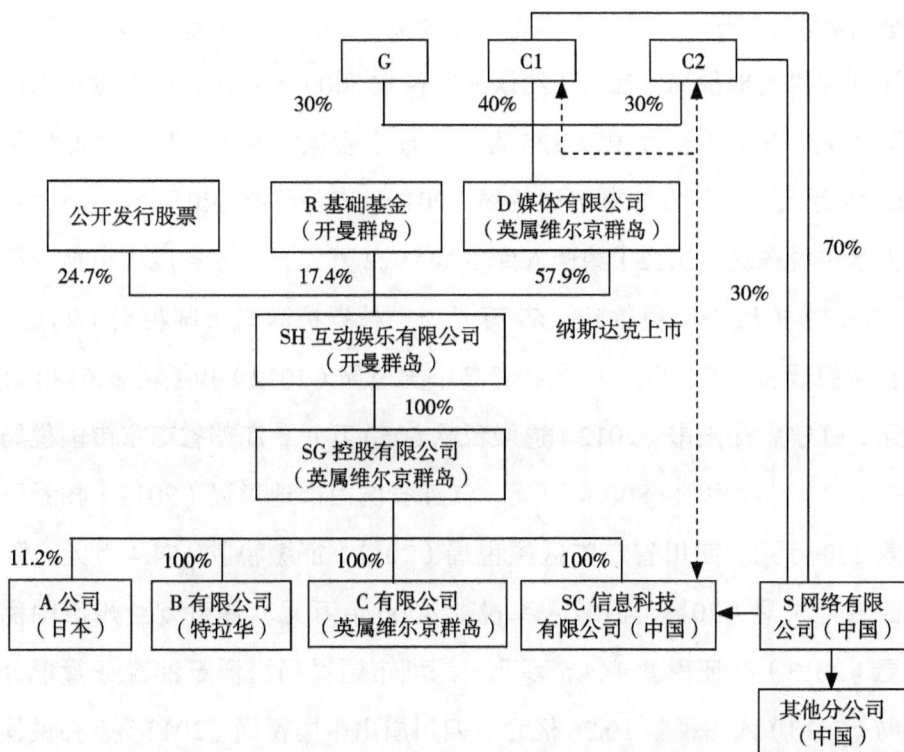

图 2-7 S公司利用国际避税地进行纳税规划的基本路线图

2.设立受控外国公司[①]，间接转让境内公司股权。近几年，这种恶意纳税规划行为在中国处于高发状态。通过资料整理发现，2008年—2013年中国税务机关就这类行为查处的案件就达34起。包括江苏省扬州市国税局（2008）查处入库税款7163万元，江苏省江都市国税局（2010）查补税款1.73亿元，山西太原国税局（2011）追回税款4389万元，贵州省国税局（2011）追缴税款3150万元，福建省厦门市国税局（2011）查缴税款1958.38万元，深圳龙岗地税局（2011）追

---

① 受控外国公司：在中国是指由居民企业，或者由居民企业和居民个人（包括中国居民企业股东和中国居民个人股东）控制的设立在实际税负低于所得税法规定税率水平50%的国家（地区），并非出于合理经营需要对利润不作分配或减少分配的外国企业。

缴税款 2400 万元，江苏省昆山市国税局（2011）入库税款 4400 万元，深圳保税区地税局（2011）约谈入库税款 5000 多万元，山东省青岛市国税局（2008）查补税款 225 万元，辽宁省国税局（2011）入库税款 6225 万元，江苏省如皋市国税局（2010）查补税款 340 万元，河北省衡水市税务局（2012）约谈入库税款 5922 万元，江苏省昆山市地税局（2012）追缴入库税款 641.69 万元，吉林省梅河口市国税局（2012）查缴税款 30767 万元，山东省青岛市国税局（2012）扣缴税款 6188 万元，辽宁省沈阳市（2012）追缴税款 6060 万元，江苏省南京市国税局（2012）补缴税款 6800 余万元，江苏省昆山市地税局（2012）扣缴税款 389 万元，四川省广安区国税局（2012）征缴税款 164.4 万元，陕西省地税局（2013）追缴入库税款 4000 余万元，甘肃省兰州市国税局（2013）补证税款 144.5 万元，深圳市国税局海洋石油税务管理分局（2013）入库税款 10.26 亿元，四川眉山市国税局（2013）查补税款 3320 万元，浙江奉化市国税局（2013）追缴税款 591 万元，江西省南昌市地税局（2013）追缴税款 130 万元，福建省福清市国税局（2013）追缴税款 563.71 万元。

方法描述：境内公司通过在国际避税地设立多层控股公司，由控股公司在境内投资设立企业，控股公司之间通过协议转让股权，将本可以直接转让财产的交易人为转化为间接转让财产的交易，达到转让境内投资设立的企业股权的目的。在中国，通俗地讲，就是境外投资方（实际控制方）通过转让中间控股公司股权的方式达到间接转让中国居民企业的目的。其最大的特点就是通过对国际避税地的中间控股公司进行操纵，改变转让股权所得来源的地点，以达到避税目的。其规划的基本结构模式如图 2-8：

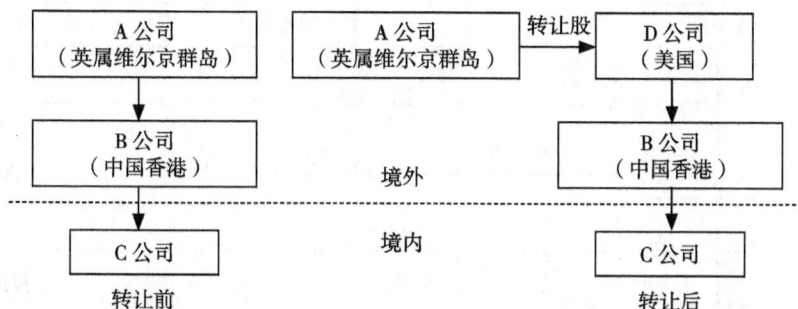

| A 公司
（英属维尔京群岛） | A 公司
（英属维尔京群岛） | 转让股 | D 公司
（美国） |

图 2-8　间接转让股权基本规划模式

设立在英属维尔京群岛的 A 公司，将其香港 B 公司（为境内居民企业 C 公司的母公司）的股权转让给设立在美国的 D 公司，逃避中国税收。从中国 2008—2013 年的案例分析来看，受控外国公司在间接转让公司股权的过程中大多利用的是英属维尔京群岛、开曼群岛和毛里求斯等国际避税地。

典型案例：A 公司于 1999 年在山东省某工业园区注册设立，主要从事化工产品销售。B 公司是 A 公司设立在香港的全资子公司，董事会成员均为 A 公司委派，主要从事国际贸易及投资等业务，C 投资公司是 B 公司在香港设立的全资子公司，其拥有中国境内 D、E、F 三家外商投资企业各 90% 的股份。2011 年，B 公司与荷兰 G 公司签订了股权转让协议，B 公司将 C 投资公司全部股权转让给该荷兰 G 公司。荷兰 G 公司实际取得中国境内 D、E、F 各 90% 的股份。扣除相关股权成本，B 公司取得股权转让收益 3 亿元，试图通过不具有合理商业目的的安排，间接转让中国境内股权，逃避相关税收。基本路线如图 2-9：

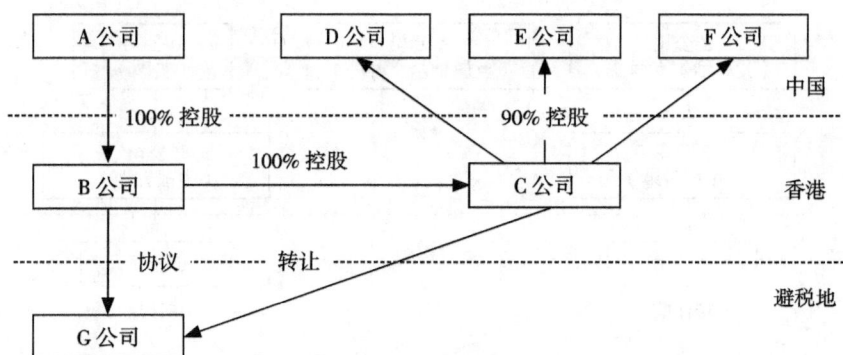

图2-9 B公司间接转让股权案例基本路线图

3.不具合理商业目的，非居民企业[①]间接转让中国境内应税财产[②]。中国大量的反避税案例显示：通过不具有合理商业目的的筹划，间接转让中国境内应税财产（尤其是股权），逃避中国相关税收始于非居民企业。国家税务总局也发布了《国家税务总局关于非居民企业间接转让财产企业所得税若干问题的公告》（2015年第7号），进一步明确了对间接转让股权征税的有关事项。但对"不具有合理商业目的的安排"以及其判定是否为间接股权转让仍依赖于相关企业提供的资料，尤其是非居民间接转让中国财产应税所得的计算框架比较模糊，为激进型纳税规划提供了空间。

方法描述：境外非居民企业通过在境外多层控股构架安排，转让其持有的中国公司股份，利用税务机关获取信息难的特点，规避税收。

典型案例：M路桥公司是由香港C公司（持股比例为95%）和广

[①]非居民企业：非居民企业是指依照外国（地区）法律、法规成立且实际管理机构不在中国境内，但在中国境内设立机构、场所的，或者在中国境内未设立机构场所，但有来源于中国境内所得的企业。

[②]间接转让中国境内应税财产：非居民企业通过转让直接或间接持有中国应税财产的境外企业（不含境外注册中国居民企业）股权及其他类似权益，产生与直接转让中国应税财产相同或相近实质结果的交易，包括非居民企业重组引起境外企业股东发生变化的情形。

东新川D公司（持股比例仍为5%）组成的中港合资企业。香港C公司
是在香港注册的香港居民企业，持有M路桥公司95%的股权。香港C
公司是B在开曼群岛注册的全资子公司。儿童投资主基金也在开曼群
岛注册，并持有B公司26.32%的股权。A公司同样在开曼群岛注册，
并持有B公司73.68%的股权。E公司在香港注册，且是香港联合交易
所挂牌的上市公司。F公司是E公司的全资子公司，注册地位于开曼
群岛。2011年，儿童投资主基金与F公司签署股权转让协议，约定由
F公司收购儿童投资主基金所持有的B公司26.32%的股权，F公司向
儿童投资主基金支付股权转让价款2.8亿美元，并支付自2011年7月
1日至2011年8月31日期间按购买价年利率8%计算的价款利息约合
380万美元。儿童投资主基金试图通过上述复杂的公司构架，在中国
境外转让中国股权，逃避中国税收。股权转让结构如图2-10、2-11：

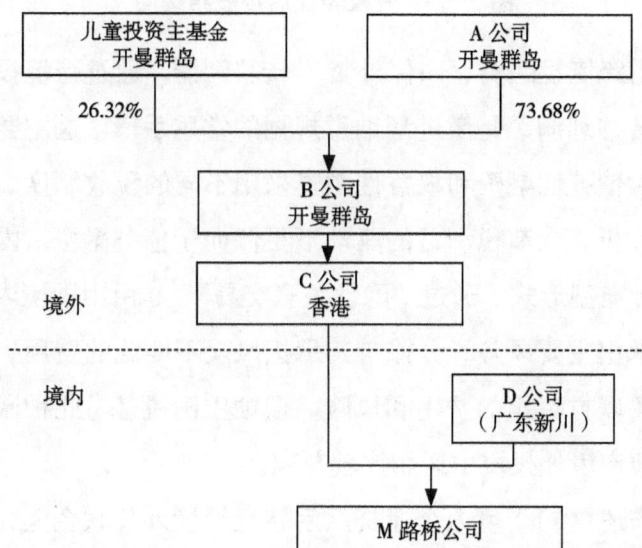

图 2-10　股权转让前控股结构图

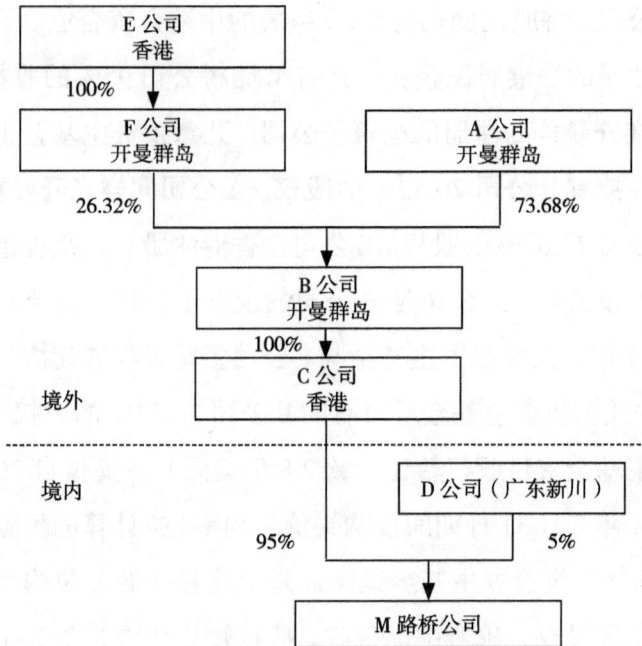

图 2-11　股权转让后控股结构图

4.利用跨境投融资，内保外贷①转移利润。通过跨境投融资中的利息收付转移利润，是激进型纳税规划的常用手段。这主要是由于大多数国家对债务性融资和权益性融资采用不同的税收制度，跨国企业通过比较分析，在节税利益的驱动下更倾向于债务融资。内保外贷是其中的一种典型形式，通过"隐性关联交易"②，由中国境内企业提供担保，并承担主要风险，分摊与其承担风险不匹配的费用，承担了本该由境外关联方负担的费用和风险，侵蚀中国税基。此种激进型纳税规划在房地产境外投资中运用比较普遍。

方法描述：（1）境内企业贷款后转投给境外关联企业，使原本应

---

① 内保外贷：境内企业以资产或信用作为担保向境内银行申请，由境内银行为境外企业从境外银行贷款提供担保的一种金融业务。
② 隐性关联交易：企业利用税收政策不完备、不明确之处，刻意模糊关联方或交易活动，人为将关联交易"非关联化"，从而免于向税务部门申报，进而掩盖其中隐含的税收问题。

由境外公司承担的借款成本转移到境内企业。（2）境内企业将相当于税后利润部分的资金存入境内金融机构，作为境外关联公司取得贷款的担保，并形成境内企业资金冻结。这样，境内企业既没有收取担保费，也没有向境外关联方收取贷款利息，还要列支银行担保业务手续费，同时因税收利润未进行分配，规避了股息预提税，多重侵蚀了境内企业所得税税基。（3）以银行授信、固定资产、无形资产、存货作抵押担保，境内企业以低于同类担保业务收费标准向境外企业收取费用。其基本运作如图2-12：

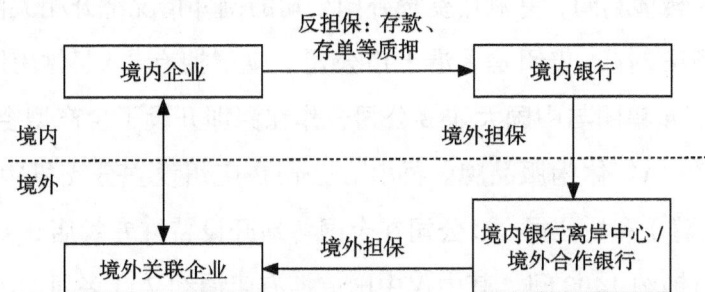

图2-12 内保外贷筹划基本运作图

典型案例：中国境内某企业A公司与境外B公司为关联企业。2014年A公司以其16亿元银行承兑汇票为质押，向境内外银行申请办理"内保外贷"业务，为B公司提供贷款担保，但担保的标的与A公司的业务没有任何联系，A公司累计支付手续费700余万元，境外银行根据境内银行的保函向B公司发放贷款，B公司不向A公司支付任何报酬。A公司由于其巨额资金被冻结，影响了其日常业务开展的资金的流动性，A公司通过增加银行贷款解决其流动性，维持其正常运转，并为此支付巨额贷款利息。巨额的利息支付增加了公司的税前扣除，减少了企业所得税。

5.利用无形资产转让定价，侵蚀境内企业利润。在数字经济的推动下，国际贸易从以销售有形资产为主逐渐向授权使用或转让无形资产转变，使跨国企业利用无形资产转让定价进行激进型纳税规划成为较普遍的现象，这也是 BEPS 行动计划关注的焦点之一。

方法描述：（1）在直接许可[①]或合同式研究开发[②]模式下，通过对相关国家税负的比较，利用转让定价，将利润留在低税负国家。（2）在成本分摊模式[③]下，通过相关国家税负的比较，高估或低估某些成员公司的贡献比例或预期收益，转移利润。（3）利用各国税收居民认定的差异，避免成为一国居民，再通过转让定价及成本分摊协议向低税负国家或地区转移利润，并利用受控外国公司的例外情况绕开相关监管。

典型案例：A 集团是香港上市公司，旗下拥有"A"休闲服品牌。1994 年，A 集团与中国大陆 B 公司合作在深圳开设了生产型企业 C 公司，生产"A"休闲服品牌。再由 C 公司在广州设立分支机构 D 公司（独立核算）和 S 公司，D 公司在全国各地开设特许专卖店，A 集团全球共有店铺约 1400 间，其中仅中国就拥有店铺约 700 多间。D 公司实际上是 A 集团在中国大陆的总机构，对中国地区业务行使管理、监督和推广职能，并承担服装设计开发、技术服务、市场开拓等一系列其他职能和风险。A 集团在百慕大成立 W 子公司，并将"A"休闲服品牌所有权转移至 W 公司。D 公司为了使用该商标从事生产经营活动，与 W 公司签订了商标使用许可合同，D 公司以销售总额为基础，按比例支付商标使用费，协议同时规定合同双方可以根据销售市场变化的情况，协商调整商标使用费的收取标准。此外，按照 W 公司、D 公司和

---

① 直接许可模式：拥有无形资产所有权的公司将无形资产授权给集团内的其他公司使用，并收取授权使用费，授权公司保留无形资产所有权，被授权公司享有经济所有权。

② 合同式研究开发模式：跨国公司的某一成员公司委托另一成员公司研究开发某项无形资产，委托公司享有无形资产所有权，被委托公司收取研究开发费用。

③ 成本分摊模式：跨国集团内部的几家公司达成成本分摊协议，约定共同研究和开发无形资产和分摊研发费用，按照承担的费用比例分担受益。

中国其他省市专卖店签订的特许专卖店合同，W公司授权D公司代其向中国其他省市专卖店收取"A"商标使用费。W公司多次提高商标费计提比率，D公司支付巨额商标使用费，致使销售费用偏大，企业盈利能力与其经营规模不相符。基本运行如图2-13：

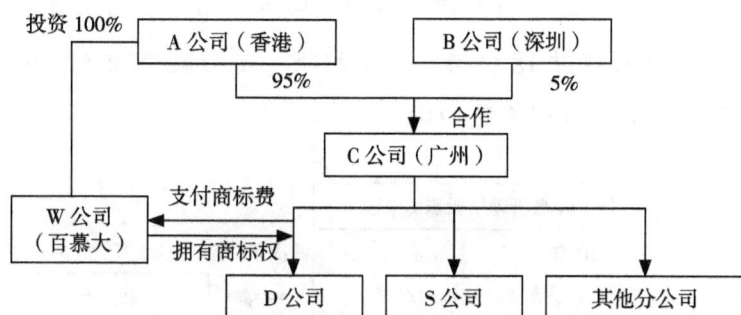

图2-13 A集团无形资产转让基本运行图

6.境外投资企业境外所得申报不实，不缴或少缴中国税收。一般而言，中国居民企业在境外投资设立企业，境外企业在境外的经营活动大多不受中国法律管辖，尽管《国家税务总局关于居民企业报告境外投资和所得信息有关问题的公告》（国家税务总局公告2014年第38号）中有相关规定，但居民企业往往以境外相关国家法律规定、商业秘密或合同、协议为借口，拒绝或延期报送要求报送的相关内部经营和财务会计信息。或即使有报告，报告也太多不实。

方法描述：（1）境外投资企业，即中国"走出去"的企业，通过隐瞒或编造境外投资活动以及所得信息，不报、少报、漏报境外所得。（2）境外投资企业有意或无意忽视中国法律、法规，虽不以隐瞒或编造境外投资活动以及所得信息为前提，但以对中国税法不熟悉为借口，不按中国税法规定正确计算、申报境外所得。（3）将境内所得转化为境外所得，滥用税收抵免，通过抬高境外所得，套取境外税收抵免利益。（4）无正当理由，不向境内股东分配或很少分配利润。

典型案例：中国某A外商独资企业于2007年通过红筹模式在境外上市，成为境外B上市公司，其中大部分高管（14名）居住在中国境内，且公司资产及高管资产几乎也在中国境内。控股及股权交易简易结构如图2-14：2009—2010年，其高管（大股东）通过在英属维尔京群岛设立的离岸公司C分两次共减持其境外上市主体B公司股份12.2万股，转让收入超过18亿港元，但只将一部分减持收入汇回中国纳税，另部分收入留在股东账户中。

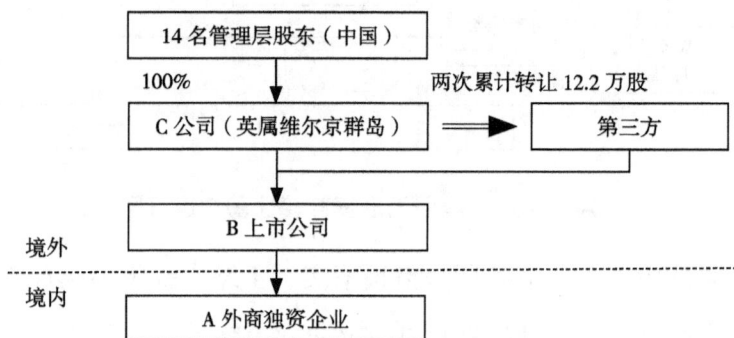

图2-14　A外商独资企业控股及股权交易简易结构图

7. 职能定位、经济实质与利润水平不匹配。企业承担的功能及风险与利润回报相匹配，本地企业的市场贡献与集团全球利润分配相匹配，企业职能定位与实际运营及享受的税收优惠相匹配，集团利润趋势和本地企业利润趋势相匹配，是检验公司治理结构是否合理的重要标准之一，也是税收实践中判断关联企业之间利润分配是否符合独立核算原则的重要考量。随着国际贸易、国际投资的发展和变化，跨国公司在产业链、供应链整合中，其企业功能定位、企业职能定位、企业市场贡献、企业利润趋势都发生了变化，但出于税收负担的考虑，他们在进行利润分配时不进行相应的利润调整，导致相关国家税基侵蚀和利润转移。

方法描述：（1）企业增加了研发职能，并且成为某一区域的研发中心，但利润分配时没有体现这一变化。（2）企业增加了研发职能，并且成为某一区域的研发中心，但利润分配时与职能承担不匹配。（3）企业剥离研发职能，形成了无形资产，但在无形资产转移时利润没有得到相应补偿。

典型案例：某跨国集团在中国境内设立的 A 外商独资企业，主要从事研发、生产制造和境内销售业务，2010 年被所在地税务机关认定为高新技术企业，享受高新技术企业相应的税收优惠（法律定位）。A 企业产品在国内外销售，但集团公司在向 A 企业分配利润时仍按契约加工商（自身定位）进行利润分配。这是典型的职能定位与利润分配不匹配，如图 2-15。该种类型的纳税规划活动，也可以称其为"滥用税收优惠"，在中国改革开放初期曾被广泛使用，目前在存在地区性税收优惠的情形下，企业也往往通过这一途径寻求避税。

图 2-15　A 公司职能定位与利润分配不匹配简图

8.通过抵销交易，降低企业集团整体税负。该类激进型纳税规划在"购销两头在外"的生产型企业中比较常见，也有其演化模式，即通过内销转外销，再进口销售的方式转移利润。基本思路是：关联企业一方向另一方提供的利益被关联企业另一方提供的其他利益补偿。

方法描述：（1）通过增加境外购进的成本费用、降低对境外销售价格等"高进低出"方式将利润转移到境外。（2）"低进低出"方式，即低价购进设备、原材料，甚至不作价，产品外销时低价出售，赚取境外销售高额利润。（3）在购销交易与费用支付间进行筹划安排，抵销费用支付，规避预提税。

典型案例：A是一家在国外注册的从事软件开发的跨国企业，在欧洲设有子公司B，作为核心技术平台，主要负责自主研发操作系统；设有子公司C，作为核心技术推广平台，主要负责委托市场第三方研发应用软件；在中国设有D公司，主要负责核心技术推广的运用与开发。操作系统与应用软件相互依赖，即应用软件依赖某种操作系统，操作系统需要大量与之相兼容的应用软件，才能发挥效能。由于B公司开发的操作系统既是核心技术平台，又具有垄断性，D企业为其关联公司C免费研发运用软件，并以低价支付D公司操作系统使用费作为补偿。这样既减少了D公司在中国境内的应纳税所得，规避了企业所得税，又减少了B公司来源于中国境内的所得，规避了中国非居民公司所得税。其基本路线如图2-16：

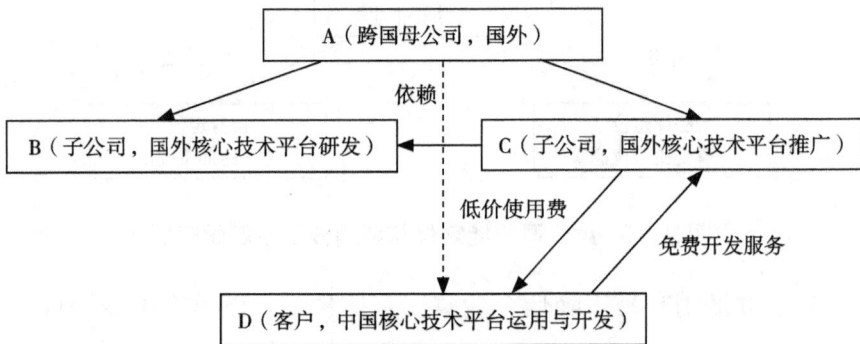

图2-16 A公司抵销交易筹划基本路线简图

9.以不合理价格收购境外关联企业。该类筹划主要发生在股权转让、跨境投资和关联交易之中。

方法描述：（1）跨国集团总部首先在第三国设立资产净值低、职能简单的关联企业，然后其境内企业利用未分配利润以高价收购该境外关联企业，变相将境内企业未分配利润转移到集团总部。（2）企业集团不遵循独立交易原则而进行内部股权划转。（3）关联企业之间通过复杂的交易构架进行股权置换。

典型案例：境外 B 公司在中国境内设立 A 外商独资企业，B 公司在境外百分之百地控股 C 公司。2010 年，A 公司以 5000 万元收购境外 C 公司，但 C 公司净资产账面价值仅有 2000 万元，其差额 3000 万元冲减 A 公司未分配利润、盈余公积等留存收益。在该筹划中，B 公司通过对 C 公司的股权转让间接取得了 A 公司的未分配利润，规避了中国预提所得税。其基本路线如图 2-17：

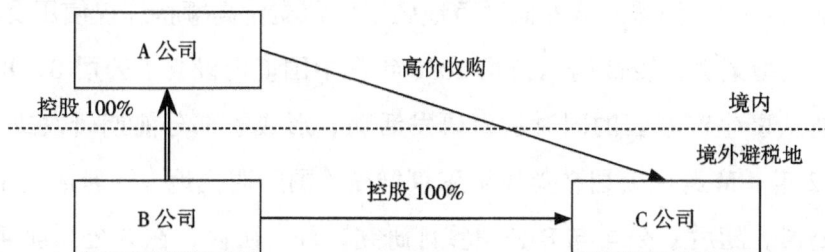

图 2-17　A 公司以不合理价格收购关联企业筹划基本路线图

10. 特许权研发费用，体现收益或回报不充分。此类行为多发生在境内企业向境外关联方支付特许权使用费。主要表现在：（1）境内外关联企业共同开展特许权产品研发，境内企业除参与技术研发外，还通过巨额的营销投入最终促成境内品牌的形成，但仍向境外关联方支付大额的特许权使用费。（2）境内企业在无形资产开发、提升、维护、保护和利用中价值创造明显，且承担主要风险，但通过向境外关联方支付大额特许权使用费用，分摊研发成本。（3）位于低税负地区的特许权受益人，其资产明显偏低，但收取大额特许权使用费，使功能、资产与收入不匹配。（4）高新技术企业向境外关联方支付大额特许权使用费后，只有微利，甚至巨额亏损。（5）单一功能企业在亏损或微利的情形下，仍向境外支付大额特许权使用费。（6）无形资产价值已经基本耗尽或法律保护年限基本结束但仍收取大额特许权使用费。（7）向境外关联方支付特许权使用费时，费率明显高于正常标准的。（8）向境外关联企业提供专有技术、商誉、商标和客户清单等无形资产时，少收或未收相关使用费。

方法描述：跨国关联企业以其位于境外低税负地区子公司的名义进行研发项目立项，然后通过项目发包形式，向境内关联企业发包，由境内企业承包项目开发，以较低的成本加成率作为研发服务的报酬，不考虑提供该项研发服务的企业对无形资产的经济所有权。在使用该技术时，仍需向境外低税负地区子公司支付高额特许权使用费。

典型案例：某 M 跨国公司 2010 年在中国境内设立子公司 B，B 公司在从事生产经营的同时从事研发活动，形成了部分前期研发成果。2012 年，M 跨国公司在英属维尔京群岛（国际避税地）注册成立了 C 子公司，随后 C 公司与 B 公司签订研究、开发协议，在 B 公司前期研究成果的基础上继续研究开发。虽然后续研发的主要条件，如人员等并未发生根本性、实质性改变，但研发成果所有权为 C 公司所有，B 公司如果使用研发成果，仍需向 C 公司支付特许权费用。其基本路线如图 2-18：

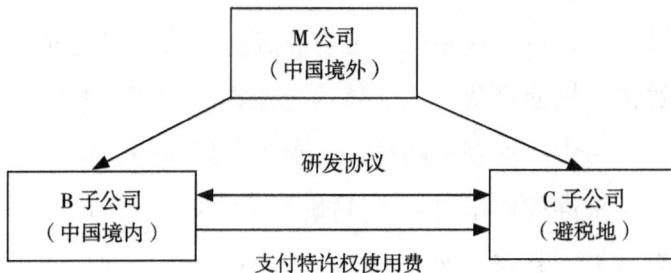

图 2-18 M 公司研发活动筹划基本路线简图

11. 承担隐性成本[①]使集团受益，但未得到相应补偿。此种行为大多发生在跨国企业集团，且其销售的基本产品具有垄断性。

方法描述：跨国集团出于整体营销策略考虑，将其具有垄断性的基本产品与其他相关产品捆绑组合，形成生产销售链，通过平价甚至是亏损销售基本产品进行"市场圈定"，创造对相关产品或服务的需求，达到集团利润的最大化。而销售基本产品及其相关产品的子公司长期亏损，为集团承担隐形成本，没有得到相应补偿。

典型案例：境外某跨国打印机生产企业 A，在中国境内设立子公司 B，生产其打印机，另外在境外设有 C 子公司，生产打印耗材。A 公司为了占领中国打印机市场，由 B 公司生产并直接向中国第三方经销商 D 低价销售打印机，由子公司 C 向该第三方经销商 D 高价销售墨盒等打印机耗材。虽然 B 公司因低价生产销售打印机而亏损或微利，但境外 C 公司高价销售打印耗材不仅使 A 公司最终获利，而且有可能导致中国第三方经销商亏损，导致中国税基侵蚀和利润转移。其基本路线如图 2-19：

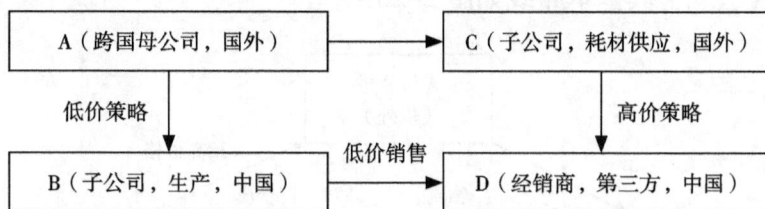

图 2-19　A 公司捆绑销售筹划基本路线图

---

①隐性成本：是由于经济主体的行为而有意或无意造成的，具有一定隐蔽性的将来成本和转移成本，是成本的将来时态和转嫁的成本形态的总和。

12. 设立避税地壳公司①或离岸账户②进行交易。大型跨国公司，如通用电气、惠普、宝洁、强生、苹果、IBM、微软、谷歌、默克、辉瑞、埃克森美孚、花旗、思科系统、雅培和百事可乐等公司都曾运用该形式进行纳税规划，规避相关国家税收。

方法描述：公司在避税地（或税负较低的国家、地区）或离岸金融中心设立壳公司或开设离岸账户，但不从事实质性的制造、经销、管理等生产经营活动，只是通过壳公司或离岸账户向其所属关联企业或子公司进行以股权和债权为主的投资，进行无形资产使用特许使用授权，将利润转至低税负地区，达到降低整体税负的目的。

典型案例：某境外电器零件生产商 A 母公司，在中国境内设立子公司 C 以承担生产职能的同时，在国际避税地英属维尔京群岛注册设立 B 公司（壳公司）。C 公司生产电器零件本应直接销售给 A 母公司，但设立 B 公司后，C 公司以近似成本价向 B 公司提供电器零件，B 公司在进价的基础上加成 100% 后销售给 A 母公司。货物销售均有合同，且资金流与合同一致，但物流与资金流不一致，产品均从 C 公司直接发往 A 公司。其基本路线如图 2-20：

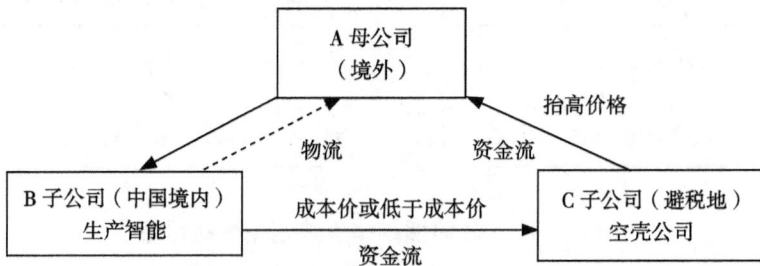

图 2-20　A 公司运用壳公司筹划基本路线图

---

①壳公司：没有或只有名义上的经营，没有或只有名义上的资产或资产唯一地由现金或现金等价物组成的公司。

②离岸账户：在境外银行开立的账户，客户可以从离岸账户上自由调拨资金，而不受本国的外汇管制。

13.筹建期获取资本性收益不申报。企业筹建期间，一般认为没有开展正式的生产经营活动，没有获得经营性所得，企业所得税零申报属于正常现象。一些正在筹建中的企业往往利用这一逻辑进行筹划。

方法描述：企业筹建期进行资本性活动，虽获取收益，但不进行企业所得税申报。主要有以下几种情形：（1）企业筹建期间存款资金或已结汇资金的存款利息收入不申报。（2）企业筹建期间来自其他企业、组织或者个人的捐赠收入不申报。（3）企业筹建期间已结汇资金向关联企业提供无息贷款或其他无偿使用，虽已改变用途，但不进行纳税申报。（4）企业筹建期间已结汇资金改变用途，用于购置土地和厂房，通过出租土地和厂房取得收入不进行纳税申报。（5）企业筹建期间囤积资金获取汇兑收益，清算时未正确申报。（6）企业筹建期间取得财政补贴收入。

典型案例：2014 年，境内 A 公司与境外 B 公司共同出资筹建中外合资企业 C 公司，A 公司出资 5000 万元，B 公司出资 4000 万元，注册资金到位后，开展 C 公司筹建工作，但并未开展任何生产经营，随后 C 公司将 5000 万元无偿借给 A 公司使用两年。其基本路线如图 2-21：

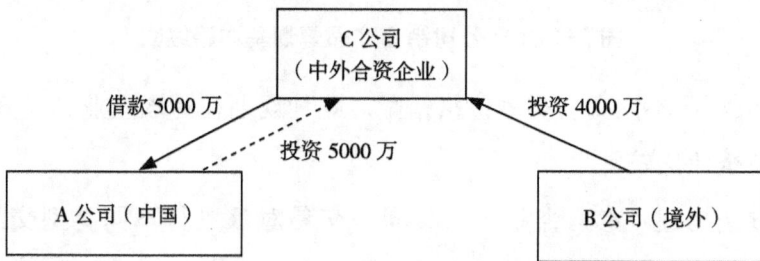

图 2-21　C 公司筹建期间资金运作筹划基本路线图

14.通过三方合同规避非居民纳税义务。此种筹划大多发生在工程项目及大型设备的购销过程中。

方法描述：境外公司中标境内大型项目或向境内销售大型设备

后，通过境内子公司与项目或设备发包方签订三方合同，合同约定主要劳务由境外公司提供，境内子公司只提供次要劳务。从形式上看，境内子公司不构成非居民常设机构，但事实上，境外公司仍会派员来华提供服务。结果将境外公司在境内的应税收入转化为境外不征税收入。

典型案例：境外 B 公司向境内 A 公司销售一条大型生产线，销售合同中列明安装调试服务由境外 B 公司负责，销售价格含一年的安装调试服务费。B 公司与境内第三方 D 公司签署安装调试协议，D 公司根据 B 公司的技术要求，提供该安装调试服务，但事实上主要安装调试仍然由 B 公司从境外派员完成，D 公司获得境外 B 公司另行支付的服务费。其基本路线如图 2-22：

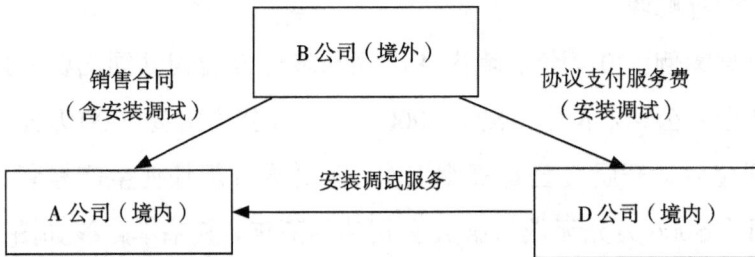

图 2-22　B 公司销售产品筹划基本路线图

15.利用不同交易类型价格错配。此种规划在跨国企业，尤其是跨国垄断企业比较常见。

方法描述：跨国企业在与其同一交易对象进行不同类型交易时，为了规避税收目的，对不同交易类型的交易价格进行不合理的调增或调减。

典型案例：境外 A 母公司在境内设有 B、C、D 子公司，A 公司与 B 公司签订某发动机销售合同，约定由 C 子公司为 B 公司生产所提供的发动机，但发动机使用培训等活动由 D 子公司在境外为 B 公司提供，按照发动机价格 20% 收取培训费（培训费金额远远高于按人员收费的行业标准）。压低境内公司发动机销售价格，抬高境外公司提供后续服务劳务价格，减少境内应纳税所得额，将收入向境外转移。其基本路线如图 2-23：

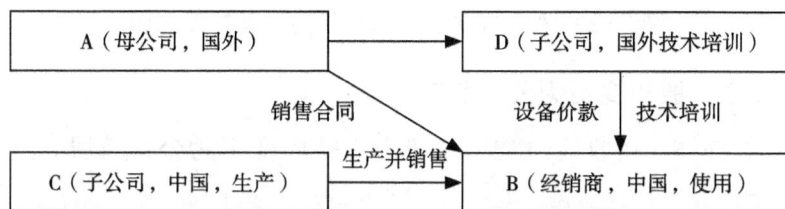

图 2-23 A 公司价格错配筹划基本路线图

16. 通过掩饰关联交易规避税收。这是近几年激进型纳税规划的一种"创新"形式，企业利用税收政策存在的漏洞或不严谨的地方，刻意模糊关联方或关联交易活动，通过将关联交易"非关联化"，规避相关纳税义务。

方法描述：（1）借助中间方、隐性控制、内部处理规避关联关系。（2）通过无偿利益输送、增加额外负担、抵销交易等规避关联关系。（3）通过关联交易价值链的设计，在价值链中插入独立第三方，利用委托、代理、信托等金融工具的交易安排，在形式上隐匿关联交易，通过转让定价规避境内应纳税所得额。

典型案例：某跨国电器生产厂商 A 母公司，在中国境内设有 B 子公司，以承担生产职能。B 子公司生产的产品按照成本价或接近成本价销售给位于某低税负国家的第三方 C 公司，C 公司按照原价再销售给 A 公司，A 公司以代理费对 C 公司进行补偿。资金流和信息流均由 B 子公司到非关联方 C 公司，但其物流是直接由 B 子公司运往 A 母公司。在此价值链中，C 公司从事代收代付业务，并未承担实质功能。其基本路线如图 2-24：

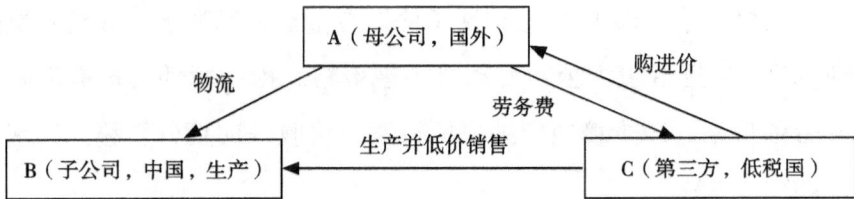

图 2-24　A 公司隐匿关联关系筹划基本路线图

17. 个人股东变更为公司股东。

方法描述： 在收购过程中，将个人持股变更为公司持股，规避个人所得税。

典型案例： 某 B 上市公司拟收购中国某县一家水电公司。但该水电公司由甲、乙两人共同出资 1000 万元设立，收购过程中涉及个人所得税问题，为规避个人所得税，甲、乙两人筹划另外设立一家 A 公司，将全部股权仍以 1000 万元的价格平价转让给 A 公司。A 公司再将股权以 3000 万元转让给 B 上市公司，从而完成了收购交易行为。其基本路线如图 2-25：

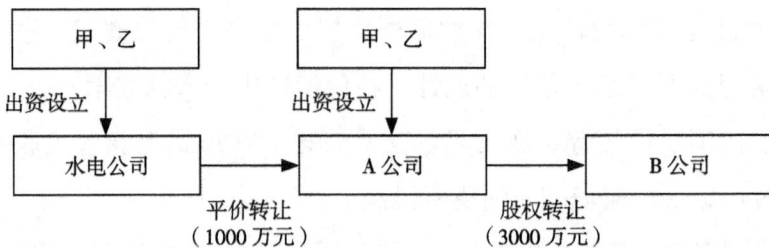

图 2-25　个人股东变更为公司股东筹划基本线路图

18. 非居民企业利用在避税地设立空壳公司[①]，间接转让中国境内企业股权。此种筹划在中国曾经盛极一时，随后中国税务当局采取了有针对性的措施。

---

① 空壳公司：发起人根据中国香港或英国的法律成立的有限公司，但是没有任命第一任董事，也没有投资者认购股份，不会发生经营及债权债务。

方法描述：非居民企业利用在避税地设立空壳公司，间接转让中国境内企业股权。

典型案例：美国 A 公司是一家国际控股公司，其拥有巴巴多斯[①]B 公司 100% 控股。2006 年 10 月，B 公司在中国长春设立 C 公司，并对其 100% 控股。2006 年 11 月，A 公司在中国上海设立 D 公司，D 公司系投资公司。2007 年 7 月，A 公司将 B 公司持有的 C 公司股权转让给 D 公司并通过 D 公司在上海成立了 D1 和 D2 两家新公司。其基本路线如图 2-26：

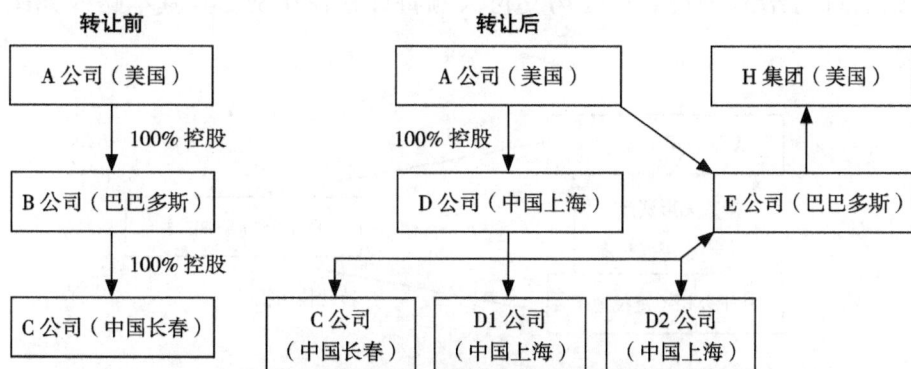

图 2-26 A 公司控股及股权转让筹划图

2008 年，A 公司在巴巴多斯设立 E 公司，并于 2008 年 10 月将 D 公司持有的 C 公司和 D1、D2 公司全部股权转让给 E 公司，随后 C 公司被更名为 E 长春公司。2011 年 1 月，A 公司、E 公司整体转让给美国 H 集团，整体转让价值为 3500 万美元。作为 E 公司控股子公司，E 长春公司及上海两家公司被间接整体打包转让。A 公司通过整体转让 E 公司从而转让其多家控股子公司，上述转让未在被转让股权的 E 长春公司所在地申报缴纳企业所得税。

---

① 巴巴多斯位于东加勒比海小安的列斯群岛最东端，被欧盟列入"避税天堂"黑名单，在中国国际避税案例及实务中常有涉及。

19. 特许权使用费支付错配。

方法描述：境外某关联企业仅有一些商标的法律所有权，其在避税地注册一家关联公司（空壳），便可拥有该商标的所有权，然后让在中国境内的关联公司向该公司支付特许权使用费，把利润转移到境外。

典型案例：境外 A 母公司在中国境内设有 C 子公司，并构成关联关系。A 母公司在开曼群岛设立 B 子公司并持有 A 母公司无形资产，B 子公司委托 A 母公司进行研发等相关工作，B 子公司取得法律所有权后许可给 C 公司，C 公司支付大额特许权使用费。其基本路线如图 2-27：

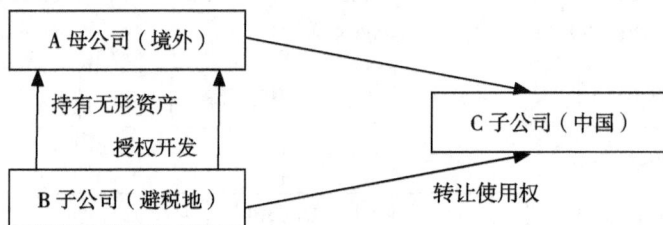

图 2-27　A 公司特许权支付错配筹划基本路线图

20. 通过设立关联公司，支付服务费转移利润。

方法描述：境内企业或个人在避税地设立公司，再由避税地公司返程投资，在境内设立企业，通过避税地公司间接持有境内企业股份以获利并转移利润。

典型案例：境内自然人 B 在开曼群岛投资设立 A 公司，再由 A 公司在境内投资设立 C 公司，A 公司收入仅来源于境内 C 公司的投资收益。境内自然人 B 通过间接持有 C 公司 100% 股份达到了控制境内 C 公司的目的，进而通过操控 A 公司实现利润转移。其基本路线如图 2-28：

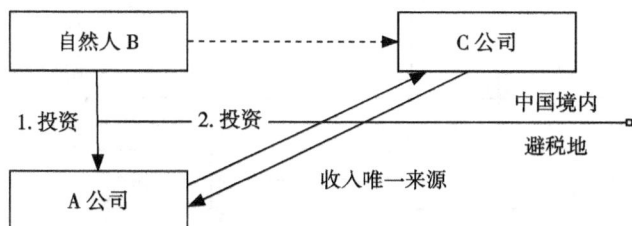

图 2-28　自然人 B 返程投资筹划基本路线图

21. 利用各国对混合体性质的认定，双重税前扣除。

方法描述：母公司在境外设立混合公司①，母公司所在国与混合公司所在国对混合体的性质认定不同，导致同一笔支付款项在母公司所在国与混合公司所在国双重扣除。

典型案例：甲国母公司 A 通过设立在乙国的混合实体 C 公司间接持有乙国运营子公司 B，混合实体 C 公司向第三方借款，将借入资金注入 B 公司，成为 B 公司股东。A 公司通过拥有混合实体 C 公司的全部或几乎全部股权，而间接持有 B 公司的全部或几乎全部股权。在税收上就有可能出现这样一种情形：从甲国税法来看，C 公司被视为非应税实体（透明）；而从乙国税法来看，C 公司被视为应税实体（非透明）。乙国将 C 公司视为企业所得税的应税实体（非透明），C 公司的利息支出可以在税前扣除。而甲国将 C 公司视为非应税实体（透明），C 公司支付的利息费用又被归集到了 A 公司，可以在税前扣除。这种安排导致一项贷款合同项的利息支出在两个不同的国家都得到了税前扣除。其基本路线如图 2-29：

---

① 混合公司：在职能上没有紧密联系的资本或企业合并而成的规模企业，其在本质上是现代公司，不仅具备自己的特点，规模庞大，同时涉足多个没有直接联系的业务领域。

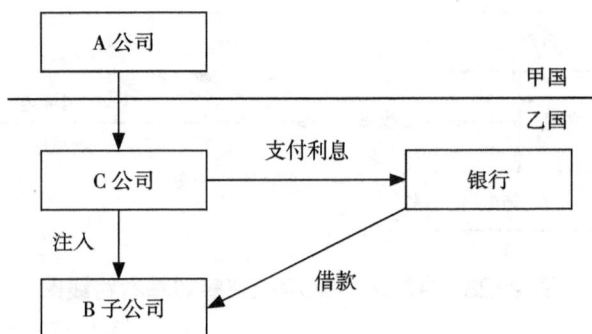

图 2-29 境外设立混合实体筹划基本路线图

22. 通过创新金融工具，一方扣除，一方不计或少计收入。

方法描述：一项混合错配安排在支付者国家进行了费用扣除，但没有相应地在收入方国家确认收入。典型的情况是：一项利息费用在支付者国家进行了税前扣除，但没有相应地在取得利息收入的国家就该笔利息确认收入并纳税。

典型案例：A 国的 A 公司购买 B 国的 B 公司发行的一种创新金融工具（可转换债券）。在 A 国税法中，这种可转换债券被视为股权，而非债权；而在 B 国税法中，这种可转换债券却被视为一项债务。依据 A 国税法，A 公司每年从 B 国 B 公司获得的收入被视为股权所滋生的股息所得，而不是利息所得（假设股息所得在 A 国是不用缴税的）；而依据 B 国税法，B 公司每年因可转换债券向 A 国 A 公司支付的费用被定性为利息费用，从而能够在 B 国进行税前扣除。在这种安排下，利息费用在支付方国家 B 国得到了净扣除，而在收入方国家 A 国却未相应地确认收入。其基本路线如图 2-30：

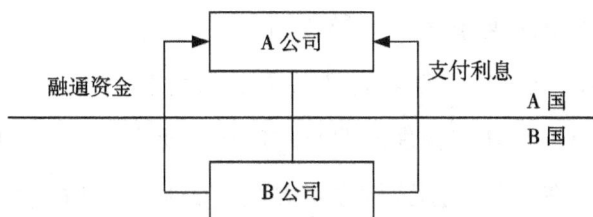

图 2-30　购买创新金融工具筹划基本路线图

23.通过权益工具，一方扣除，另一方抵免。即通过权益工具混合转移来产生外国税收抵免，最常见的是股票销售和回购协议。

方法描述：基本架构是一国的实体公司通过设计特殊目的工具，如优先股从另一国的实体公司融资。

典型案例：A 国的 A 公司准备通过优先股融资，A 公司将优先股卖给 B 国的 B 公司，B 公司为此支付 1000 万元购买款。两年后，由 A 公司回购此优先股，向 B 公司支付 1200 万元回购款，销售和回购差价为 200 万元，且具有类似利息的性质。根据 B 国的税收抵免制度，B 公司可以就在 A 国因回购而缴纳的所得税申请外国税收抵免。而根据 A 国税法，该回购交易被视为 B 公司通过购买优先股提供给 A 公司的贷款，所产生的 200 万元利息费用可以在 A 国申请税前扣除。由此可见，A 国 A 公司享受到了税前扣除，B 国 B 公司则享受了外国税收抵免，造成相关国家税基侵蚀。其基本路线如图 2-31：

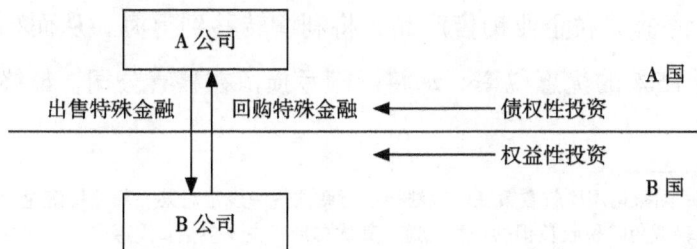

图 2-31　购买优先股筹划基本路线图

24. 滥用国内税收优惠①，导致国家税收流失。

方法描述：（1）不合理会计政策和会计估计变更。（2）不合理劳务补偿。（3）不具有合理商业目的的企业拆分。（4）调控起征点和免征额。（5）在税收优惠区设立空壳公司，只在税收优惠区登记、挂牌，实际生产经营地未变；或在同一住所登记注册几家甚至十几家公司。（6）将总机构办公住所迁移到税收优惠区，而在原地设立分支机构，达到主体税收转移或税收级次变更。（7）为享受税收优惠，而非实际生产经营需要的厂址整体迁移。（8）利用关联企业优惠期不同相互转移利润，制造亏损。（9）人为制造企业特殊重组。（10）将产品销售转化为技术转让。（11）关联企业间研发人员重叠，重复列支研发人员费用。

典型案例：（1）A 研究设计院与其下属的 B 机械公司均为高新技术企业，在两家关联企业申报的研发人员名单中，经核实有 20 多人属重复人员，这些人员的薪酬在两家企业均被列入研发费用。（2）浙江嘉兴某电子有限公司 2012 年度的 2.36 亿元销售额全部为境内关联销售所得，企业亏损严重。通过实地核查和分析各项资料发现，该企业的唯一销售对象即为投资方上海某电子有限公司，且该上海企业是高新技术企业，享受 15% 的优惠税率。2011 年初，集团将公司的生产部门由上海搬迁至嘉善，将嘉善公司作为集团的生产基地，再以低于市场价格向上海的关联企业销售产品，将利润转移到上海，从而享受高新技术企业 15% 的优惠税率，却将巨额亏损留在嘉善公司。最终，企业

---

① 税收优惠：国家运用税收政策在税收法律、行政法规中规定对某一部分特定企业和课税对象给予减轻或免除税收负担的一种措施。其优惠形式主要包括：优惠税率、起征点和免征额、税收抵免、税项扣除、盈亏互抵、税收饶让等。目前，中国在支持绿色发展、科技创新、小微企业发展、农林牧渔业发展、创业就业、金融发展、棚户区改造和保障性住房建设、公共服务、企业重组改制、对外投资、医疗卫生事业、文化教育行业、固定资产加速折旧或摊销、外贸出口等方面均有税收优惠政策。

承认该关联交易价格明显偏低，不符合独立交易原则，同意了嘉善县国税局提出的调整方案，调增该公司 2012 年度应纳税所得额。

25. 滥用国际税收协定[①]，侵蚀相关国家税基。其主要筹划方法包括：（1）设置直接导管公司。（2）设置脚踏石导管公司。（3）设置同一国控股公司。（4）设置外国低股权控股公司。（5）合同拆分。（6）劳务外包。（7）避免被定义为股息的交易。关于国际税收协定滥用的激进型纳税规划的原理及案例在"税收协定滥用的激进型纳税规划的法律规制"中进行讨论。

激进型纳税规划行为既是一种税收行为，也是一种经济行为。激进型纳税规划行为的征兆，是激进型纳税规划行为可能发生的领域或范围，激进型纳税规划模式是对已经发生的纳税规划的甄别和提炼。无论是对激进型纳税规划征兆的描述，还是对激进型纳税模式的提炼，都不可能穷尽其征兆和模式。随着新一轮科技革命和产业变革，全球创新版图的重构和经济结构的重塑，以及各国应对 BEPS 政策的调整，激进型纳税规划的征兆和模式也会演变和变化，但其演变和变化的思维模式不会发生根本性的改变。

---

①滥用税收协定：非缔约国居民利用国际税收协定的某些优惠条款，设法使自己的应税行为符合其有关规定，部分或全部享受税收协定提供的本不该由其享有的税收优惠待遇。

3. 激进型纳税规划行为的规制原则

尽管各国在税收立法和税收实践中都试图区分"善意"和"恶意"的纳税规划行为，但是由于两者内含的技术性、隐蔽性和复杂性基本趋同，使得它们之间的边界十分模糊。因此，判断纳税规划行为的正当性不仅要遵循税法规范，而且要遵循税法理念、原则、精神等更广泛意义上的正当性。本章重点讨论税收法定原则、实质重于形式原则、合理商业目的原则对激进型纳税规划的规制及其困境和演进趋势。

3.1 税收法定原则

税收法定原则，是指税收主体（征税主体、纳税主体）的权利和义务必须由法律予以规定，税法的构成要素必须且只能由法律予以明确，税收主体行使权利和履行义务只以法律规定为依据。税收法定原则是构建整个税收法律体系的首要原则，它与税收公平、效率等原则共同构成税收法治的基本框架。毫无疑问，税收法定原则既是对激进型纳税规划行为进行法律规制的基本原则，也是首要原则。

3.1.1 税收法定的内涵

税收法定原则起源于中世纪的英国，一般认为，英国 1689 年的《权利法案》正式确立了近代意义上的税收法定原则，并对各国税收实践和立法产生了深远的影响。在经济社会的发展过程中，尽管各国在经济社会发展水平、文化观念和意识形态等方面存在差异，但在倡导和实行法治的国家，都普遍遵循税收法定原则，且大多将其写入本国宪法。到目前为止，除朝鲜等极少数国家外，大多数国家都在宪法中对税收法定原则作了相应的规定，其表述方式可以归纳为两类：一是直接从征税权归宿的角度写入宪法，如美国、俄罗斯、日本、卢森堡、尼加拉瓜、秘鲁等；二是以公民义务的形式在宪法中予以明确，如乌克兰、阿拉伯联合酋长国、中国等。尽管各国在宪法中对税收法定原则的表述不一致，但均强调税收要通过法律予以明确，国家依法征收各项税收，且作为一项宪法原则，赋予了税收法律的权威性和规范性。

由于各国宪法对税收法定原则表述的差异性，所以对税收法定原则的内涵，国内外学术界存在着不同的观点和主张。其中，日本法学学者北野弘久和金子宏对中国税收法定原则的研究者有重要影响，尤其是学者金子宏的影响最大。金子宏将税收法定原则归结为课税要素法定主义、课税要素明确主义、合法性原则和程序保障等四个方面，中国学者刘剑文也持类似观点。[①] 中国学者张守文认为，税收法定原则由课税要素法定原则、课税要素明确原则和依法稽征原则三部分构成。中国学者王鸿貌则认为，由课税要素法定原则、课税要素明确原则、程序保障原则三部分构成更为合理。综合上述学者的观点，我们将税收法定原则的具体内容归纳为如下五个方面：

1. 课税立法主体法定。即明确课税立法主体，明确清晰划分税法的颁布、修改和废止在不同立法机关的权限，不同立法主体应严格按立法权限、步骤和程序立法，违反立法程序的税收立法不能适用。

2. 课税行为法定化。即税务机关不能对税法中实体性和程序性规定作任意的变通或解释，税务机关既不能任意减税、免税，也无权随意停止征收或延缓税款征收。

---

① 刘剑文. 财政税收法 [M]. 北京：法律出版社，2001：248—249.

3. 课税税种法定。即每一种税对应的法律法规都应是明确的，税收征收机关在没有法律规定的情况下征税，属于侵犯公民或法人合法财产权行为。

4. 税收要素法定。税收要素法定是税收法定原则的核心内容，税收要素既包括税收实体法要素，也包含税收程序法要素。主要包括纳税人、征税对象、税目、税率、减税免税、加成加倍征收、纳税环节、纳税期限、纳税地点、罚则等要素，这些要素都应由法律明确规定，不应出现含混或有歧义的规定。

5. 课税程序保障法定。一是税收征收程序法定，即对税务登记、纳税申报、税款计算及缴纳、纳税检查及处罚、税收复议、诉讼、赔偿等在法律上进行系统、明确、严格的规定；二是税收征收程序执行法定，税务机关必须按照法律及法律所设定的程序切实有效地履行其职责，使纳税人全面、忠实地履行其纳税义务，不能任意更改执法程序。

目前，中国对于税收法定原则的本质认识几乎一致，认为是为了限制国家作为征税主体过度或滥用税权。我们认为，税收法定原则只是侧重于通过限制国家作为征税主体过度或滥用税权，保护纳税人的基本权利。税收法定原则就其本质来讲，就是通过对征纳双方权利义务的限定，将征纳双方的行为限制在法律规定的范围内。包括三个层面的含义：一是征税主体要依法立法；二是税收征收主体要依法征收；三是纳税主体要依法缴纳。就纳税规划而言，纳税主体既享有纳税规划的权利，又必须依法履行纳税义务。税收法定原则首先为纳税规划规定了权利边界，划定了一条不能逾越的边界或红线，超越边界或红线就会构成偷税、漏税等违法行为，就会受到法律的制裁与惩罚。

3.1.2 税收法定原则在中国

"中华人民共和国公民有依照法律纳税的义务"在1954年载入

《宪法》，这是税收法定原则在中国宪法中的体现。不过，税收法定原则在中国的确立，经历了一个理论和实践的探索过程。在 2015 年之前，中国税收立法采用的是授权立法制，其立法依据源于 1984 年和 1985 年全国人民代表大会及其常委会颁行的授权立法条例，[①] 没有明确税收法定原则。税收法定原则在 2015 年修订的《立法法》中才正式确立。中国税收法定原则逐步确立的过程，也是税收理论与实践探索不断深入的过程，经历了四次提升，到目前已基本确立。第一次在 1986 年，中国颁布了《中华人民共和国税收征收管理暂行条例》，初步实现了税收管理的专门立法，第二次在 1992 年，中国颁布了《税收征管法》，对税收征收及缴纳行为进行了规范，要求税种的开征、停征以及减征、退（补）税，均应依照法律的规定执行；对国务院制定的税收方面的法规进行了法律授权，明确依照国务院制定的行政法规的规定执行；强调任何机关、单位和个人不得违反法律、行政法规的规定，擅自作出开征、停征以及减征、退（补）税的决定；不得擅自作出与其他同税收法律、行政法规相抵触的决定。虽然《税收征管法》只是程序法，而且仅对税务机关的征收管理具有规制作用，对关税则不适用，但它在一定程度上体现了税收法定原则，基本实现了税收征管制度法律化，是税收法定原则在中国确立的重要一环。第三次在 2000 年，全国人民代表大会通过的《立法法》明确规定，税收事项只能通过制定法律予以确定，对于尚未制定法律的税收事项，全国人民

---

① 1984 年 9 月 18 日，第六届全国人民代表大会常务委员会第七次会议根据国务院的建议，决定授权国务院在实施国营企业利改税和改革工商税制的过程中，拟定有关税收条例，以草案形式发布试行，再根据试行的经验加以修订，提请全国人民代表大会常务委员会审议。同时还规定："国务院发布试行的以上税收条例草案，不适用于中外合资经营企业和外资企业。" 1985 年 4 月 10 日，第六届全国人民代表大会第三次会议决定："授权国务院对于有关经济体制改革和对外开放方面的问题，必要时可以根据宪法，在同有关法律和全国人民代表大会及其常务委员会的有关决定的基本原则不相抵触的前提下，制定暂行的规定或条例，颁布实施，并报全国人民代表大会常务委员会备案。经过实践检验，条件成熟时由全国人民代表大会常务委员会制定法律。

代表大会及其常委会有权作出授权决定，授权国务院根据实际需要，对其中的部分事项先行制定行政法规。这一规定，确立了中国税收立法权限的基本模式。第四次在2009—2011年，2009年国家税务总局发布《关于纳税人权利与义务的公告》，推进纳税人权利保护工作，并充分体现在2011年《税收征管法》的修改中。2013年以后，税收法定原则受到了高度重视，2013年党的十八届三中全会通过的《中共中央关于全面深化改革若干重大问题的决定》，提出了"落实税收法定原则"。2015年修订了《立法法》，其中第八条规定，"税种的设立、税率的确定和税收征收管理等税收基本制度"只能制定法律。并通过《贯彻落实税收法定原则的实施意见》，对2020年前完成相关税收立法作出了安排。税收法定原则在中国正式确立。

税收法定原则在中国的确立，财税法学理论研究起到了重要的推动作用，其中刘多田等翻译的《日本税法原理》（1989），对中国税法研究产生了重要影响。刘隆亨教授主编的《中国税法概论》（1986），标志着中国税法学形成。谢怀栻教授发表的《西方国家税法中的几个基本原则》（1989），对中国税法基础理论研究进行了突破。刘剑文教授的《财税法专题研究》（2002）、张守文教授的《财税法疏议》（2005）等著作集中反映了财税法基础理论研究成果。廖益新教授主编的《国际税法学》（2008），对国际税法进行了介绍和研究。

3.1.3 税收法定原则对激进型纳税规划规制的困境

税收法定原则的核心要义是：征收主体必须且仅依法律的规定征税；纳税主体必须且仅依法律的规定纳税。从纳税规划的角度来看，税收法定原则为纳税规划规定了权利边界，纳税主体拥有进行纳税规划的权利，但必须在税收法律许可的范围之内。

然而在税收法定主义的实践中，面临着激进型纳税规划的挑战：一是受税收立法者认知和语言描述的局限。任何法规都不可能表述得完美无瑕，将所有应当包含在课税规则的交易情形都包括在其文本之中。纳税规划者就会利用这种认知和语言描述的局限，与税收征收者周旋，开展激进型纳税规划。二是受税收立法概念界定的局限。税收法律概念的界定通常考虑的是能够说明某个特定概念的最为典型的税收征纳情形，而往往不会考虑模棱两可的税收征纳情形。当税法中采用了特定的概念规则时，激进型纳税规划者必然利用特定概念的内涵和外延形成的模糊不清的区域开展纳税规划。三是受税收立法机关立法者专业知识的局限。税收立法者直接接触各种经济交易或进行税收执法的税收实践不充分，信息不对称，尤其是在获取与立法相关信息中处于劣势地位，使得税收法律本身在一定程度上具有缺陷，从而为激进型纳税规划者所利用。四是立法滞后现象。在经济社会的高速创新时期，新型交易形式不断涌现，对于新型交易是否立法征税，以及如何征税，立法机关往往没有足够的时间与经验形成准确、清晰的法律意见。就一般规律来看，尽管立法时考虑到了未来经济社会的发展及变化趋势，但经济社会的发展和变化要比法律变化更快，规则制定的速度往往无法超越经济社会的发展变化，立法滞后为激进型纳税规划打开了空间。五是经济全球化及国际税收竞争。尽管绝大多数国家认同税收法定原则并将其载入宪法，但是由于各国的政治、经济、文化、法律渊源等的差异，税收法定的具体内容不可避免地产生差异。另外，各国从本国经济利益出发，开展国际税收竞争，为激进型纳税规划提供了可能。六是税收立法目的对新型交易的裁量，事实上要求纳税人遵从立法者的意图，税法法定的客观含义在很大程度上将被忽视，纳税义务的确定沦为主观的税法适用。这些困境与冲突，也为激进型纳税规划提供了时间和空间。

综上所述，税收法定原则对激进型纳税规划有着重要的遏制作用，但也有其天然的不足。要充分发挥税收法定原则对激进型纳税规划的规制作用，就一国而言，首先要明确立法主体的级次及权限，其次要提高立法技术，再次要增强对经济社会发展的认知，最后要加强国际合作。就国际税法而言，主要是密切各国税制的协调。值得注意的是：尽管针对激进型纳税规划的 BEPS 行动计划也强调税收法定主义，并且对各国的国内税收立法提出了明确要求，但由于影响税收协调的制约因素较多，该行动计划难以实现其预期的目标。

3.2 实质重于形式原则

实质重于形式原则，也称为实质课税原则，是税收法定主义之内涵及当然归趋……系用以对付"租税规避"的武器，其背后之基本法理乃为租税公平原则。①因而许多国家将其视为主要的反避税原则。从 BEPS 行动计划来看，其主要目的和规则遵循的是税收与经济实质相匹配，推崇的就是实质重于形式原则，因此，我们认为实质重于形式原则将成为规制激进型纳税规划行为的主要原则。

3.2.1 实质重于形式原则的内涵

实质重于形式原则是英美法系国家的表述，在大陆法系国家表述为实质课税原则，目前在税收理论和税收立法实践中并没有统一的定义。但有两种具有代表性和典型性的观点：一种观点认为，实质课税原则是指对于某种情形不能仅根据其外观和形式确定是否应予课税，而应根据实际情况，尤其应当注意根据其经济目的和经济生活的实质，判断是否符合课税要素，以求公平、合理和有效地进行课税。②另一种观点认为，实质课税原则是指在法律的适用上，经济事实（形式）与法律事实（实质）不同时，应采取后者对其进行税法的解释和

---

① 林进富.租税法新论 [M].台湾：三民书局股份有限公司，2002.
② 张守文.税法原理：第 2 版 [M].北京：北京大学出版社，2001.

适用。① 上述观点的差异，主要源于对"实质"的内容的不同认识，或者是对法律解释方法的不同运用。前一种观点强调经济的实质主义②或法律的目的解释方法，后一种观点强调法的实质主义③或法律的文义解释方法。不过两种观点也有共同点，即当经济活动中的"实质"与法律的"形式"不一致时，应当抛开法律的"形式"而按照经济的"实质"进行课税，强调通过分析经济交易的实质而不是仅仅根据交易的形式来确定纳税人是否负有实际纳税义务。

通俗地讲，纳税主体为达成某种交易目的，可以选择两种或两种以上的交易形式，其中一种为常规交易形式，一种为非常规交易形式。从税收负担上考量，如果常规交易形式的税负重于非常规交易形式，纳税主体选择非常规交易形式，以期减轻税收负担。在这种情形下，税务机关应当允许纳税主体依照税法进行税务处理，但如果税务机关或法院认为纳税主体采取的非常规经济交易形式构成法律滥用，即认为纳税人进行的经济交易或经济活动安排虽然在字面上符合税法条文，但与税法的价值追求不相符，损害了税收的公平与效率，则不允许纳税人享受相应的税收利益，要求纳税人承担其实际按照常规交易形式所对应的税收结果。

因此我们认为，实质重于形式原则是指当纳税主体的经济交易或经济活动安排的形式与实质不一致，且该交易或安排的实质违背了税法立法意图，应考虑其实质而忽略其形式进行征税。

---

① [日] 金子宏. 日本税法 [M]. 战宪斌，郑林根，等译. 北京：法律出版社，2004.

② 经济的实质主义：主张在经济活动中，如果产生了经济效果，并且该效果与税法课税要求的形式不一致时，为了保障税收的公平性、合理性和有效性，应该根据实际情况尤其是根据产生经济效果的经济目的和经济活动的实质进行课税。

③ 法的实质主义：主张在适用税法的时候，当行为人意图用一个伪装的法律事实来掩盖其背后隐藏的真实的法律事实时，在这两个不一致的法律事实之间，应当选取后者作为税法的解释适用根据，也就是要用实质的法律事实否定形式的法律事实。

3.2.2 实质重于形式原则的演变

实质重于形式原则的产生与发展是沿着两条路线推进的：一条是"美英线路"，一条是"德日线路"。

从"美英线路"来看，实质重于形式原则发端于美国，源于 1935 年美国最高法院对"Gregory v. Helvering"（"格丽高里诉赫尔维因"）一案作出的判决。该判决导出了商业目的原则，被视为实质重于形式原则的起源。并且美国最高法院在 1945 年的"Commissioner v. Court Holding Co."判决中引用了上述判决案例，在 1959 年"Commissioner v. Hansen 案"中再次引用了该判例，美国法院在后期对避税案件进行审理时大量引用这些经典案例，并在 1978 年的"Frank Lyon Co. v. United States 案"中，总结出了经济实质原则。至此，经济实质原则与合理商业目的原则在美国税法中基本确立，并成为美国法院通行的适用标准。2006 年，美国联邦上诉巡回法院在 Coltec 案中从税收权利、举证责任、经济实质的考察、经济实质原则的适用、税务权利等五个方面对经济实质原则的表述进行了提炼。并在 2010 年将这些反避税判例的司法实践，以"经济实质原则"的名称编入《美国国内收入法典》，将实质重于形式原则立法化。

英国在 1935 年对美国"Gregory v. Helvering"一案的判决并不认同，体现在 1935 年的"Inland Revenue Commissioners v. Duke of Westminster"（"税务局长诉温斯特大公"）一案的判决中，Lord Tomlin 法官认为：法院忽略事件的合法地位而考虑该事件的实质，不过是试图让纳税人缴纳税赋的方法而已。因此，"形式"重于"实质"，遵循交易所产生的严格的法律权利和义务进行纳税规划是合法的，这便是著名的温斯特原则。该原则为英国法院所援引，并一直延续到 1982 年。中国在引进纳税规划理念时，也纷纷介绍了这一原则。英国实质重于形式原则的运用源于 1982 年英国上议院在对"IRC v. Ramsay"（"Ramsay 公司环形交易避税"）一案的判决。该案的判决指出：案情不适用温斯特原则，也没有必要将整体运作进行分步和分别考察。当一系列预先设想的交易仅仅为了财政目的，并且各项交易之间显然相互联系、相互依存，则应该从整体上观察其交易的目的。并认为如果在对一系列交易进行观察时，发现所采取的各项步骤之间相互抵销而未达到任何财政结果，则可以忽略其中各步骤，并观察其所产生的任何财政结果。这一判决突破了温斯特原则基于税法文义的传统，放弃了过去一直坚守的温斯特原则，确立了现在所称的拉姆齐原则（Ramsay Principle）。在 1984 年 Furniss 与 Dawson[1]（欲延期纳税的非环形交易计划）案中，英国法院对拉姆齐原则进行了拓展。法院认为，如果实质上纳税人构建交易的目的仅仅是避税，即使纳税人的法律地位发生了变化，这种变化也不会被考虑。这一判例经过总结，衍生出了拉姆齐/达沃森原则（Ramsay/Dawson Doctrine），这一规则随后成为英国制定一般反避税法律的基础，并作为实质重于形式的范例被英美法系国家广泛采用。

从"美英线路"来看，美国和英国作为英美法系的代表国家，践行经济的实质主义，通过司法实践，逐步建立和完善实质重于形式原则，并最终将其立法化，对相关国家反避税立法起到了重要的引领作用。

另一条是"德日线路"，即实质课税原则线路，该原则起源于第一次世界大战后的德国。在战后经济不景气的情况下，德国一方面面临财政危机，另一方面对一些不法商人发国难之财的经济行为无法征税，引起了民众的强烈不满。鉴于此种情况，在税法学者 Becker 等人

①Ramsay 案件中纳税人构建的是循环交易，即交易的开始和结束方都是纳税人。而在 Furniss 与 Dawson 案件中，纳税人构建的是单线多步骤交易，纳税人在交易前后的法律地位发生了变化。

的倡导和推动下，德国在 1919 年通过了《帝国税收通则》，其中第四条对税法的解释作出了规定，要求在解释税法时，对立法目的、经济意义及事情的发展等斟酌考虑，并于 1934 年纳入《税收调整法》第一条第二项。这一法律主张被称为"经济观察法"，其对大陆法系国家和地区税制的建立及其完善影响了 40 余年。1977 年，德国还在《德国税收通则》中通过对"税收客体的归属""无效行为"和"虚假行为税收客体"等进行规制，对经济观察法进行了进一步的完善。日本税法学界对德国经济观察法比较推崇，吸收也比较全面，并逐渐形成了自身的实质课税理论。其中实质课税原则体现在日本 1953 年《所得税法》和《法人税法》中，强调所得税的课征对象是收益的实际享受人，而不是法律上的名义人。随后在对《所得税法》进行完善时，进一步强调"在所得的归属或种类名不副实时，课税当局应按照实质，即所谓的实质课税原则对利益的实际归属者课征所得税"[①]，对实质课税原则的税收法律地位进行了进一步的巩固。日本的实质课税理论及其税收实践，对中国及其台湾地区的税收法学理论研究产生了深远的影响。

从"德日路线"来看，其走的是法的实质主义路线，通过立法或对法的解释运用体现实质课税原则。事实上，经济的实质主义与法的实质主义有异曲同工之妙。当法的形式与经济的实质不一致，在适用税法时，法的实质主义强调根据经济实质对应的法律关系确定课税要件，不能脱离真实存在的法律关系。经济的实质主义则强调根据经济实质进行税法的解释适用。由此可见，法的实质主义与经济的实质主义本质上是相同的，在"形式"与"实质"不一致时强调"实质"的重要性。因此，英美、德日在实质重于形式原则的确立上，殊途同归。只是大陆法系的主要法律渊源为成文法，实质重于形式原则有赖

---

① ［日］北野弘久. 税法学原论：第 4 版 [M]. 陈刚，杨建广，等译. 北京：中国检察出版社，2001.

于国内税收立法的建立和完善，在税收案件的审理时只能解释法律不能创造法律。而英美法系以判例法为主要法律渊源，通过税收案件的审理，法官可以创造法律，通过判例的运用逐步上升为立法。

通过对实质重于形式原则形成过程的梳理，我们可以得出实质重于形式原则的最佳实践方案，即按照法的实质原则立法，按经济的实质原则对法进行解释，并由此确立税收法律立法级次。

3.2.3 实质重于形式原则对激进型纳税规划的规制

从实质重于形式原则的形成过程来看，主要出于反避税目的，是一项反避税的审查标准；从现代意义上讲，是在保障纳税人纳税规划权利的同时打击激进型纳税规划行为的指导原则。这一原则在相关国家的反避税立法中得到了比较充分的体现，并为 BEPS 行动计划所推崇。我们可以从反避税立法所包含的一般反避税规则（GAAR）和特殊反避税规则（SAAR）两个层面考察其运用情况。

一般反避税规则（GAAR）是把普遍存在的各类避税行为加以概括，形成一般性、基础性的规制，通过一系列原则性的规定，对避税和反避税的若干共性问题进行制度安排。在制定了一般反避税规则的国家，如澳大利亚、新西兰、加拿大、德国、瑞典、芬兰、西班牙、比利时、加拿大、法国、爱尔兰、荷兰、葡萄牙、新加坡等的一般反避税规则中都体现了实质重于形式的原则。如澳大利亚的一般反避税条款主要体现在《所得税法》（ITAA，1997）中，在第一七七款列举了避税行为成立的四个条件，其中第四个条件"在考虑各项因素后，即经过'合理推断'（reasonable hypothesis）证明纳税人是将获取税收益作为其从事某一计划时的单纯或主要目的，则可断定该计划已构成了避税事实"。又如加拿大在 1988 年颁发的《所得税法》载明了一般反避税规则，该规则对于为了取得税收利益，通过非独立或非诚实信用直接或间接产生的税收利益予以了否定。再如德国现行的一般反避税规则主要体现在 1994 年的《反滥用与技术修正法》中，对避税特征进行了列举，包括"合法的形式安排与这一安排的特定经济目的不相符""能证明其行为正当性的其他经济目的不存在"等避税特征，都是实质重于形式原则在一般反避税规则中的体现。

特殊反避税规则与一般反避税规则不同，是针对某一具体领域和某类具体交易行为的避税行为制定的详细、具体的反制措施。在规则的制定上大致可以分为两种类型：一是机械条款型，即只要交易上或行为上符合法律的文义，就适用该规则；二是目的条款型，即根据交易的目的判断是否适用该规则。实质重于形式原则在特殊反避税规则中的运用主要体现在第二种类型中。如英国在其《个人和企业所得税法令》（1988）第七〇三条对当事人获得的税收优惠作出了规定，通过一个交易或者几个交易获得的税收优惠，需要证明所进行的交易是为了善意的商业目的，或者根据正当程序作出的经营决策，且涉及的任何人均不以获得税收优惠为其主要目的，否则不能享受税收优惠。又如韩国在《国际税收事务协调法》（2006）中明确采用了实质重于形式原则，强调投资者为了避税目的，通过在避税港设立名义公司的方式向韩国进行投资，获得的税收利益，韩国税务当局有权根据实质重于形式原则征收相关税收。诸如此类的规定都是实质重于形式在特殊反避税规则中的运用。

综上所述，实质重于形式原则在特殊反避税规则与一般反避税规则都有所体现。这主要是实质重于形式原则不仅包含应当根据行为的形式和实质来判断行为的最终性质，而且还蕴含了对法律立法意图的探究。一般来说，避税或激进型纳税规划行为往往在形式上找不到相对应的法律规定，如果运用法律的文义解释，依据税收法定原则的原理，是无法进行规制的。实质重于形式原则，强调以实质为标准规制税收行为，就必须能够证明其行为在实质上违背了法律的立法意图，运用法理上的目的解释，因此它不同于税收法定原则所推崇的文义解释。实质重于形式原则嵌入在特殊反避税规则中，对避税行为进行详细列举和规制；实质重于形式原则寓于一般反避税规则中，通过提炼出来的原则性、抽象性的规定，将已知或未知的避税形式纳入规制对象。可以说，实质重于形式原则是完善国内反避税立法的一把利剑。

长期以来，实质重于形式原则在国际税收领域并没有引起足够的重视，甚至一度被认为并不是解决 BEPS 问题的关键。当 BEPS 行动计划试图从不同的角度抑制国际避税行为，打击激进型纳税规划，将税收与经济实质相匹配原则作为其三大核心支柱（税收与经济实质相匹配原则、裁定透明度原则、规则一致性原则）之一后，学者及各国政府对实质重于形式原则才进行了重点关注，因为税收与经济实质相匹配原则就是实质重于形式原则的重要体现。税收与经济实质相匹配原则基本上解决了"企业在交易行为中是否获得了税收方面的利益""所获得的利益是否显著"这两个实质课税原则的核心问题。这两个核心问题的基本解决，也极大地丰富了实质重于形式原则的内涵。

3.2.4 实质重于形式原则在中国税收法规中的运用

实质重于形式原则在中国税收法规中运用得比较晚，2008 年《企业所得税法》实施以前，实质重于形式原则在税收法规中的直接表述比较少见，一般隐含在相关条款中；2008 年《企业所得税法》实施后，其运用越来越普遍，主要通过两种形式在相关税收法规的条款中体现。

1. 实质重于形式原则隐含在相关条款中。《税收征管法》（1992 年）第三十五条至第三十八条，在核定税款、关联企业业务往来、未按规定办理税务登记、纳税人逃避纳税义务等规定中隐含了实质重于形式原则，并通过《中华人民共和国税收征收管理法实施细则》（以下简称

《税收征管法实施细则》）第四十七条至第五十五条进行了进一步的解释。《中华人民共和国增值税暂行条例》（1993，目前已全文废止）第七条，《中华人民共和国增值税暂行条例实施细则》（1993，目前已全文废止）第四条、第五条，2008年及以后颁布的《中华人民共和国增值税暂行条例》及其实施细则，仍然有类似规定。《中华人民共和国营业税暂行条例》（1993年，2017年已全文废止）第七条以及《中华人民共和国营业税暂行条例实施细则》（1993年，2017年已全文废止）第三条、第五条、第六条，《企业所得税法》（2008）第四十一条"关联方之间的业务往来，不符合独立交易原则的情形"、第四十五条"实际税负明显偏低的情形"、第四十七条"其他不具有合理商业目的的安排的情形"等条款均隐含了实质重于形式原则。实质重于形式原则，在中国所签订的税收协定中也有体现，如《中华人民共和国政府和法兰西共和国政府对所得避免双重征税和防止偷漏税的协定》及议定书生效执行的公告（国家税务总局公告2015年第11号）第十条第七款"支付股息的股份或其他权利的产生或转让"、第十一条第八款"支付利息的债权的情形"、第十二条第七款"特许权使用费支付的情形"；《〈中华人民共和国政府和新加坡共和国政府关于对所得避免双重征税和防止偷漏税的协定〉及议定书条文解释》（国家税务总局公告2010年第75号）第十三条对"滥用企业组织形式""不具有合理商业目的""税收待遇的不正当获取""间接转让中国公司股份"等情况，启动反避税调查程序的规定以及第二十四条其他规则也体现了实质重于形式原则的精神。

2. 实质重于形式原则在相关条款中直接表述。实质重于形式原则用语最早出现在税收法规中是在《税收减免管理办法（试行）》（国税发〔2005〕129号）第二十五条，具体表述为："税务机关应按照实质重于形式原则对企业的实际经营情况进行事后监督检查。"在2008年《关于确认企业所得税收入若干问题的通知》（国税函〔2008〕875号）中具体表述为："除《企业所得税法》及实施条例另有规定外，企业销售收入的确认必须遵循权责发生制原则和实质重于形式原则。"2008年修订的《企业会计制度》，也增加了"实质重于形式原则"。《特别纳税调整实施办法（试行）》（国税发〔2009〕2号）第九十三条表述为："税务机关应按照实质重于形式的原则审核企业是否存在避税安排。"《财政部、国家税务总局关于企业重组业务企业所得税处理若干问题的通知》（财税〔2009〕59号）第十条表述为："企业在重组发生前后连续12个月内分步对其资产、股权进行交易，应根据实质重于形式原则将上述交易作为一项企业重组交易进行处理。"《一般反避税管理办法（试行）》（国家税务总局令2014年第32号）第五条强调税务机关应当以具有合理商业目的和经济实质的类似安排为基准，按照实质重于形式的原则实施特别纳税调整。《〈中华人民共和国政府和新加坡共和国政府关于对所得避免双重征税和防止偷漏税的协定〉及议定书条文解释》（国家税务总局公告2010年第75号）第四条第三款强调股息和利息在某些特定情况下较难判定时，通常应遵循实质重于形式的原则。

从上述对实质重于形式原则在中国的运用的不完全梳理可以看出，中国税收法规中，立法位阶较高的法律及法规，大多没有直接使用"实质重于形式"的用语，而在立法位阶较低的法规中，一般直接使用"实质重于形式"的用语，而且随着时间的推移，"实质重于形式"用语使用的频次越来越高。这一方面反映了中国立法主管机关对"实质重于形式"原则持审慎态度，另一方面也反映了"实质重于形式"原则逐渐为学者和政府所接受的过程和事实。

3.2.5 实质重于形式原则的困境与出路

尽管实质重于形式原则逐渐在税收立法中得到了确立，但是在实施的过程中也面临着不少困难。这些困难表现在：

1. 与税收法定原则冲突。正如前文所述，实质重于形式原则在英美法系国家是通过税收司法实践形成的，而在大陆法系国家则是出于反避税需要，是一项一般反避税规则。实质重于形式原则最大的特点是强调税法规范上的灵活性与弹性，要求穿透经济事实形式上的"面纱"，侧重于对纳税主体规避纳税义务的方法和途径的限制。而税收法定原则强调税法的安定性与可预测性，要求依法征纳，禁止随意突破税收法定限定范围的税法适用解释，侧重于对征税主体权利滥用的约束。这种冲突在统一的税法规范和税收实践中，就存在着哪一条原则优先行使的问题。

2. 实际运用的不确定性。由于对"实质"和"形式"内涵的认识差异，实质重于形式原则在不同国家存在具体判断标准的差异，从而产生最终税收结果的差异。如印度"沃达丰税案"[①]和中国的"江都税案"的判例就验证了这一点。印度"沃达丰税案"和中国的"江都税案"都涉及"非居民企业间接转让境内股权"问题，两国税务当局采用的基本思路是一致的，即在实质课税原则下进行判定，但由于对相关概念界定的内涵理解不同，结果差异很大。2012年1月20日，印度最高院对"沃达丰税案"作出了最后裁决：政府无权对沃达丰国际控股集团的间接收购行为征税。而2015年中国江苏省江都市国家税务局依据《关于加强非居民企业股权转让所得企业所得税管理的通知》（国税函〔2009〕698号）（目前已全文废止），对中国扬州某公司征收了间接转让股权非居民税款1.73亿元。（该案简称"江都税案"。）虽然两个案件的标的的性质相同，但在具体运用实质重于形式原则时，中国的行政裁量权在案件的判定中发挥了重要作用，而在印度，司法机关成为案件的最后定夺者。

---

① 王文婷.税法规范生成的解释[M].北京：法律出版社，2016：115.

实质重于形式原则甚至在同一国家对类似案件的处理中也可能有不同的评判标准,这主要是由于实质重于形式原则在适用过程中的具体标准需要依据案情的特殊性进行运用,而在处理具体案件过程中对案件进行归纳总结,找出可以通用的标准仍然十分困难。

3. 标准适用的局限。尽管实质重于形式原则的一些通用的判断标准来源于实践,但由于立法技术的局限,对标准进行定义时本身具有局限,加上适用条件的模糊性,这些标准在运用时存在较大的局限。譬如实质重于形式原则中的"商业目的"标准,就存在三个方面的局限:一是有的案件存在商业背景,因此能够明确适用"商业目的"标准,有的案件由于缺乏商业背景而很难适用;二是商业目的标准强调具有商业性,即所采取的形式必须在某些方面是功能性的,只是为交易的合法性设置了一个门槛;三是商业目的的判断标准比较含糊,并不具体、明确,税务机关和司法机关有较大的自由裁量权。

中国对实质课税原则的研究可追溯至 1989 年。1989 年,谢怀栻先生在《西方国家税法中的几个基本原则》一文中将实质课税原则作为税法的基本原则进行了介绍,随后学者们开始了对实质课税原则的研究。伴随着中国改革开放以及反避税的需要,学者们对实质课税原则在反避税中的运用研究不断加强,但由于研究时间尚短,相关理论研究的积累还不足以支撑这一原则在立法中的确立。如前所述,在立法实践中,实质重于形式原则在中国的税收法规中运用也较晚,而且大多隐含在财政部、国家税务总局的规范性文件和条款中。立法位阶较高的法律及法规,大多没有直接使用"实质重于形式"的用语,而在立法位阶较低的法规中,一般直接使用"实质重于形式"的用语。既没有科学界定该原则的具体内涵、适用范围、条件以及例外情形,也没有明确经济实质的认定方法和标准,甚至与该原则适用有关的核心概念,如"避税""避税安排"和"税收利益"等也不够明确。

基于实质重于形式原则所面临的上述困境，以及中国税务机关在征管能力、征管手段和税收法治的观念上，与实质课税原则的要求还有一定距离。我们认为，在实质课税原则运用问题上，要厘清实质课税原则与税收法定原则的关系，税收法定原则是必须恪守的信念。在以谁为主导的问题上，实质课税原则应当服从于税收法定原则，并受税收法定原则约束，以税收法定原则为首要原则，以实质课税原则作补充。要清楚地认识到：尽管实质重于形式原则存在上述适用上的困境，但这并不能动摇其作为一项税法原则的地位，它与税收法定原则相辅相成。税收法定原则强调忠于字面解释，依据这一原则，法律滞后不可避免。实质重于形式原则强调探究税法立法意图，依据这一原则，可以弥补税法漏洞，在一定程度上解决法律的滞后性问题。也可以这样理解，正是由于实质重于形式原则的模糊性、笼统性和操作中的弹性，它与税收法定原则共同起作用，使纳税人之间趋向或达到实质上的税收公平。可以说，实质重于形式原则是一把双刃剑，其优势与劣势在税收及司法实践中可以相互转化。

3.3 合理商业目的原则

从实质重于形式原则确立的过程来看，实质重于形式原则建立在合理商业目的的基础之上，是对合理商业目的原则的提炼和升华，但合理商业目的在反避税实践中，在规制激进型纳税规划行为方面有其特殊的作用，仍然是一条重要原则。

3.3.1 合理商业目的原则的内涵

上文我们从"美英线路"和"德日线路"探索了实质重于形式原则的确立过程。从"美英线路"来看，合理商业目的原则和经济实质原则在美国司法实践中运用得比较广泛。美国在 1935 年的"Gregory

v. Helvering 案"中，首先确立了合理商业目的原则，在之后的"Frank Lyon Co v. United States 案"中总结出了经济实质的原则，2010 年最终以"经济实质原则"的名称编入《美国国内收入法典》第七七〇一条。英国 1936 年"IBC v. Duke of Westminster 案"的判例，确立了温斯特原则，通过合理商业目的，维护纳税人的纳税规划权利一直为英国法院所援引。直到经过 1982 年"IRC v. Ramsay 案"的判例，以及 1984 年在 Furniss 与 Dawson 判例后确立了拉姆齐 / 达沃森原则，其核心是合理商业目的。从"德日线路"来看，在其成文法中，仍然以合理商业目的为核心。但不论是"美英线路"还是"德日线路"，对合理商业目的均没有明确的界定，而是通过"不具有合理商业目的"来进行判定，且对不具有合理商业目的也未作出具体而精确的定义。各国对不具有合理商业目的的判定大多通过税收实践逐渐调整和确定。在英国，不具有合理商业目的的判断是由英国法院在充分了解案件事实的基础上，凭借一般的常识性认识作出的。[1]美国的商业目的判断标准有两个原则：一是非税目的标准。该标准中，只要纳税人能够出具有力的证据证明其自身的交易行为具有一定的非税目的，那么就可以认定该纳税人的交易行为具有合理的商业目的。二是内容形式上的完全相符标准。该标准要求纳税人的交易行为的目的应当与法律条文规定的商业目的完全相符，否则将认定纳税人的行为不具有合理商业目的。[2]

我国学者张颖、徐孟洲、叶姗等，税收实际工作者吴振宇、史玉峰等对不具有合理商业目的进行了介绍和探讨。综合其中的观点，我们认为可以从动机、手段、结果对不具有合理商业目的进行理解。从动机上看，商业活动的目的不符合商业盈利的正常逻辑，而以不缴、少缴或推迟纳税为主要目的。从手段上看，对商业活动存在人为安排

---

①②汤洁茵.企业所得税法一般反避税条款适用要件的审思与确立——基于国外的经验与借鉴[J]，现代法学，2012（05）.

和设计，这种安排和设计虽然使某种交易活动融于各种业务活动中，但并不是业务活动中必不可少的组成部分，而是可以独立分割和还原的，不能体现常态化。从结果上看，某一交易活动在不考虑税收因素的情况下，不会给纳税主体带来任何经济利益，而只会增加额外负担，即交易活动的结果获得了"税收利益"。

3.3.2 中国合理商业目的原则的运用

中国现行的税收法规从反向的视角，即通过对不合理商业目的的界定确定合理商业目的的范围。《企业所得税法》（2008）首先引入了"不具有合理商业目的的安排"的概念[1]，并在《中华人民共和国企业所得税法实施条例》（以下简称《企业所得税法实施条例》）第一百二十条进行了定义[2]。该立法起草小组在《中华人民共和国企业所得税法实施条例释义及适用指南》中明确了不具有合理商业目的的安排应满足的条件，并分步进行了列举。包括：（1）商业活动必须是对一个或一系列行动或者交易的人为安排，即必须存在一个安排；（2）企业必须从该商业活动安排中获取了"税收利益"[3]或"税收好处"，即减少了税基或税款缴纳。（3）企业将获取税收利益作为其从事商业活动安排的唯一或主要目的。只要同时满足了以上三个条件，就可以断定该商业活动是不具有合理商业目的的安排，且已经构成了避税事实。合理商业目的原则在《特别纳税调整实施办法（试行）》（国税发〔2009〕2号）也有运用，在其第九十二条中强调税务机关有权对企业不具有合理商业目的的交易安排启动一般反避税调查。不具有合理商业目的

---

[1] 第六章第四十七条：企业实施其他不具有合理商业目的的安排而减少其应纳税收入或者所得额的，税务机关有权按照合理方法调整。

[2] 不具有合理商业目的，是指以减少、免除或者推迟缴纳税款为主要目的。

[3] 关于"税收利益"，税收法规目前没有明确的解释。人们一般的解释是指通过节税、少缴纳的税款，通常被认为是纳税人的正当受益。我们认为应该是指减少了税款缴纳。

的原则在《关于加强非居民企业股权转让所得企业所得税管理的通知》（国税函〔2009〕698号）也有充分体现，该文目前虽已全文废止，但对合理商业目的原则的完善具有重要意义。其中第六条规定："境外投资方（实际控制方）通过滥用组织形式等安排间接转让中国居民企业股权，且不具有合理的商业目的，规避企业所得税纳税义务的，主管税务机关层报税务总局审核后可以按照经济实质对该股权转让交易重新定性，否定被用作税收安排的境外控股公司的存在。"这一规定在税收实践中进行了实际运用，也产生了一些争议。《一般反避税管理办法（试行）》（国家税务总局令2014年第32号），规范和明确了税务机关采取一般反避税措施的相关问题。明确本办法适用对象就是不具有合理商业目的而获取税收利益的避税安排，使其成为《一般反避税管理办法（试行）》适用的关键标准。《国家税务总局关于非居民企业间接转让财产企业所得税若干问题的公告》（国家税务总局公告2015年第7号）正式确立了非居民企业间接转让财产不具有合理商业目的的判定标准，在第四条中第一次对"不具有合理商业目的"列出四条标准。①在国际税收领域，合理商业目的的原则在中国所签订的国际税收协定中也以不具有合理商业目的的条款嵌入，主要是在税收协定适用的"人"的范围、"受益所有人"条款、非居民享受税收协定待遇及反滥用条款等条款中予以体现。如新修订并且已经生效的《中法税收协定》对于股

---

① 除本公告第五条和第六条规定情形外，与间接转让中国应税财产相关的整体安排同时符合以下情形的，无需按本公告第三条进行分析和判断，应直接认定为不具有合理商业目的：（1）境外企业股权75%以上价值直接或间接来自于中国应税财产；（2）间接转让中国应税财产交易发生前一年内任一时点，境外企业资产总额（不含现金）的90%以上直接或间接由在中国境内的投资构成，或间接转让中国应税财产交易发生前一年内，境外企业取得收入的90%以上直接或间接来源于中国境内；（3）境外企业及直接或间接持有中国应税财产的下属企业虽在所在国家（地区）登记注册，以满足法律所要求的组织形式，但实际履行的功能及承担的风险有限，不足以证实其具有经济实质；（4）间接转让中国应税财产交易在境外应缴所得税税负低于直接转让中国应税财产交易在中国的可能税负。

息、利息、特许权使用费的规定：如果据以支付股息的股份或其他权利的产生或转让；支付利息的债权的产生或转让；特许权使用费据以支付的权利的产生或转让，是由任何人以取得该条利益为主要目的或主要目的之一而安排的，则该条规定不适用。

根据上述对实质重于形式原则和合理商业目的原则在中国税收立法及实践中的运用可以看出：中国在税收法律的规制，尤其是反避税法律规制中，既运用了实质重于形式原则，也采纳了合理商业目的原则，并且在不同的法规中采用了不同的表述方式。这主要是缘于实质重于形式原则本身是对合理商业目的原则的发展，脱胎于合理商业目的原则，在具体运用时存在着包含与被包含的关系。

3.3.3 不具有"合理商业目的"判定的困境及摆脱

虽然合理商业目的原则在各国的一般反避税立法和税收相关实践中被广泛使用，但在判断标准上既没有达成统一共识，也没有明确详尽的具体标准。

对不合理商业安排的判定，需要同时考虑动机、手段及结果三个方面。"动机"是合理商业目的原则规制的出发点，通过不合理商业目的的测试，考量企业实施的商业安排是否以获取税收利益或税收好处为唯一目的或主要目的。在税收征管实践中，对于以获取税收利益或税收好处为唯一目的比较容易理解和识别，即纳税人实施的商业活动安排或商业活动安排中的某一项，排除获取税收收益或好处，没有任何其他商业安排的理由。但对以获取税收利益为主要目的的判断就比较困难，当纳税人实施商业活动安排同时存在运营需求和获取税收收益的动机时，情况变得复杂起来。区分获取的税收收益或税收好处是否为主要目的十分困难，往往会成为征纳双方争执的焦点，而且争执的焦点一经形成往往会旷日持久。手段是动机和结果的连接要素，虽然可以通过税收征管实践或司法实践进行总结和提炼，但往往具有滞后性，尤其是在数字经济背景下，某一手段是否具有不合理商业目的的实施路径并导致了税收利益的结果，在判定上也十分困难。

对于"结果"的判定看起来比较容易，主要考量企业在实施某项商业安排后是否获取了税收利益或税收好处。从税收司法实践来看，不管是什么动机，采取了何种手段，税收结果都客观存在，即使商业活动安排尚未实际进行，税收征收机关也可以明确分析出该安排是否导致税款的减少、免除或延迟缴纳，因此对于纳税人商业活动安排的税收结果的分析相对明确。但是也有其痛点，即产生结果的动机究竟是什么？当纳税人合理商业目的与不合理商业目的的安排交织在一起，如何确定其税收结果也非常困难，如企业在境外上市或引入境外战略投资者，在境外设立公司，并获取了潜在的税收利益。在实务操作中，这种税收结果是否属于不合理商业安排就更难判断。不仅要分析纳税人获取税收利益的显现结果，还要考虑纳税人通过该安排获取的其他利益，如通过境外上市融资后的预期收益等，而非仅以显现的税收利益来判断其合理性。总之，由于对商业活动安排动机的分析具有主观性，分析者掌握的信息不同、观察的角度不同，结论就有可能不同。

在规制激进型纳税规划行为中强调合理商业目的原则，本质上是扩大税收征收机关的裁量权，由于执法者或司法者对合理商业目的理解的差异，对裁量权度的把握也不一致，致使税务机关在反避税过程中的合法性、正当性、权威性受到质疑。如何在合理商业目的的判定中合法、公正用好裁量权，是摆脱合理商业目的原则困境的关键，需进一步完善以下几个方面的制度安排：

1. 确立判例的法律地位。合理商业目的原则适用的最佳环境是成文法、惯例法和案例法兼用，合理商业目的的完善有赖于执法和司法实践的推动。中国运用合理商业目的开展反避税也有不少案例，但这些案例是否可以被引用和遵循，法律上并没有规定。为此，应确立判例的法律地位，通过执法和司法实践中的判例，促进裁量权共识的达成，并最终形成判定规则。

2. 建立和完善判定程序。建立运用合理商业目的原则的科学判定程序，尤其是在应纳税额的估算、核定、调整等环节，征收机关内部应形成相互监督、相互制约机制，明确司法机关运用合理商业目的判定的前置条件及司法判定程序。

3. 完善举证责任制度。虽然在运用合理商业目的原则时规定了纳税人的举证责任，要求纳税人证明其商业活动的合理性，但经济实质是否与法律形式一致，纳税人往往无权证明，而是由税务机关确认。在完善举证责任制度时，对税务机关的举证应有约束，必须有充足的证据证明其运用合理商业目的原则的正当性和合理性，并应承担举证不当的后果。

4. 建立告知制度。税收征收机关运用合理商业目的原则必须事先告知纳税人，并对合理商业目的原则运用情况进行必要的说明，告知纳税人适用的相关法律依据，促使税收征收机关谨慎、合理地运用合理商业目的原则，防止合理商业目的原则被滥用。

5. 完善申辩和审判制度。虽然相关法规规定对运用合理商业目的原则中出现的异议，纳税人可以要求复议，可以进行申辩和听证，但是对复议乃至司法裁决的具体规范还不完善，影响了判例的法律地位。因此，完善申辩和审判制度是完善合理商业目的原则运用制度设计的重要一环，也是正确规制激进型纳税规划行为的"守门"环节。

4. 转让定价的纳税规划及其法律规制

在经济全球化、国际资本集团化的背景下，企业，尤其是跨国企业不断创新资本及经营运作方式，运用转让定价的方法进行纳税规划，实现税负的最小化，由此造成对相关国家税基的侵蚀。转让定价安排成为相关国家间需要共同面对及协调的国际税收问题。对转让定价法律规制的建议在 BEPS 行动计划中扮演了核心角色，在其十五项行动计划中，有四项涉及转让定价，具体包括第八项行动计划（涉及区位优势、被动关联以及无形资产）、第九项行动计划（涉及风险与资本）、第十项行动计划（涉及其他高风险交易）以及第十三项行动计划（涉及转让定价同期资料）等。2017 年，国家税务总局颁布了《特别纳税调查调整及相互协商程序管理办法》（国家税务总局公告 2017 年第 6 号），标志着中国转让定价法律规制框架基本完成，且执行力度将日益强化。

4.1 转让定价相关概念

4.1.1 关联关系

关联关系也称联属关系，是转让定价法律规制中必须明确的核心概念。一般而言，转让定价大多发生在具有关联关系的主体之间，是具有关联关系的主体之间制定的内部价格。在判断利用转让定价进行激进型纳税规划时，首先必须解决关联关系问题，因为只有以关联关系为前提的转让定价，才适用于有关转让定价的法律规制。为此，许多国家在法律规制中对关联关系的认定尽可能严谨，避免因为不明确产生歧义。如美国规定：任何两个或两个以上的组织、贸易主体或经营主体，共隶属于同一利益主体，或者直接、间接地受控制于此同一利益主体，则被视为具有关联关系，[①]并附有若干具体规定的解释。英国对关联关系的定义使用了"控制权"一词，[②]控制权或体现在占有的股份或选举权中，或体现在关联企业组织章程赋予的权限中，或体现在任何规定处理权限的正式文件中。日本对关联方关系的认定采用了"所有权"和"特殊关系"标准，其中"所有权"既包括以股份表现的所有权，也包括通过投资额形成的所有权；"特殊关系"主要涉及自然人，包括拥有一定股份的董事、代理董事、法定审计员等构成另一公司的雇员或负责人的情形；一定比例的经营资金融入或融出时由下属公司借入或由下属公司担保。《OECD 税收协定范本》和《UN 税收协定范本》均在第九条"联属企业"（associated enterprises）中，通过管理、控制、资本的参与和控制进行了界定，给出了指导性的建议。

中国对关联关系的认定在《中华人民共和国公司法》（以下简称《公司法》）、《企业会计准则》、《上市公司信息披露管理办法》、《上市公司收购管理办法》、《上海证券交易所股票上市规则》和《深圳证券交易所股票上市规则》《所得税法实施条例》《税收征管法实施细则》以及《特别纳税调整实施办法（试行）》中均有规范。但由于调整的对象的不同，对关联方、关联交易等进行的界定也存在差异。其中最大的差异在于母子公司之间是否构成关联关系。如在中国，《公司法》《上市公司信息披露管理办法》《上海证券交易所股票上市规则》和《深

---

① 参见：美国《国内收入法典》第 482 节。
② 参见：英国《所得税与公司税法案》第 770—773 节。

圳证券交易所股票上市规则》的规定基本一致，即母子公司之间不视为关联方。而《企业会计准则》《所得税法实施条例》《税收征管法实施细则》以及《特别纳税调整实施办法（试行）》则将母子公司视为关联方，这主要是由于法规本身的定位不同。前者主要是为了保护投资者利益，后者是为了会计信息的相关、可靠，防止通过关联交易偷逃税款。因此在具体执行中，要视具体情况，遵守不同的规范。毫无疑问，涉税问题应遵守税收规范。

究竟什么是关联关系？综观各国税法以及税收协定中的规定，大多没有对关联关系进行直接定义，而是列出了一系列判断标准，且表述存在差异。不过，我们注意到还是有些共性之处。这些共识大致可以分为三类：一是由资本及其控制产生的关联关系；二是由管理及其控制产生的关联关系；三是由某种经济组织的所有者的依存（家庭和血缘）关系而产生的关联关系，并由此形成了三种主要的判定标准：一是股权控制标准。通过制定法律标准明确控股比例及其计算方法，按法定的计算方法计算的控股比例达到或超过标准，则被认定为具有关联关系。一般来说，认定关联关系，不仅要看拥有股权比例的高低，更重要的是要看对股权的实质控制程度，因此各国认定标准的差异较大。二是管理控制标准。即以协议、文件及其他书面形式为依据产生的控制关系。一般从各经济实体之间经营活动的互动程度、经营资金的影响程度等方面来认定是否已经达到了管理控制。三是人员关系判断标准。即从人事管理的决策权等方面来认定是否已经达到了控制。

在中国，关联关系既包括跨国关联关系，也包括国内关联关系，还包括自然人关联关系。对关联企业及关联方关系的具体认定，上述三种标准兼采用。

4.1.2 关联交易

关联交易是指关联企业之间购销货物、提供劳务、转让资产和资金融通等行为，它并不以是否收取价款为判断标准，关联交易形成的管理合同、研发项目的转移、许可协议等通常也视为交易的一部分。从税收的角度来看，关联交易具体类型及其内容见表4-1。[①] 从上市公司的管理来看，《上海证券交易所上市公司关联交易实施指引》（上证公字〔2011〕5号）第十二条列举了上市公司17项关联交易的情形，包括：购买或者出售资产；对外投资（含委托理财、委托贷款等）；提供财务资助；提供担保；租入或者租出资产；委托或者受托管理资产和业务；赠予或者受赠资产；债权、债务重组；签订许可使用协议；转让或者受让研究与开发项目；购买原材料、燃料、动力；销售产品、商品；提供或者接受劳务；委托或者受托销售；在关联人的财务公司存贷款；与关联人共同投资以及根据实质重于形式原则认定的其他通过约定可能引致资源或者义务转移的事项，包括关联人之间不正常的财务资助、担保及增资或优先受让权等。[②] 我们认为，列举的这些关联交易情形，在税收实践中对关联关系和关联交易的认定具有较强的参考意义。

[①] 《国家税务总局关于完善关联申报和同期资料管理有关事项的公告》（国家税务总局公告2016年第42号）。

[②] 向与关联人共同投资的公司提供大于其股权比例或投资比例的财务资助、担保以及放弃向与关联人共同投资的公司同比例增资或优先受让权等。

表 4-1　关联交易类型及主要内容

关联交易的类型	主要内容
有形资产使用权或者所有权的转让	包括商品、产品、房屋建筑物、交通工具、机器设备、工具器具等的购销、转让和租赁
无形资产使用权或者所有权的转让	包括专利权、非专利技术、商业秘密、商标权、品牌、客户名单、销售渠道、特许经营权、政府许可、著作权等使用权提供和所有权转让
金融资产的转让	包括应收账款、应收票据、其他应收款项、股权投资、债权投资和衍生金融工具形成的资产等转让
资金融通	包括各类长短期借贷资金（含集团资金池）、担保费、各类应计息预付款和延期收付款等资金融通
劳务交易	包括市场调查、营销策划、代理、设计、咨询、行政管理、技术服务、合约研发、维修、法律服务、财务管理、审计、招聘、培训、集中采购等交易

4.1.3 转让定价

转让定价是一个颇有争议的概念，在国际上并没有一个被普遍接受的定义，西方学者也很少对"转让定价"这一概念进行定义，但是中国的学者在对转让定价进行探讨的过程中，试图从广义和狭义两个视角进行定义。

广义的转让定价，是指关联企业之间对内部交易进行定价的所有行为，既包括操纵转让定价的特定定价行为，也包括根据正常交易原则进行定价的行为。"无论关联企业是否对内部交易的价格进行了不当操纵，其对内部交易进行定价的行为都应称为转让定价。"[1] 狭义的转让定价，则是指关联方之间，以减轻税收负担为目的，在关联交易中人为操纵定价的行为。"所谓转让定价，是指关联企业在内部交易中不按照一般市场价格的定价……将整个关联企业的纳税额减少到最

---

[1] 刘剑文. 国际税法学 [M]. 北京：北京大学出版社，2004.

低程度。"[1] 目前，从狭义角度研究的学者较多。我们认为，转让定价是一个中性词，对转让定价行为，不同的主体有不同的理解。从政府的角度看，转让定价是关联方为少缴税收而实施的内部交易价格。从企业角度看，转让定价则是关联方之间的一种内部定价机制，或者内部定价行为，该定价机制或定价行为从关联企业的整体利益出发，或出于商业动机，或出于税收动机，或出于商业动机和税收动机的综合考量。

对于转让定价，我们站在政府的角度，持狭义的观点，认为转让定价是关联交易时采用和独立企业之间正常交易不同的非市场价格定价，是一种内部定价行为，其定价或高于市场价格标准，或低于市场价格标准，以获取最大的税收利益。

4.1.4 转让定价调整方法

对转让定价激进型纳税规划的法律规制，最终将落实到转让定价调整方法的使用上。转让定价调整方法由最初的 3 种，通过税收征管和司法实践，目前已有 20 余种，但是在转让定价法律规制中采用最多的有：可比非受控定价法、再销售价格法、成本加成法、交易净利润法、利润分割法、成本法、市场法和受益法。转让定价的调整方法使用情况见下图 4-1。中国《特别纳税调查调整及相互协商程序管理办法》在第十五条至第三十七条中也进行了较为详尽的规制，该办法强调所有调整方法均以可比性分析为基础，并对每一种方法进行了界定，指出了每一种方法的计算方法及可比性的分析因素、适用范围等，并把其他能够反映利润与经济活动发生地和价值创造地相匹配原则的方法作为兜底条款。我们认为，该办法带有明显的 BEPS 色彩，在中国转让定价法律规制上具有里程碑的意义，标志着中国转让定价法律规制

---

[1]高尔森.国际经济法文选[M].天津：天津人民出版社，1994.

的框架已经形成，未来中国转让定价管理、政策制定和完善，以及对转让定价法律规制的研究将围绕该办法中的框架展开。

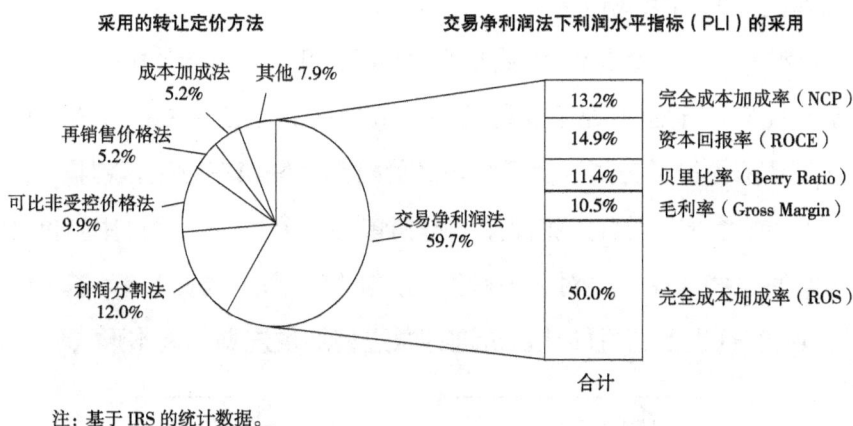

注：基于 IRS 的统计数据。

图 4-1 转让定价方法的适用情况

4.2 激进型转让定价纳税规划行为

根据国家税务总局统计结果显示，2005 年中国对转移定价的反避税调查补征税额大约在 4.6 亿元，到 2013 年，这个数字增加了近 100 倍，达到了 468.1 亿元。转让定价的平均调整金额增长到 2016 年的 3700 万元，与 2011 年相比同比增长了 300% 以上。关联方（尤其是跨国关联企业）通过筹划，采取各种方法操纵转让定价，实现其整体利益的最大化，使价值创造与经济活动发生地形成的收入不匹配，造成相关国家税收流失。我们通过研读国内外跨国企业利用转让定价进行激进型纳税规划的案例，将这些激进型纳税规划行为归为五类。

4.2.1 实物交易过程中的激进型纳税规划行为

通过实物交易进行激进型纳税规划是目前企业在转让定价中最主要，也是使用频率最高的一种做法。关联企业主要是采取"高进低出""低进高出"、统筹分配产业链和价值链等方式,控制零部件、原材料及销售产品的进出口价格,人为割裂价值创造实质,把利润转移到税率较低的国家或地区。

典型行为一:高买低卖或低买高卖筹划模式。当母公司处于高税负国家或地区,子公司处于低税负国家或地区,母公司往往以较低的价格把商品销售给子公司,由子公司高价对无关联第三方进行销售(低买高卖);或者母公司首先将商品低价销售给子公司,然后再用高价从子公司购回这些商品,再对无关联第三方销售(高买低卖)。其基本路线如图4-2,这也是通过转让定价进行激进型纳税规划的基本形式。

图4-2 高买低卖或低买高卖筹划模式

典型行为二:利用避税港筹划模式。其基本路线如图4-3,这也是一种比较常见的利用转让定价进行激进型纳税规划的方式。

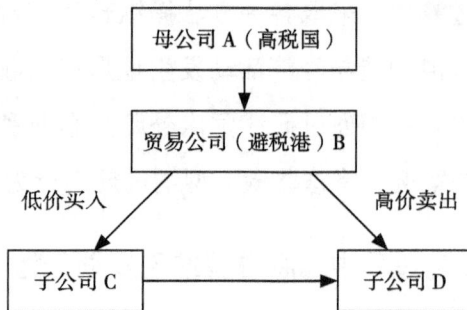

图4-3 利用避税港筹划模式

图 4-3 中，D 公司是 A 的子公司，A 对贸易公司 B 形成控制关系，实际业务发生在 C、D 公司之间，B 公司从子公司 C 处低价购买，再把买进的商品高价卖给 D 公司。C、D 两个子公司的利润通过转让定价转移到了位于避税港的 B 公司，集团公司从而最终达到避税的目的。

典型行为三：两头在外筹划模式。当本国的居民企业对境外市场依赖性较大的情况下，生产所需的原材料和产品销售依赖外方时，这种筹划方式就会被广泛使用。如中国 20 世纪 90 年代末至 20 世纪初，在"三资"企业（在中国境内设立的中外合资经营企业、中外合作经营企业、外商独资经营企业）中比较常见。其基本路线如图 4-4，甲国母公司 A 负责研发、销售，在乙国设有 B 子公司，负责生产、制造。主要原材料从境外采购，产品销售依赖 A 公司进行销售。进行激进型纳税规划时，A 公司利用其优势一方面抬高原材料的采购价格，另一方面压低从 B 公司购进产品的价格，减少 B 公司利润，侵蚀乙国的税基。

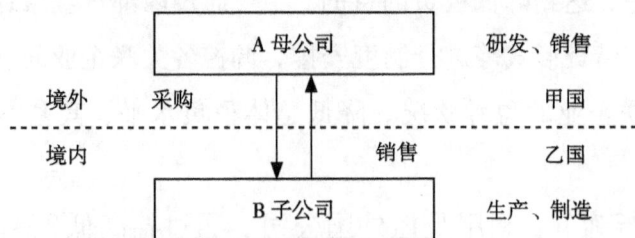

图 4-4 两头在外筹划模式

典型行为四：全职能控制筹划模式。境外母公司只进行管理及控制，境内子公司负责生产、销售及研发等，通过费用及价格等进行筹划。基本路线图如图 4-5。

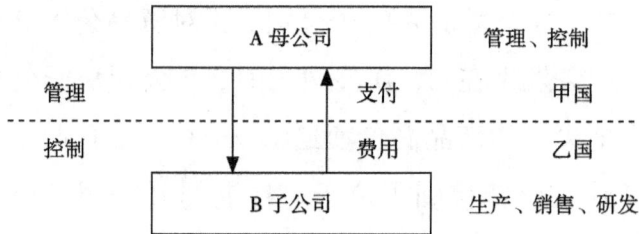

图 4-5　全职能控制筹划模式

图4-5中，甲国母公司A在乙国设有一家子公司B，A公司负责管理、控制，B公司负责生产、销售及研发等，A公司通过上述典型行为一、三进行混合筹划，侵蚀乙国税基。

4.2.2 资金融通过程中的激进型纳税规划行为

关联企业利用其关联关系，通过资金融通（投资与融资）转移利润，也是比较常见的方式，具体包括：

1.通过贷款利率控制利润。该行为的基本思路是在资金融通的过程中，降低目标企业股权比重，增加目标企业的债权性投资，通过增加税前扣除，达到降低税负的目的。主要通过内部资金融通业务，对借贷利率、借贷形式等进行制度安排，调控各关联企业间利润，进而控制各关联企业的盈亏状况，降低总体税负水平，其基本路线如图4-6。

典型行为五：利用受控外国公司，通过抬高低税率国家或地区的贷款利率，将高税负国家或地区的利润转移到低税负的国家或地区，对相关国家的税基造成侵蚀。

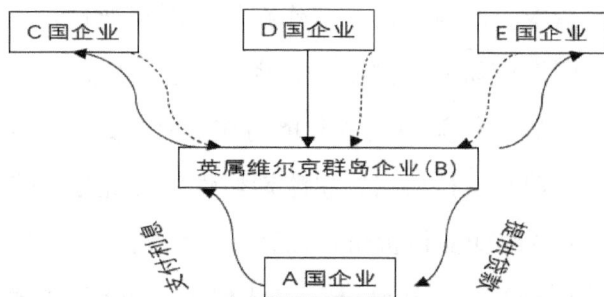

图 4-6　利用受控外国公司内部借贷

图4-6中，A国企业处于高税负国家，在B国（国际避税地）设立控股公司，通过B国控股公司控制C、D、E等国企业，通过关联关系内部筹措资金，以高于正常市场利率的方式向A国企业提供贷款，以利息支付的方式转移A国利润。

2. 自定租金筹划。关联企业之间，出租方通过融资购进承租方所需生产设备，并且租赁给承租方使用，根据需要多收或少收租金。

典型行为六：关联企业中处于高税负一方的企业购入设备，然后以低于独立第三方的市场价格出租给处于低税区的目标关联企业，或者处于低税负一方的企业购入设备，以高于独立第三方的市场价出租给处于高税区的目标关联企业，或者将上述两种方法结合起来，层层转租，以此来调节利润、降低税负。

3. 售后回租筹划。关联企业一方将新购进的、投入生产不久的设备出售给关联企业另一方，然后再从后者回租使用。

典型行为七：处于高税负关联企业一方将自有设备低价销售给处于低税负一方的企业，然后以支付高额租金的方式租回使用。

4.2.3 无形资产交易过程中的激进型纳税规划行为

在数字经济背景下，无形资产交易，尤其是关联企业在转让或许可使用专利、非专利技术、商标权、著作权、品牌、客户名单、销售渠道、特许经营权、政府许可、著作权等无形资产日趋活跃。关联企业往往在无形资产交易的合同中（这些合同包括咨询合同、许可合同和技术合同等）签订相关的成本分摊协议，然后通过成本分摊协议，独家管理协议、独家支持协议，忽略地域性特殊优势，即成本节约和市场溢价[①]，调节改变支付价格，在转移和使用无形资产时，不按照市场的正常价格进行，以达到降低整体税负的效果。如微软、苹果、谷歌、星巴克等在进行纳税规划时均通过无形资产的转让定价进行了操作，且采用的大多是"双层爱尔兰汉堡"和"爱尔兰荷兰三明治"模式。中国无形资产交易过程中的激进型纳税规划行为主要包括：

典型行为八：生产销售筹划模式，提高无形资产作价。其基本路线如图 4-7：

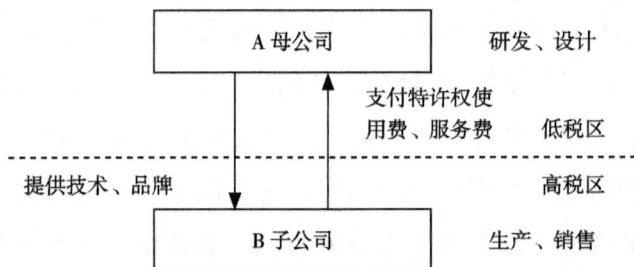

图 4-7　生产销售筹划模式，提高无形资产作价

图 4-7 中，关联企业中 A 母公司处于低税区，拥有品牌，负责研发、设计，向其处于高税区 B 子公司提供技术、品牌（无形资产转让），B 子公司进行生产和销售，A 母公司大幅提高技术、品牌等支付的价格或按照合约对 B 子公司按销售收入或利润高比例支付特许权使用费或服务费。

---

① 成本节约：跨国公司通过将业务转移到低成本地区或者在低成本地区开展业务而获得的净成本节约。市场溢价：本地市场自身的特性，如市场规模、产业政策、市场准入、消费倾向等给企业带来的超额利润。

典型行为九：研发中心模式，研发成本不合理分摊。关联企业通过合作进行某种产品或技术研发时，不按独立交易原则进行费用分摊，而视国家（地区）税负的不同分摊研发费用，即抬高位于税负较高国家（地区）企业的费用分配标准；使位于税负较低国家（地区）的企业分担较低的费用，增加高税负国家（地区）企业费用的分担额，减少低税国家（地区）企业费用的分担额，实现整体税负最小化。其基本路线如图4-8：

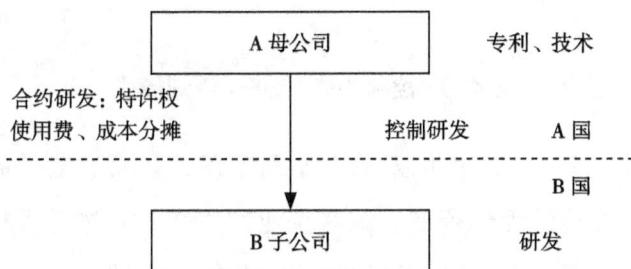

图4-8 研发中心模式，研发成本不合理分摊

图4-8中，母公司A位于A国，拥有专利或专有技术，在B国设立一家子公司B，根据合约负责技术研发，在分配研发费用时，根据两国税负，灵活分配特许权使用费和研发成本，造成对相关国家税基的侵蚀。

典型行为十：控制协议（VIE）模式。境外离岸公司不直接收购境内经营实体，而是在境内投资设立一家外商独资企业，为国内经营实体企业提供垄断性咨询、管理等服务，国内经营实体企业则将其所有净利润，以"服务费"的方式支付给外商独资企业。同时，该外商独资企业还通过一揽子协议，取得对境内企业全部股权的优先购买权、抵押权和投票表决权、经营控制权。比较典型的操作方法如下图4-9。图中，代理人或内资持牌公司是境外离岸公司的目标企业。

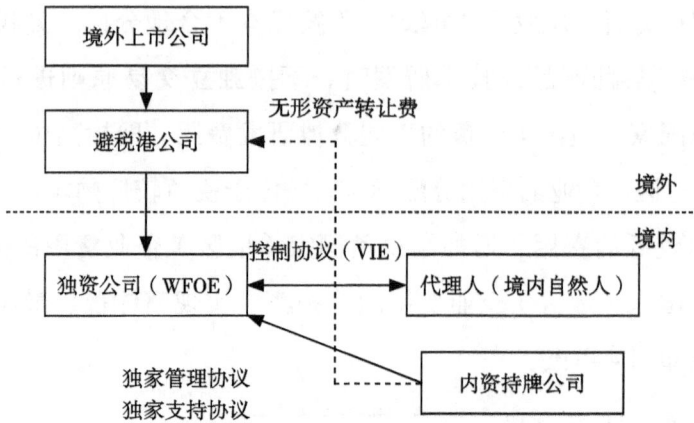

图 4-9 控制协议（VIE）筹划模式

典型行为十一：双重构架的电子商务模式。通过电子商务模式和成本分摊协议转让无形资产，关联企业的关联方通过双重构架参与高税负国家（地区）企业研发费用的成本分摊，在转让研发成果时再次收取特许权转让费等。其基本路线如图 4-10：

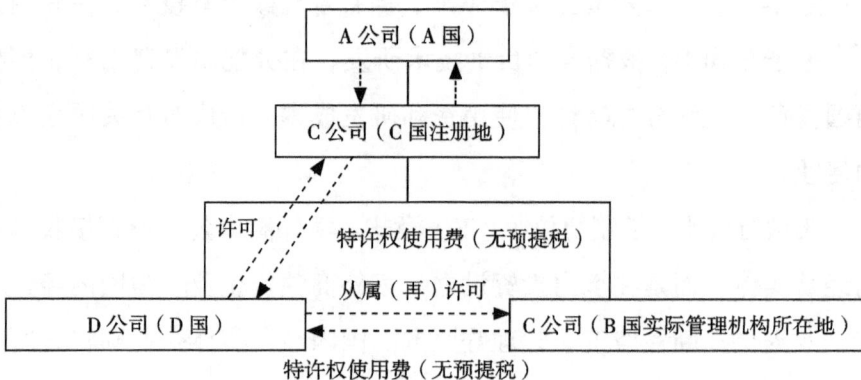

图 4-10 双重构架的电子商务模式

公图 4-10 中，A 司是 A 国的居民公司，C 公司在 B 国注册，但实际管理公司在 C 国，A 公司向 C 公司转让无形资产使用权，C 公司根据合约为 A 公司分摊成本。C 公司向其 D 国的 D 公司发放许可，其 B 国的 C 公司也向 D 国的 D 公司发放许可，形成对 A 国的税基侵蚀。

4.2.4 劳务提供过程中的激进型纳税规划

关联企业作为一个利益集团整体，往往通过总公司设立的职能部门向相关联的企业提供各种服务和管理。而按照各国法律的通行做法，企业支付给总公司的服务费及管理费一般在缴纳所得税时准予扣除。从关联企业总体税负水平考量，关联企业之间往往视盈亏情况，通过对服务费和管理费的"技术处理"，将企业发生的巨额费用在其盈利企业账面上摊销，转移利润，减少相关税收；通过多收或少收劳务及其他服务费用的方式，分摊管理成本，转移收入。一般而言，在相互提供劳务时，位于高税负国家（地区）的关联企业一方向处于低税负国家（地区）的另一方支付较高的劳务费用，位于税负较低国家（地区）的关联企业通过较低的价格支付给位于高税负国家（地区）的关联企业一方较低的劳务服务费用。此外，大多数国家的税法对子公司支付给母公司的各种服务或管理费允许在企业所得税税前扣除，而母子公司之间常常采用高报、少报、不报服务或管理费用的方式调整公司之间利润水平，达到降低公司总体税负水平的目的。

典型行为十二：利用合同、协议转移劳务费用。在中外合资企业中，由外方控股，合资企业将设备销往国外，合同规定由合资企业（中方）负责维修，但合资企业通过与合资中的外方控制企业签订委托维修协议，外方企业通过关联交易，侵蚀合资企业利润。其基本路线如图 4-11。

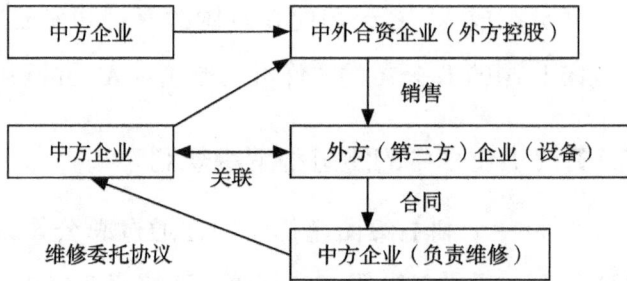

图 4-11　利用合同、协议转移劳务费用

4.2.5 并购重组过程中转让定价的激进型纳税规划

企业并购重组对于增强国际竞争力、实现企业自我发展、优化资本配置起着重要的促进作用。但是由于企业并购重组的复杂性，以及各国税制的差异，利用并购重组中的转让定价进行激进型纳税规划时有发生，主要有三条路径：一是剥离已有企业的优质资产重新组建新企业；二是通过长期投资将资产转移到低税负地区；三是通过重构销售模式转移资产。

典型行为十三：利用销售、特许权使用费及劳务费侵蚀税基。其基本路线如图 4-12：

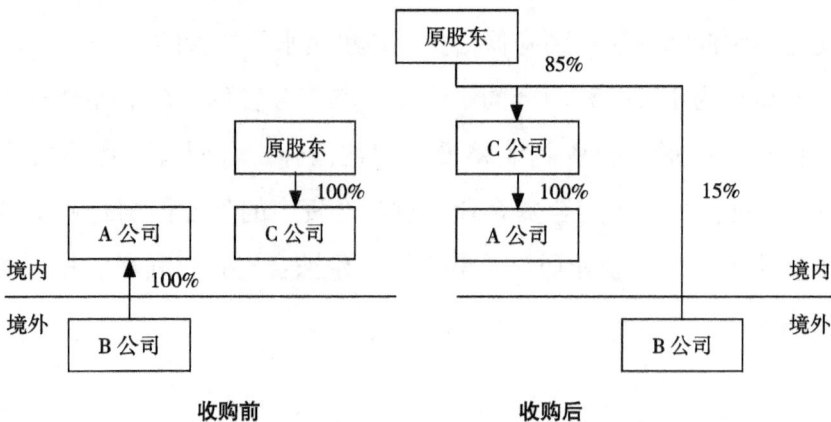

图 4-12　利用销售、特许权使用费及劳务费侵蚀税基

图 4-12 中，A 公司为外商独资企业，B 为其位于避税港的全资子公司，C 公司为境内集团公司。C 公司把 B 公司作为战略投资者伙伴，以部分现金支付方式和向 B 公司增发股份的方式收购 B 公司持有的 A 公司全部股权。并购完成后，A 公司在与 B 公司发生业务往来时，定价主要由 B 公司负责，A 公司有权自主决定定价方式，A 公司不仅采取低价方式将产品销售给 B 公司，而且还采取支付费用的方式，每年向 B 公司支付巨额的劳务费用和特许权使用费。

4.3 转让定价的法律规制

4.3.1 转让定价法律规制的发展态势

自 1415 年英国颁布涉及转让定价的法律以来，关于转让定价的法律规制研究和税收实践已有近百年的历史。转让定价的法律规制呈现出立法国家数量越来越多、立法内容日益复杂、规制程度日趋严格的发展特点，大致经历了三个阶段。

1. 转让定价法律规制的探索阶段（20 世纪初至 20 世纪 80 年代）。20 世纪初，英、美等西方经济发达国家开始对外扩张，尤其是第二次世界大战结束后，美国经济迅速崛起，跨国投资和国际贸易快速增长，巨大的海外利益吸引了英、美等国政府对转让定价的关注。1915 年，英国政府为了筹措军费，颁布了禁止各类企业通过高估或低估跨国交易价格把利润转移到国外关联企业的法规，将对不合理的交易价格进行调整的权力赋予税务机关。随后，美国对转让定价进行了立法，在 1917 年的收入法案中制定了转让定价规则。但基于经济危机和世界大战对经济、社会的影响，尤其是对跨国投资和国际贸易的影响，大多数国家对转让定价问题的关注度和重视程度较低，管制也比较宽松，转让定价法律规制发展也比较缓慢。但是美国作为第二次世界大战的最大赢家，战后其国际贸易及对国外直接投资不断增加，对转让定价问题也进行了持续关注，并不断完善有关规制措施。美国国会于1921年授予国内收入署（IRS）署长确定关联企业和合伙企业是否填写合并纳税申报表的权利，将关联企业间利润、折旧、各种扣除或资本分配填写合并纳税申报表，并在1928年收入法令第四十五节写入汇总申报纳税条款。1935年，美国把公平交易原则作为转让定价调整的基本原则，赋予IRS参照同类产品在相似的销售条件下，以独立第三方的交易价格作为标准价，判断关联企业内部交易中的定价是否偏离市场公平交易价格，并依据判断结果调整关联企业之间的交易价格。

随后伴随着世界经济的复苏，尤其是通信与科学技术的发展，以及许多国家税率不断上升，国与国之间的税负差异加剧，资本开始加速向无税或低税国家（地区）流动和聚集。20世纪70年代，避税港业务迅速发展起来，在避税港通过转让定价逃避相关国家税收的行为剧增，除美国外，其他发达国家也开始关注转让定价所带来的税收问题，并着手进行法律规制。

1963年，OECD公布了《OECD税收协定范本》。该范本第九条提出了对于联属企业税务处理的规范："两个企业之间的商业或财务关系，不同于独立企业之间关系的情况。若任何利润本应由其中一个企业取得，由于这些情况而没有取得的，可以计入该企业利润，并据以征税。"提出了公平交易的基本标准，建立起了OECD转让定价法律规制的雏形。

1968年，美国为了完善跨国公司的转让定价法律规制的"公平交易原则"，其IRS以财政条例的形式颁布了系统的转让定价规则，扩大了转让定价法律规制的适用范围，将其范围扩大到有形资产的使用与销售、无形资产的转让与使用、贷款或预付款、劳务提供等，确立了转让定价法律规制中的可比非受控价格法、再销售价格法、成本加成法三种转让定价调整的方法。这些方法为转让定价法律规制打下了理论基础，是转让定价法律规制方法论上的重要突破，目前仍为世界各国所采用。

1977 年，OECD 在修订的《OECD 税收协定范本》中，对转让定价的调整原则和调整方法进行了明确，并得到 OECD 成员国的普遍认同。1979年，OECD通过总结各国转让定价税制的税收实践经验，结合各国的实际情况，制定和发布了《转让定价与跨国公司》专题报告。该报告对转让定价调整的方法选择提出了要求，要求在选择具体调整方法时，要选择对交易结果能作出最可靠判断的方法，要充分考虑每一具体案例的具体情况。该报告对各国转让定价税制的具体操作有重要的指导意义。

1979 年，联合国通过其税收专家小组的大量研究，推出了《UN 税收协定范本》。《UN 税收协定范本》的产生，不仅解决了发达国家与发展中国家签订双边税收协定的范本问题，而且为发展中国家对转让定价进行法律规制提供了指引。我们认为，OECD公布的《转让定价与跨国公司》专题报告和《UN 税收协定范本》的诞生，标志着转让定价法律规制的探索已基本完成了。

2. 转让定价法律规制共识的形成期（20 世纪 80 年代初至 21 世纪初）。20 世纪 80 年代初，OECD 针对企业跨国经营活动的迅速发展、经济活动国际化的趋势，有针对性地对转让定价问题进行了调查、研究和分析。其研究分析成果形成了《转让定价与跨国企业》（1979）和《转让定价与跨国企业涉及的三个税收问题》（1984）两份报告。这两份报告以公平交易原则为基础，对可比非受控价格法、成本加成法、转售价格法和其他方法的转让定价调整方法进行了进一步的完善，并对税收相应调整与国际问题相应协商程序问题，对跨国银行企业的征税问题和集中经营管理问题，跨国银行企业的征税问题与提供劳务的成本分摊问题等进行了论述。

1991 年，美国 IRS 推出了《税收程序 91—22》，赋予了预约定价（APA）的法律地位，这是转让定价调整的创新之举，将转让定价的调整由单纯的事后调整向事后调整和事前协议调整转变，是转让定价法律规制演变发展的一个里程碑。1994 年，美国 IRS 明确将公平交易原则、最佳方法原则和可比性分析原则作为转让定价三条强制性的指导原则，使转让定价的调整原则更具有权威性。

1995 年，OECD 通过《关于跨国企业和税务当局转让定价准则》，强调公平交易原则的权威性，并对如何运用交易利润法、利润分割法、正常交易值域等进行了操作性解释，对双边 APA 行政管理方法的主张进行了阐释。OECD 还同时发布了《跨国公司与税务机关转让定价指南》（以下简称《OECD 转让定价指南》）。一般认为，《OECD 转让定价指南》是 OECD 对历年转让定价管理探索的总结，既是转让定价税务管理最核心的理论，也是转让定价管理税务实践结晶，标志着 OECD 所有成员国在转让定价法律规制方面达成了共识。

随着 OECD 以外的部分国家吸引外资力度的加大，以及经济的快速增长，转让定价法律规制进入了一个发展中国家纷纷进行转让定价立法与发达国家完善转让定价税制时期。如巴西（1996）、中国（1998）、南非（1999）、马来西亚（1999）等制定了转让定价的法律规制措施。美国、日本、韩国、加拿大、英国、法国、德国、澳大利亚、比利时、丹麦、挪威等发达国家纷纷完善本国的转让定价法规。

这一时期，从总体来看，OECD 所确立的转让定价规则主导了这一时期的转让定价法律规制的发展方向，并呈现出以下特点：

（1）转让定价调整的指导原则不断丰富，在公平交易原则的基础上形成了总利润原则。公平交易原则作为转让定价法律规制的基本指导原则，处于不可撼动的地位。但是，这一原则在实际执行中却面临着诸多困难，这些困难包括正常交易价格难以判断、可比交易价格难以寻找、国际市场价格信息难以获取、税务稽查难度较大等。为了克服这些困难，在各国多年税收实践基础上，总利润原则脱颖而出，备受推崇，并不断丰富完善。

（2）转让定价的调整范围呈不断扩大的趋势。部分出于维护本国税收权益的考量，不断从关联企业概念的内涵和外延进行拓展，扩大转让定价法律规制的调整范围。把关联关系的判定标准从股权关系和血缘关系，扩大到实际控制关系，把具有实际控制关系的企业视为关联企业，纳入调整的范围进行调整，如澳大利亚、新西兰等国；还有部分国家将控制关系延伸到价格关系，只要通过控制价格转移了利润就构成关联关系，纳入转让定价的规制范围；在血缘关系方面，有的把通过血缘关系、婚姻关系或养育关系连接起来的所有个人视为关联关系，如加拿大；有的国家把转让定价法律规制调整的对象从跨国关联企业延伸到国内关联企业，如美国、瑞士等国；还有一些国家的转让定价法律规制对象不仅适用于母、子公司之间，也适用于总、分支机构之间以及同一总公司所属的各国分公司之间；少数国家把境内企业与设在避税地企业的交易也视同为关联交易，如比利时等国；有些国家针对石油、金融等特殊重点行业的定价问题，通过制定有专门条款进行处理，如英国、美国、挪威、丹麦等。

（3）调整方法从简单有序到灵活多样。最初转让定价的调整方法仅在有形资产方面使用，大多以前述美国（1968）采用的可比非受控价格法、再销售价格法、成本加成法等三种调整方法为基础，且有严格的使用顺序要求，《OECD转让定价指南》最初也有类似规定。但随着美国1992年、1994年《国内收入法》的修订以及1993年美国财政部临时性法规的公布，调整方法不断创新，增加了可比利润法和利润分割法，调整方法使用的严格顺序被取消，采用了"最佳方法"规则。这些立法实践被OECD采纳，并在1995年的《OECD转让定价指南》中进行了确认和拓展。《OECD 转让定价指南》（1995）要求选择最容易对正常交易价格作出最精确估算的方法，通过不同方法的比较，认为可比非受控价格法最理想。此后，转让定价的调整方法具有了灵活性、多样性。

（4）无形资产转让定价问题伴随着数字经济的发展逐步得到了重视。随着科学技术的发展，特别是数字经济的萌芽，无形资产在产品生产和营销过程中所起的作用越来越大，关联企业之间无形资产使用的许可与转让业务逐渐增多。20 世纪 80 年代中后期，美国信息产业高速发展，无形资产输出规模增加。为了适应这种变化，美国对无形资产转让定价的规制措施进行了多次修订和补充。为了保证核定价格的准确性，美国采取了对无形资产转让价格定期调整的制度。① 与此同时，OECD 也修订了《OECD 转让定价指南》（1996），增加了无形资产转让定价问题的专门章节，丰富了无形资产的内涵，扩大了总利润原则的适用范围，将其引入无形资产转让定价的调整，并允许在事后重新调整已核定的无形资产转让价格。

（5）转让定价的税收调整由事后调整向事先约定推进。20 世纪 90 年代以前，对转让定价的税收调整，基于反避税的需要和税收稽查结果的呈现，对引起税收收入流失的转让定价进行调整，属于事后调整。由于查找事后调整的依据比较困难，争议较多，征纳双方的税收成本增加，且可能导致重复征税，美国在 1991 年推出 APA。这样转让定价不仅可以事后调整，还可以通过 APA 进行事先约定确认。转让定价法律规制进入了一个新的历史发展阶段。

（6）转让定价法律规制不断创新。伴随着各国经济的发展与反避税实践经验的积累，转让定价法律规制与时俱进，不少国家不断补充或修订、完善转让定价法律规制条文，尤其在转让定价法律规制的实施程序方面不断创新，如填写专项报表，提供相关的税务信息文件，

① 张同青，杨洁. 国外转让定价税制发展研究 [J]. 国际税收，2008（01）.

负有公平交易价格举证责任。英国、墨西哥（1997年），澳大利亚、法国、韩国（1998年），加拿大、德国（1999年）通过颁布有关法律法规，对转让定价审查中提交的信息文件进行了更为具体、详尽的规定。许多国家将转让定价调查的重点由实物交易转向无形资产，重点放在集团内劳务交易、无形资产转让、支付特许权使用费以及相关的成本分摊协议。[①]

3.转让定价法律规制共识的达成及丰富期（20世纪初至今）。2010年，OECD以合页的形式更新了《OECD转让定价指南》，集中讨论了公平交易原则的地位，澄清了交易利润法的地位，介绍了贝里比率（Berry Ratio），深化了对可比性的指导。2012年修改了《OECD转让定价指南》，重点讨论了无形资产跨境交易的转让定价调整方法。同年，联合国推出了《发展中国家转让定价实用手册》，吸收了中国从维护发展中国家权益的角度，提出的成本节约和市场溢价等创新性的新理念，弥补了《OECD转让定价指南》的不足。2015年，OECD公布的BEPS第八至十项行动计划以及第十三项行动计划，均涉及转让定价问题，且内容联系十分紧密。第八至十项行动计划以"确保转让定价结果与价值创造相匹配"为统领，从独立交易原则的应用指引，大宗商品交易、利润分割法的修订框架，无形资产、低附加值集团内劳务以及成本（贡献）分摊协议等六个方面进行了阐述，要求对《OECD转让定价指南》进行修订，对无形资产、风险和高风险交易的独立交易原则进行进一步完善。

第八项行动计划重点讨论了与无形资产相关的转让定价问题，主要是对《OECD转让定价指南》中"无形资产"规则的修订。研究分两个阶段进行，第一阶段于2014年9月完成，主要成果包括：（1）关于无形资产的定义。对无形资产进行了重新定义，将无形资产定义为

---

① 郭勇平，杨贵松.转让定价税制的国际比较与发展趋势[J].国际税收，2010（05）.

"企业在商业活动中可以拥有或控制的没有实物形态的非金融资产，而且该种资产的使用或者转移如果发生在独立交易的情况下是需要得到补偿的"。这意味着对无形资产的辨别不再以"是否受法律保护"和"能否独立转移"为前提和条件。（2）关于无形资产利润归属及分配问题。分析了目前无形资产利润归属分配中存在的七大挑战，提出了六步分析法的分析框架。强调法律所有权只是识别无形资产的标准之一，拥有无形资产的法律所有权并不是相关利润的必然归属；无形资产的开发、提升、维护、保护和利用均有可能创造价值，应结合价值创造决定相关利润的归属。（3）关于无形资产转让或使用的相关交易。通过分析无形资产可能存在的交易类型，对涉及无形资产或无形资产相关权利转让的交易等进行了解释和分析。（4）关于无形资产相关交易的补充指引。强调在无形资产转让或使用的交易中，应对无形资产独特的可比性因素、利润分割方法及价值评估方法予以充分考虑。2015年7月完成了第二阶的研究工作，主要成果包括：（1）无形资产预期收益和实际收益的差异调整问题。讨论了难以估值的无形资产事后调整的定价方法及事后调整机制不合理使用的防范措施。指出纳税主体已知所有风险和收益，能够提供完整资料，证明交易之前已对无形资产进行了完整评估的情形符合独立交易原则，税务机关不得采取事后调整机制。强调关联企业各方应承担的风险要通过风险分析进行检验，无形资产开发收益的分配不一定分配给仅有无形资产法律所有权的拥有者。（2）有关无形资产出资收益的处理原则问题。确立了两个基本原则：一是关联企业的关联方对无形资产出资且承担相关财务风险，但不执行与开发无形资产相关功能，则只能基于出资风险的获得投资回报；二是关联企业的关联方只提供资金，没有实际承担风险，应以无风险收益的回报为限。（3）关于比较优势。比较优势是获得预期超额收益（价值创造）的来源，地域特殊优势也是一种比较优势，可以带来超额收益（价值创造）。在采用利润分割法调整无形资产转让定价时，分析跨国公司价值链，要考虑比较优势、选址、特殊市场要素对价值链的贡献。分析地域特殊因素对跨国公司价值链的贡献，已成为国际公认的规则，这为今后在反避税调查和双边磋商中强调特殊地域优势因素对集团价值链的贡献，提供了国际认可的理论支持。[①]

第九项行动计划服务于《OECD 转让定价指南》"独立交易原则"指引的修订，对人为转移风险的利润水平，以及有关资金提供方在价值创造过程中的利润水平进行了重点关注，并对合同约定的风险分配及相应的利润分配进行了讨论。特别是在识别真实交易方面，OECD进行了更为具体和清晰的指引。主要包括如何对真实交易进行识别，如何规避不具有经济实质的合同安排，合同约定的风险分配的必要支撑，投入资本而不承担任何功能的关联方以无风险为约束，税务机关可以否定相关交易安排的特殊情形。在风险分析方面，该项行动计划提出了六个步骤的风险分析方法，包括：（1）识别与关联交易有关的重要经济风险。（2）明确合同条款中相关的风险在关联企业间的划分。（3）分析关联交易方承担管理风险的方式。（4）分析合同内容和实际执行中承担风险、控制风险和经济承受能力。（5）税务机关将风险分摊给实际承担风险和功能的企业的情形。（6）对真实交易进行定价。强调功能和资产比风险重要，在税收实践中不能脱离功能单独强调风险，功能分析是转让定价分析的基础。

第十项行动计划对容易引起税基侵蚀和利润转移的成本分摊协议、集团总部费用、管理费用以及大宗商品交易等高风险关联交易进行了讨论。涉及《OECD 转让定价指南》中"独立交易原则指引""转让定价方法""集团内劳务"以及"成本贡献分摊协议"等部分内容的修订。

---

① 张莹：BEPS 行动计划 8、成果 5 无形资产转让定价指引 [J]. 国际税收，2014（10）.

第十三项行动计划关注了转让定价信息的获取。要求纳税人向税务管理机关提供包括主文档、本地文档和国别报告等高水平的转让定价资料。主文档要求涵盖跨国企业全球商业运营的总体信息，一般包含组织架构、功能风险分配、运营状况、集团内部转让定价策略等宏观信息。本地文档要求对某特定国家披露重大关联交易的具体信息，主要包含关联方交易、交易额及其转让定价分析等。国别报告主要包括跨国企业在各国的经营情况、内部利润分配及纳税情况、各关联方的经济活动指标以及所承担的功能风险等。国别报告也可以理解为以国家为单位，报告跨国企业在各业务开展国的收入分配、纳税、雇员、资产等方面的具体情况。国别报告适宜于税务机关对风险识别、评估、监控和调查，不能直接用于涉及转让定价事项的调整。

2017 年，OECD 发布了新版《OECD 转让定价指南》，该指南的修订体现了 G20/OECD 近年来开展 BEPS 项目所形成的一系列成果，以对"独立交易原则""转让定价方法""无形资产""集团内部服务""成本分摊协议""转让定价文档""安全港指引""企业重组的转让定价问题"等的修改和增补为呈现形式。该指南还在附录中对 OECD 委员会对关联企业转让定价的建议进行了更新，呼吁并建议 OECD 成员国和非成员国在进行转让定价规制时，参考 2017 年《OECD 转让定价指南》的内容，并就转让定价问题各国税收征收机关展开更为紧密的、深入的双边和多边合作。

4.3.2 中国转让定价法律规制的发展与演变 [①]

中国转让定价的法律规制起步较晚，但发展较快，经历了一个由尝试到完善，再到参与国际规则制定，并将 BEPS 行动计划在中国落地的过程。大致可以分为三个阶段，主要法规及适用情况见表 4-2。

---

① 夏仕平. 我国反避税立法进程及实践评析 [J]. 湖北第二师范学院学报，2015（05）. 收入本书时进行了修改。

表 4-2 中国转让定价法律法规简表

序号	法规名称	文号	备注
1	中华人民共和国外商投资企业和外国企业所得税法	主席令〔1991〕45 号	全文废止
2	国家税务局关于关联企业间业务往来税务管理实施办法	国税发〔1992〕237 号	全文废止
3	中华人民共和国税收征收管理法	主席令〔1992〕42 号	部分修改
4	中华人民共和国税收征收管理法实施细则	主席令〔1992〕60 号	部分修改
5	关联企业间业务往来税务管理规程（试行）	国税发〔1998〕59 号	全文废止
6	关联企业间业务往来预约定价实施规则（试行）	国税发〔2004〕118 号	全文废止
7	关于进一步加强反避税工作的通知	国税发〔2004〕70 号	全文废止
8	中华人民共和国企业所得税法	主席令〔2007〕63 号	部分修改
9	中华人民共和国企业所得税法实施条例	国务院令〔2007〕512 号	部分修改
10	特别纳税调整实施办法（试行）	国税发〔2009〕2 号	部分失效
11	中华人民共和国政府和新加坡共和国政府关于对所得避免双重征税和防止偷漏税的协定	国家税务总局公告 2010 年第 75 号	
12	特别纳税调整重大案件会审工作规程（试行）	国税发〔2012〕16 号	部分条款废止
13	国家税务总局关于特别纳税调整监控管理有关问题的公告	国家税务总局公告 2014 年第 54 号	全文废止
14	关于非居民企业间接转让财产所得税若干问题的公告	国家税务总局公告 2015 年第 7 号	
15	关于企业向境外关联方支付费用有关问题的公告	国家税务总局公告 2015 年第 16 号	全文废止
16	关于规范成本分摊协议管理公告	国家税务总局公告 2015 年第 45 号	
17	关于完善管理申报和同期资料管理有关事项公告	国家税务总局公告 2016 年第 64 号	
18	特别纳税调查调整及相互协商程序管理办法	国家税务总局公告 2017 年第 6 号	

1. 中国转让定价法律规制探索阶段（1987—1991）。1978 年党的十一届三中全会召开，标志着中国进入改革开放和社会主义现代化建设的历史新时期。1980 年，中国在深圳、珠海首设经济特区，随后又在汕头、厦门、洋浦等地设立经济特区。1984 年底，中国批准在14 个沿海开放城市分别设立开发区。引进外资成为经济特区和经济开发区发展的重要路径。但随着经济特区和开发区的建立、发展，以及频繁的国际经济交往和跨国公司的不断壮大，国际避税问题也显现出来，尤其是外商投资企业利用转让定价避税的问题成为困扰税务当局一大难题，主要表现为外商投资企业的大面积亏损。深圳市于 1987 年颁布了《深圳特区外商投资企业与关联公司交易业务税务管理的暂行办法》的地方性法规，该暂行办法于 1988 年 1 月 1 日起实施，同年财政部税务总局将上述办法转发全国，指导全国税务系统对转让定价开展反避税工作。该办法成为中国有关转让定价的唯一一部地方性法规，虽然对中国开展反避税的意义形式大于实质，但在中国反避税史上具有里程碑的意义。

2. 中国转让定价法律规制的立法尝试阶段（1991—2004）。1992年党的十四大召开后，在鼓励引进外资的政策引导下，中国掀起了利用外资的浪潮。伴随这一浪潮，纳税规划理念于 1994 年引入中国。在所谓纳税规划"合法"的掩护下，新的避税方式不断衍生。这一阶段，避税渠道主要有转让定价、资本弱化、国际避税地、税法和征管合作的漏洞等，以企业亏损为主要表征，这种亏损假象不仅损害了我国的税收利益，也影响了不明真相的外商投资者的积极性。从 1991 年开始，中国沿着完善实体法和程序法的主线，从转让定价法律规制入手，着力开展反避税的立法和实践。1991 年对《中华人民共和国中外合资经营企业所得税法》和《中华人民共和国外国企业所得税法》进行合并的基础上，颁布了《中华人民共和国外商投资企业和外国企业所得税法》，虽然该法目前已经废止，但标志着转让定价的法律规制首次进入该法，转让定价税制进入立法轨道。该法在反避税立法方面的主要贡献是明确了独立企业交易原则，对中国转让定价法律规制原则的确立具有奠基作用。同年还通过《中华人民共和国外商投资企业和外国企业所得税法实施细则》，对关联企业业务往来的规定进行了细化。1992 年颁布了《税收征管法》，将转让定价调整范围扩大到"企业或者外国企业"，并通过 1993 年颁布的《税收征管法实施细则》，对转让定价规制进行了细化。1997 年，国家税务总局高度关注转让定价问题，在全国开展转让定价税收管理工作目标考核。1998 年颁布了《关联企业间业务往来税务管理规程（试行）》，该规程通过借鉴国际上有关关联企业转让定价的通行做法，提高了对转让定价调整的可操作性。2002 年，国务院颁布修订后的《税收征管法实施细则》，引入了预约定价协议制度，缩短了和国际接轨的距离。2004 年在《关联企业间业务往来预约定价实施细则（试行）》中，进一步完善了预约定价制度，并通过对《关联企业间业务往来税务管理规程》的修订，进一步提高了转让定价调整方法的科学性和可操作性。至此，我国初步建立起了转让定价的规制体系。

3. 中国转让定价法律规制的完善阶段（2004 年至今）。2003 年党的十六大召开后，对外开放水平全面提高，中国逐步成为吸收外资和对外投资的大国，"引进来"和"走出去"交替融合。伴随着这种交替融合，兴起了一股纳税规划的热潮，激进型纳税规划逐渐显现，避税活动在数量上有增无减，在手法上也不断翻新，税收挑战越来越大。2004 年，国家税务总局发布了《关于进一步加强反避税工作的通知》，强调深入开展转让定价调查及其调整，开展预约定价谈签。2005 年 12 月，由税务总局牵头，厦门市国税局联合漳州市国税局、上海市国税局，分别与灿坤集团四家关联企业正式签订了预约定价安排。这是我国首例以联合签署形式签订的预约定价安排，表明预约定价安排由原来的一个税务机关与一家企业点对点地签署向多点同时联合签署转变，标志着我国税务机关对跨国公司的转让定价税务管理迈上了一个新台阶。2008 年通过《企业所得税法》中的"特别纳税调整"，从立法的角度，对独立交易原则、关联交易的预约定价安排、关联交易申报制度等进行了定义。2009 年的《特别纳税调整实施办法（试行）》（目前已部分废止），对前述"特别纳税调整"进行了解释和细化。该办法列入了关联申报、转让定价调整方法、预约定价安排、受控外国企业管理、资本弱化规制、一般反避税管理等条文，尤其指出企业在选择转让定价方法的时候应对企业集团的运营进行分析，从而采用"最适用"的转让定价方法，标志着中国转让定价调整方法使用时不再有严格的顺序要求。从实质上来看，该办法是《国家税务总局关于关联企业间业务往来税务管理规程（试行）》《国家税务总局关于修订〈关联企业间业务往来税务管理规程（试行）〉的通知》以及《国家税务总局关于关联企业间业务往来预约定价实施规则》等涉及转让定价法律规制的集成或进一步完善。至此，中国转让定价法律规制拥有了包括法、条例、办法在内的较为完整的支撑体系，转让定价法律规制上了一个新的台阶。《中华人民共和国政府和新加坡共和国政府关于对所得避免双重征税和防止偷漏税的协定》公告（国家税务总局公告 2010 年第 75 号），对一般税收协定涉及的 26 个条款进行了全面系统的解释，指出该解释适用于其他国家和地区税收协定相同条款的解释及执行。《关于非居民企业间接转让财产所得税若干问题的公告》（国家税务总局公告 2015 年第 7 号）①，进一步规范和加强了非居民企业的股

---

① 规定非居民企业通过实施不具有合理商业目的的安排，间接转让中国居民企业股权等财产，规避企业所得税纳税义务的，应重新定性该间接转让交易，确认为直接转让中国居民企业股权等财产。

权转让管理。《关于企业向境外关联方支付费用有关问题的公告》（国家税务总局公告 2015 年第 16 号）（目前已全文废止），强化了转让定价中企业向境外关联方支付费用的管理，列举了四种不符合独立交易原则情形，规定在计算企业所得税时不得扣除。《关于规范成本分摊协议管理公告》（国家税务总局公告 2015 年第 45 号）[①] 和《关于完善管理申报和同期资料管理有关事项公告》（国家税务总局公告 2016 年第 42 号），借鉴 BEPS 第十三项行动计划的成果，采用了 OECD 发布的 2017 年版《OECD 转让定价指南》规定的三层文档结构，对同期资料和国别报告提出了明确要求，细化了关联申报的内容，设定了转让定价申报新的表格。《关于完善预约定价安排管理有关联事项的公告》（国家税务总局公告 2016 年第 64 号），进一步完善了预约定价安排管理，显著加大了前期工作量，增加了优先受理程序，同时落实了 BEPS 第五项行动计划最低标准要求。《特别纳税调查调整及相互协商程序管理办法》（国家税务总局公告 2017 年第 6 号），对转让定价调整方法及可比性分析、相互协商程序以及转让定价调整的惩罚性条款等进行了完善；对税务稽查程序、特别纳税调整、自行调整、对外支付等内容进行了规范；对特别纳税调查中的重要事项予以了明确；增补了无形资产、劳务等关联交易的相关规定，借鉴 OECD 对法律所有权和经济所有权的区分，强调无形资产的经济实质与其收益的关系；在 OECD 提出的"DEMPE 模型"[②] 基础上，提出了"DEMPEP"概念，增加了"P"（推广）因素，强化了中国对无形资产价值构成的一贯主张。在集团内部服务方面，针对非受益性活动或"缺乏实质"活动的对外支付，将会受到更严格的审查，甚至在某些情形下禁止对外支

①税务机关应当加强成本分摊协议的后续管理，对不符合独立交易原则和成本与收益相匹配原则的成本分摊协议，实施特别纳税调查调整。

② DEMPE：指无形资产的开发、价值提升、维护、保护、应用五项活动。

付。其中非受益性劳务主要包括服务于股东的活动、重复性服务、附属收益，以及广义的非相关服务。①并列举了对关联企业重点稽查的对象：（1）关联交易金额较大。（2）关联交易类型较多。（3）存在长期亏损、微利。（4）低于同行业利润水平。（5）利润水平与其所承担的功能风险不匹配。（6）跳跃性盈利。（7）分享的收益与分摊的成本不配比。（8）与低税国家（地区）发生关联交易。（9）未按照规定进行关联申报。（10）未按规定准备同期资料。（11）关联方接受的债券性投资与权益性投资的比例超过规定标准。（12）由居民企业设立在实际税负低于12.5%的国家（地区）的企业，并非由于合理的经营需要而对利润不作分配或者减少分配。（13）由居民企业和中国居民控制的设立在实际税负低于12.5%的国家（地区）的企业，并非由于合理的经营需要而对利润不作分配或者减少分配。（14）实施其他不具有合理商业目的的纳税规划或者安排。可以说，该办法实际上对《特别纳税调整实施办法（试行）》第四、五、十一、十二章进行了整合和完善。《国家税务总局关于加强转让定价跟踪管理有关问题的通知》《国家税务总局关于强化跨境关联交易监控和调查的通知》《国家税务总局关于特别纳税调整监控管理有关问题的公告》以及《国家税务总局关于企业向境外关联方支付费用有关企业所得税问题的公告》等涉及转让定价法律规制的内容，是 BEPS 相关行动计划在中国落地的具体体现，也标志着中国转让定价法律规制的框架已经形成。

4.4. 转让定价法律规制的发展趋势

4.4.1 国际上转让定价法律规制的发展趋势

OECD、UN、WCO（世界海关组织）、WB（世界银行）等国际

---

①并未提及 OECD 规定的低附加值服务的"安全港"规定。

组织对转让定价都十分关注，分别根据其服务对象编制了转让定价指南。中国税务总局通过对境外税收政策的搜集，整理，在税务总局网站发布了《中国居民赴某国家（地区）投资税收指南》，其中介绍了相关国家的转让定价法律规制，这些转让定价指南虽然不具有法律约束力，但对税务机关和纳税人都具有重要的参考和借鉴意义。BEPS 行动计划启动以来，各国纷纷修订转让定价的相关法规。我们认为，总的趋势如下：

1. 2008 年全球金融危机以来，全球经济比较脆弱，政治和地缘紧张局势持续升级，"退群现象"① 时有发生，现有的国际政治、经济秩序受到严重冲击。如何在不稳定的国际政治、经济和社会环境中运用公平交易原则，建立更有效的跨国公司的全球价值链分析构架，处理好跨国收入和费用在相关国家之间的分配问题，将成为转让定价法律规制完善过程中首先考虑的问题。

2. BEPS 第八至十项和第十三项行动计划，以及 OECD（2017）发布的《OECD 转让定价指南》，UN（2017）发布的《关于发展中国家转让定价的实用手册》，WB（2016）发布的针对发展中经济体的《转让定价手册》，WCO（2018）发布的《海关估价与转让定价指南》等将深刻影响各国的转让定价立法、行政指导和司法实践。

3. 上述转让定价指南或手册对公平交易原则理解的分歧将趋于协调一致，通过协调对公平原则的理解，合作遵守和争议解决机制将逐步得到改进。

4. 在 BEPS 行动计划中，灵活性将受到一定限制，比如所谓的"现金盒实体"准则（只拥有大量资本却没有任何其他相关经济活动的实体）。灵活性的处理需要完善的争端解决机制，在没有建立完善的争

---

① 退群现象：一部分国家从所谓的本国利益出发，退出有关国际组织的现象。

端解决机制之前，过于宽泛的灵活性，可能会产生更多的不一致性，并导致税收纠纷的增加。

5. 全球公式分配法不适合作为全球解决方案，利润分割法将会被大量使用，但风险因素共识的达成及如何评估风险的作用将成为利润分割法应用的障碍，其中损失处理问题将成为未来的焦点。

6. 安全港标准和预约定价协议（APA），将在转让定价税收法律规制实践中受到青睐并得到推崇。

7. 通过主文件、本地文件和国别报告增强转让定价的透明度将逐渐达成共识，但如何组织实施，还会出现较多障碍和困难。

8. 美国对 BEPS 项目的立场仍然会产生全球性影响，并体现在 2020 年 OECD 的相关工作中。

9. 开发协助发展中国家应用公平交易原则的有用工具，解决可比性中最有效地利用现有资料的问题变得十分迫切。

4.4.2 中国转让定价法律规制的发展趋势

对于转让定价的法律规制，中国将以 BEPS 相关措施而形成的工作成果为参考，逐步完善和健全转让定价法律规制体系。对于在中国设立的跨国公司而言，深入评估企业现有的全球转让定价安排和全球价值链相关的中国业务是否合理，并进而确定是否需要进行调整，以符合更为严格的转让定价新要求已刻不容缓。我们认为，中国转让定价法律规制未来的发展趋势将体现在以下几个方面。

1. 通过参与《OECD 税收协定范本》《OECD 转让定价指南》《UN 税收协定范本》及联合国《发展中国家转让定价使用手册》的相关修订工作，推广中国在转让定价法律规制方面的税收实践经验、研究成果，增强中国在国际税收领域的影响力和话语权。

2. 将结合中国转让定价税收实践，参与、应对、落实 BEPS 行动计划，着力推动跨境交易信息共享机制和跨境税源风险监管机制的构建。

3. 以服务"一带一路"建设为重点，落实《多边税收征管互助公约》，探索建立合作共赢的新型国际税收关系的路径；开展对发展中国家的税收知识培训和技术支持，向发展中国家提供税收领域的援助；加强对"走出去"企业转让定价的税收指引。

4. 无形资产的本地化价值贡献将受到重视。从中国近年来对无形资产转让定价调查的情况看，部分无形资产的价值明显被高估，而部分无形资产的本地化价值贡献则被跨国公司忽略，形成了对中国税基的大量侵蚀。未来将强调本地企业在无形资产开发、价值提升、维护、保护、利用和推广各个环节中的价值贡献，以及应当获取相应的利润回报或者费用补偿。

5. 市场溢价、成本节约和地域优势等观念将会在法律规制中强化，并不断完善。从中国目前转让定价的实践看，大部分案件尚未单独反映成本节约和市场溢价的利润贡献，税收与地域性特殊因素价值创造明显不相匹配。[①] 重点行业将首先受到关注。

6. 对于跨境重组交易的真实性、合理性，资产补偿的公平性，估值方法的选择，潜在利益的补偿，等等，都是中国税务机关面临的焦点和难题。将会强化独立核算原则的运用。

7. 在关联劳务交易中对于受益性测试将更加严格，将最大限度地避免跨国企业与总部之间利用关联服务费进行避税筹划。

8. 价值贡献分配法和资产评估法将会在实践中运用并进行推广。

9. 强调无形资产的价值创造，被许可的无形资产价值贬值情况，交易双方使用的资产执行的功能和承担的风险变化，以及受让方对无

---

① 中国国际税收课题研究组. 转让定价与企业价值创造税收问题研析 [J]. 国际税收，2016（09）.

形资产进行改良或更新等几种情形将被重点关注。

10. 申请预约定价安排将日趋活跃，纳税人将借助预约定价安排程序主动参与谈判，预约定价安排涉及的行业将会多元化。

表 4-3 转让定价激进型纳税规划案例索引

序号	案例标题	主要案由	信息来源
1	山东济宁市地税局市中分局首例反避税	低价房屋出租	2017-06-06：市中区地税分局
2	江苏镇江市句容地税局首例反避税	提供资金不计利息	2017-06-05：镇江市句容地税局
3	湖南省株洲市石峰区地税局反避税	转让不动产	2017-01-12：红网株洲
4	（广东）东莞一公司为关联公司承担3亿费用，被查补缴税款近亿元	巨额财务费用	2018-07-31：中国税务报
5	北京怀柔：两家企业一个老板拆借资金还要缴税？	拆借资金无偿使用	2017-10-24：中国税务报
6	广东省国家税务局查处广州顺发材料销售	低价销售	2010-11
7	浙江省衢州市国税局揭开外企大额付费秘密	大额付费	2017-05-16：中国税务报
8	（浙江省杭州市）低收高付：这样避税不行	低收研发服务费、高付特许权使用费	2016-12-09：中国税务报
9	海南三亚国税局通过关联申报和同期资料发现非居民企业间接股权转让行为入库企业所得税1600多万元	间接转让股权	2017-01-08：中国税务报
10	（湖北宜昌）猇亭国税：追踪价值链条拨开避税"迷雾"	限定销售价格	2016-11-18：宜昌国家税务局
11	西藏拉萨市国税局首例反避税案成功结案	利用国际避税地	2016-11-04：拉萨市国税局

序号	案例标题	主要案由	信息来源
12	山东省潍坊市：潍坊国税局查结一起通过避税港进行避税案件入库税款及利息1400多万	利用避税港：偿债能力、运营能力及增长能力与企业的盈利能力不相匹配	2016-08-29：中国税务报
13	辽宁沈阳国税运用价值链分析方法对"高"利润企业开展反避税调查补征税费1650余万元	低价交易：企业虽然90%产品外销，但内销产品价格却远高于外销产品。	2016-08-18：中国税务报
14	江苏省常州：1.2亿元利息去哪儿了？	无偿占用资金	2016-05-31：中国税务报
15	北京经济技术开发区：费用性质隔层"纸"税款相差千万元	境外服务费	2016-4-22：中国税务报
16	（新疆巴州）境内关联交易案例：建安房地产关联交易检查	合同、协议	2015-12：地税心语
17	浙江宁波：同期资料规范化分析 转让定价调查补税5000万	单一生产	2015-12-29：中国税务报
18	鞍山市：大额付汇露马脚，企业转移利润避税被补征税息1134万	大额付汇	2015-12-24：中国税务报
19	北京市国税局：境内关联交易特别纳税调整应有特殊规定		2015-12-15：中国税务报
20	乌鲁木齐高新区（新市区）：新疆首笔"资本弱化"特别纳税调整税款入库	资本弱化	2015-11-25：新疆维吾尔自治区国税局门户网站
21	山东威海乳山国税完成威海市首例日企反避税案件入库税费468万元		2015-12-07：威海网；威海日报
22	漳州国税局追回长亏不倒企业避税款5200万元	巨额亏损与收入持续增长的矛盾，企业功能风险定位及关联交易产品定价不合理	2015-03-27：中国税务报

续表

序号	案例标题	主要案由	信息来源
23	江苏省徐州市国税局稽查局："筹划"失当两关联企业补税500万元	增值税税负较低、所得税成本率异主营业务成本与主营业务收入配比相差较大	2015-03-25：中国税务报
24	山东青岛：根据异常征管信息青岛国税反避税调查追回税款上千万	盈利水平较低且起伏较大，存在人为控制利润、不合理列支成本费用	2016-06-29：中国税务报
25	山东青岛：捕捉媒体信息发现非居民企业间接转让股权行为	利用境外设立空壳公司间接转让股权	2014-03-13：中国税务报
26	山西晋城：全国最大单笔非居民间接转让股权税收入库	间接转让股权	2012-04-06：中国税务报
27	辽宁大连：一起典型的企业间通过低价关联交易逃税案！税企双方都应该看看	低价对外销售	2016-11-03：中国税务报
28	广州南沙：逆向测算查大案，反避不应忽视高利润企业	关联交易价格偏低	2014-07-23：中国税务报
29	四川成都：破获今年首起反避税案，企业补缴413万税费	刻意低价出租房屋	2016-11-10：四川在线
30	甘肃国税成功办结境外关联股权转让反避税案件	股权转让	2016-12-17：甘肃国税网
31	北京：反避税最大个案补缴税款10亿元	母公司对子公司向其提供的研发服务和技术支持服务，给予的报酬明显偏低	2013-05-17：人民日报
32	福建厦门：我国首次利用情报交换成功确认关联交易纳税调整	加工费	2009-12-09：中国税务报
33	深深圳市国税局查结巨额"转让定价"避税案	提供来料加工业务时，收取的加工劳务费明显偏低	2012-06-18：深圳市国家税务局
34	宝洁公司避税案例星巴克避税案例		http://www.doc88.com/p-5995644255846.html

序号	案例标题	主要案由	信息来源
35	浙江龙游县首例技术服务费和商标费"反避税"案结案 补缴企业所得税及利息共计715万元		2017-03-28：龙游县新闻网
36	山东菏泽：上市公司如此调节支出为哪般	利用关联企业随意调整费用列支	2017-12-08：中国税务报
37	武汉国地税互通信息查出大案	境外的贷款、还款事项转移到境内，并由境内子公司完成本息支付和代为收取的业务	2017-08-28：中国税务报
38	辽宁营口市国税局对A塑料加工企业进行反避税调查补缴税款及利息2087.25万元	内外有别的定价策略	2017-12-07：中国税务报
39	转让定价案诉讼澳税务局赢得重大胜利	巨额贷款利息扣除	2017-07-12：中国税务报
40	广东广州：转让定价之利润分割法经典案例	商标使用费	2011-12-22：广州国税
41	美国葛兰素史克公司转让定价案分析	无形资产	《涉外税务》2007年10期
42	云南国税多部门合作，千万元非居民税款入库	间接股权转让	2017-02：中国税务报
43	安徽国税局追征一笔非居民企业所得税	间接股权转让	2017-02-21：中国税务报
44	江西吉安国税局10余回合谈判破解股权转让避税迷局	避税地，间接股权转让	2017-03-17：中国税务报
45	2.16亿税款背后的艰难博弈——贵州省黔西南州跨国企业股权转让反避税案始末		2017-07-12：中国税务报
46	揭开"明星企业"股权贱卖真相		2017-08-29：中国税务报
47	揭开金融创新面纱	非居民企业股权转让	2017-11-07：中国税务报

续表

序号	案例标题	主要案由	信息来源
48	中国反避税第一大案—微软向中国补税 8.4 亿	无形资产转让定价，成本分摊协议，欧盟内部优惠等。	2014-11-26：新华网
49	避税太狠，星巴克等业界大腕被罚近 3400 万美元	无形资产转让定价，成本分摊协议、政府协议等	2015-10-22：法制晚报
50	恶意税收筹划的危害及防范研究——以苹果公司跨国避税为例		2017 年 04 期：天津商务职业学院学报
51	"美国微软公司避税案"的评析及启示		2015 年第 12 期：法学
52	中石油、中石化转让定价案例研究	购销活动"低进高出"	2013 年第 09 期：现代商业

5. 受控外国公司的纳税规划及其法律规制

对受控外国公司（Controlled Foreign Company，简称 CFC）进行法律规制，一直是各国及国际组织关注的重点之一，主要是为了防止本国母公司通过激进型纳税规划安排，将利润转移到没有实质经营活动的低税地或避税地的境外子公司，以及因境外子公司长期将利润累积在境外，不分配或少分配利润对母公司所在国造成的税基侵蚀。20 世纪 60 年代，美国率先确立了 CFC 制度，随后，大部分发达国家和部分发展中国家也相继引入了 CFC 制度。中国在 2008 年借鉴国际通行做法，通过《企业所得税法》引入了 CFC 规则。OECD 在 2015 年通过 BEPS 第三项行动计划，要求制定有效受控外国公司规则，旨在向 BEPS 行动计划的参与国提供对 CFC 进行法律规制的建议，向各国推荐制定 CFC 规则的最佳实践方法。

2015 年初，中国山东省滨州市地方税务局对境内一家利用 CFC 进行避税的企业实施了特别纳税调整，共查补企业所得税税款 5000 余万元，这是中国首例 CFC 反避税案。2017 年，江苏省苏州工业园区地税局通过某企业提交的对外投资受控企业信息报告，发现疑点和线索，经过跟踪调查，查实该企业在香港的子公司存在大额可分配利润未按规定申报缴纳税款。该局依法对其境外投资收益进行纳税调整，补缴企业所得税款 778.8 万元。这也是比较典型的母公司通过 CFC 滞留利润的反避税案件。

5.1 受控外国公司及其税制的界定

5.1.1 受控外国公司的定义

目前，税收理论界站在反避税的角度考量，比较一致地认为：CFC 是指在避税地设立的由本国居民直接或间接控制，并开展避税活动的外国公司。由于 CFC 的设立有的并不是为了避税，而是为了达到合理的商业目的，因此在税收实践中，对 CFC 的界定比较纠结，面临着两难选择：一是界定范围过大，会影响本国正常的国际贸易，影响跨国企业对本国投资；二是界定范围过小，又会造成税基的侵蚀，造成国家税收收入的流失。因此，各国出于对经济发展和税收收入的考量，对 CFC 的界定各有不同。但其核心还是对"受控"的界定，即居民股东对境外公司的控制程度。我们通过查阅美国、英国、日本、澳大利亚、新西兰、意大利、西班牙、法国、瑞典、巴西、波兰等国的相关税收文献，发现对"受控"的界定一般从四个维度进行考量。[1] 这也构成了 BEPS 报告建议的四种测试手段，即法律控制（Legal control）、经济控制（Economic control）、实际控制（De facto control）或基于报表合并的控制（Control based on consolidation）。以此判断母公司是否对某外国实体构成控制，构成了何种控制以及此时的控制程度是否达到了此外国实体被认定为 CFC 的标准。

1. 权利控制标准。世界各国 CFC 立法通常根据权利控制说理论来界定 CFC，即本国居民股东持有该公司 50% 以上的表决权等相关权利即可构成"控制"。这种"权利"或者基于外国公司资产所有权或投票权控制，或者按照应分配所得、清算财产价值所占比重来确定。美国、英国、日本和德国等采用权利控制标准对外国公司性质认定的做

---

① 朱炎生. 受控外国公司税制的国际比较 [J]. 税收研究资料，2007（07）.

法比较典型，例如美国是最早出台针对 CFC 法案的国家[①]，通过 CFC 法案，对美国股东利用在境外低税区设立 CFC 累积利润、延迟缴纳税收的激进型纳税规划行为进行规制。如果境外外国公司在纳税年度的任何时间段，各类有表决权的股票总额中 50% 以上的股份属美国股东所有，而且美国股东每人所持有的表决权股票在 10% 以上，则该公司被认定为 CFC。即使当年对利润未作分配，也应视同当年已分配利润，分别计入各股东的名下，缴纳所得税。不少国家在 CFC 立法时也借鉴了这类做法，不仅对共同居民股东的控制能力作出了限制性规定，而且对单一股东的控制能力也给出了参照标准。中国亦如此，在其《企业所得税法》中对受控标准认定时，从单一股东和共同股东的角度出发，以权利控制为标准来界定 CFC。[②]

2. 实质控制标准。在各国税收征管实践中，居民股东对外国公司达到控制的程度并非需要持有 50% 以上的股份或者表决权，鉴于此，有的国家规定了实质控制标准。即使居民股东的持股比例、表决权低于 50%，只要在实际运行中能够决定公司的运营、操作公司的管理，那么该公司就会被认定为 CFC。我们把这种认定标准，称为"实质控制标准"。实质控制标准其实是对权利控制标准的一种补充，目的是防止本国投资者利用关系人故意降低持股或表决权比例逃避 CFC 法律规制的情形。由于实质控制标准对税务稽查机关提出了较高的要求，需要其对每个通过 CFC 公司逃避税收嫌疑的投资者给予查清、认定，这无疑会降低工作效率，增加工作压力，因此，实践中该条标准很少被 CFC 立法采用。

3. 控股权集中标准。相较于权利控制标准，控股权集中标准是从外国公司控股股东的数量维度，来判定外国公司"受控"的程度。前

---

①美国《国内收入法典》（1962），"美国境外来源所得"的第 F 分节。
②《企业所得税法》第四十五条。

述权利控制标准和实质控制标准，都是将外国公司本国控股股东当作一个整体，并没有具体到单个的控股股东。而控股权集中标准关注到了单一个体控股股东，对单一股东外国公司的控制权作出限制性规定。一般而言，控股权集中标准被分为两类：第一类，单一居民股东集中控制 CFC 的股权。这一标准是将单一居民股东在外国公司中所占有的公司股份作为评判是否为 CFC 的依据。例如美国规定若单一居民 CFC 持股比例超过 10%，就被认定为纳税人。另外，在有的 CFC 立法中还用专门规定推定所有权标准作为补充。第二类，一定数量的股东控制 CFC 的股权。该标准不仅仅对个别股东控股权进行限制，而且对多个股东持股比例进行严格的规定。除此之外，CFC 税法中有时还特别规定同时单个股东必须满足最低持股比例要求。例如澳大利亚 CFC 法律规定，五个以下（含五个）股东持股比例超过 50%，若每个股东控股超过 1%，那么该公司就被认定为 CFC，就适用 CFC 规则进行征税。

4. 推定所有标准。推定所有，指的是虽然股东表面上与外国公司无实质的联系，而且也不存在利用其他公司控制该外国公司的情形，但是实际上，该外国公司的实际控制权掌握在股东关系密切的人手中。此时，该外国公司就会被认定为 CFC。如澳大利亚、新西兰的税法规定，如果其居民在某一外国公司拥有的股份达到 40%，且该外国公司没有任何第三方进行法律控制，则推定本国居民对该外国公司进行了实际控制，适用 CFC 法律规制。日本用"特别外国子公司"一词定义 CFC。[1]特别外国子公司既可以是单层子公司，也可以是多层控制的外国子公司，只要与本国母公司之间存在垂直联系的所有权关系，就可认定适用特别外国子公司的规则。

在实践中，多数 CFC 采用虚假登记或者转移资本的方法，逃避纳

---

[1]特别外国子公司：位于低税国的公司为日本国内公司和居民直接或者间接拥有 50% 以上发行股票。

税义务。为了弥补 CFC 规则的漏洞，减少税收流失，美国率先实行了推定所有标准，在这种标准下，即使 CFC 股份不被控股人本身占有，而仅仅为他紧密的"关系人"所占有，该公司也会被推定为 CFC，适用 CFC 规则。推定所有标准为各国 CFC 规则的候选规则，在实践中得到大多数国家的借鉴和支持，在 CFC 立法上有非常重要的意义。

中国在《企业所得税法》（2008）中引入了 CFC 规则，通过《特别纳税调整实施办法（试行）》（2009）第七十六条对其进行了定义。从定义可以看出：控制主体是居民企业或者中国居民股东，控制对象是设立在实际税负低于 12.5% 的国家和地区，并非出于合理经营需要对利润不作分配或减少分配的外国企业。控制的方式是在股份、资金、经营、购销等方面构成实质控制。控制程度是在纳税年度任何一天，单层直接或多层间接单一持有外国企业 10% 以上表决权股份。

综上所述，各国对 CFC 进行界定时一般包括四个要素：一是控制的主体，为本国的居民或者居民企业；二是控制的方式及程度——直接持股和间接持股的比例；三是 CFC 是否处于低税国家；四是其收入的性质，是否出于逃避税收而未做分配。也就是说，CFC 具有三个明显的特征：首先，以逃避税收为目的；其次，CFC 多设立在本国以外，税负较低的地方；最后，该公司由本国居民直接或间接控制。这三个特征互为表里，相互依存，是判断 CFC 的重要依据。

我们认为，随着国际贸易的发展，通过 CFC 的激进型纳税规划已从将利润截留于国外的主要形式，向通过 CFC 进行无形资产交易、关联交易、滥用税收协定、间接转让股权、掩饰特许权使用费等激进型纳税规划蔓延。因此，应扩大 CFC 的界定范围，扩充 CFC 反避税的规制内容，加强对 CFC 的税收监管。因此，CFC 的界定，应包含以下三个要素：

（1）CFC 的实际控制者是本国的居民企业（或居民）。

（2）CFC 不在本国税收管辖权之内，税务机关难以取得其税收情报。

（3）CFC 的设立不具有合理商业目的，其最终目的是逃避税收、转移利润。

只要同时具备以上三个方面的要素，就构成了 CFC。

5.1.2 CFC 税制

CFC 税制也称为 CFC 规则，是指国家为了防止本国居民、企业利用 CFC 逃税、避税而制定的法律法规。其主要内容包括：CFC 的界定、纳税主体的认定和征税对象的认定。这三部分居于首位，是各国制定 CFC 税制时首先要考虑的。除此之外，还包括对避税地（低税地区）的认定以及相应的豁免条款。1962 年，第一个受控外国企业规则在美国颁布，随后各国在借鉴美国 CFC 立法的基础上制定了自己的 CFC 税制。BEPS 第三项行动计划阐释了 CFC 规则的要素，对 CFC 的定义、CFC 规则的豁免及门槛要求、收入的定义及计算和归属、防止和消除双重征税重新设计等进行了系统的阐释，为有效应对税基侵蚀和利润转移，保护居民国税收利益的 CFC 税制的制定提供了指导意见。

5.2 受控外国公司典型的激进型纳税规划行为

利用 CFC 进行激进型纳税规划呈现复杂化、多样化的特点。在激进型纳税规划中，CFC 往往只起管道作用。我们根据收集的案例资料，将受控外国公司的激进型纳税规划归纳为以下几种典型行为。

5.2.1 改变公司组织架构逃避税收

在跨国公司中，在不同的国家设立不同职能的受控子公司和常设机构，不仅有利于降低企业的运营成本，更有利于纳税规划。从传统意义的直接利用导管公司转移利润逃避税收，到"双层爱尔兰汉堡"

和"爱尔兰荷兰三明治"模式，都属于利用改变公司组织架构的激进型纳税规划行为。

典型案例一：A 公司是一家科技密集型集团的母公司，在中国境内设立，属于中国的居民企业，主要收入由众多的知识产权收入构成。A 公司在爱尔兰设立了 B 公司和 C 公司，B 公司是处理实体业务的实体公司，C 公司则是实现转账需要的空壳公司。其中，C 公司又注册为跨国公司，对外宣称其管理机构的实际所在地设立在百慕大群岛。在这两个子公司的关系上，B 公司是 C 公司所控制的子公司。根据爱尔兰的税收法律，C 公司在爱尔兰不需要缴纳企业所得税（爱尔兰的企业所得税税率为 12.5%，中国的企业所得税税率为 25%）。A 公司通过成本分摊协议，将其知识产权在中国本土以外的租赁权以较低的税率转让给 C 公司，通过该项交易安排，A 公司在高税率的中国地区的知识产权收入减少，而知识产权的开发成本却在中国当期应缴纳所得税中作为成本费用扣除。另外，位于爱尔兰的实体子公司 B 公司在销售 A 公司的产品后，向 C 公司缴纳高额的特许权使用费，剩余少量销售收入向爱尔兰缴纳企业所得税。这样，销售收入的绝大部分实现了从低税地爱尔兰向税收真空地带百慕大群岛的转移。其基本筹划框架如图 5-1 所示：

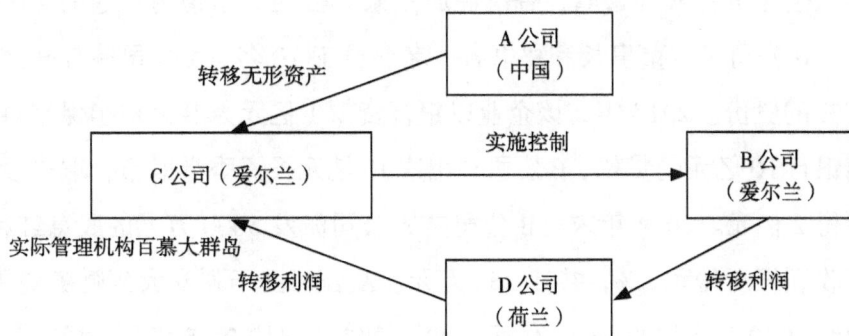

图 5-1　改变组织构架筹划基本路线图

需要指出的是，基于爱尔兰的税收法规，C 公司并不能直接向百慕大群岛转移利润，B 公司向 C 公司缴纳的特许权使用费收入必须在缴纳预提税后才可汇至百慕大群岛。因此，A 公司又利用了爱尔兰与欧盟国家间的税收协定，即爱尔兰向位于欧盟国家的子公司转移收入可以免税的规定，将收入汇往设立于荷兰的 D 公司。根据荷兰的法律规定，汇往国外的收入免于征收预提税，故通过 D 公司的中转，就实现了销售收入向"避税天堂"百慕大群岛的转移。这种纳税规划就是著名的"双层爱尔兰汉堡"和"爱尔兰荷兰三明治"模式，为苹果公司、谷歌公司和微软公司等电子科技企业所利用。仅谷歌公司一家在2009 年，就通过上述模式转移了 46.3 亿美元的利润。

5.2.2 滥用税收协定转移利润

滥用税收协定是非缔约国的居民企业为了获取缔约国之间的税收优惠而有意在缔约国设立公司的纳税规划行为。《OECD 税收协定范本》和《UN 税收协定范本》，都对该种做法持否定态度。由于中国与不同国家签订的双边税收协定优惠不尽相同，给企业利用税收协定获得税收优惠提供了运作的空间。

典型案例二：A 公司是一家总部位于中国境内的跨国企业，2013年该企业负责人的亲属在香港注册一家 B 公司，申请为香港的居民企业，B 公司仅有董事长和秘书各一名，员工 10 名。A 公司持有 B 公司25% 的股份。2014 年，该企业以银行贷款 1 亿元为 B 公司担保来自外国银行 10 亿元的贷款，B 公司利用这 10 亿元投资香港股市，取得投资所得 2 亿元。2014 年末，B 公司向 A 公司派发 5000 万元的股息红利，征收预提所得税 5%，共计 250 万元。A 公司由于列支大额财务费用，利润由 12 亿元降低为 11 亿元，共计缴纳所得税 2.75 亿元，成功享受了《内地和香港特别行政区关于对所得避免双重征税和防止偷漏税的安排》所认定的 5% 的税收优惠。其基本筹划框架如图 5-2 所示：

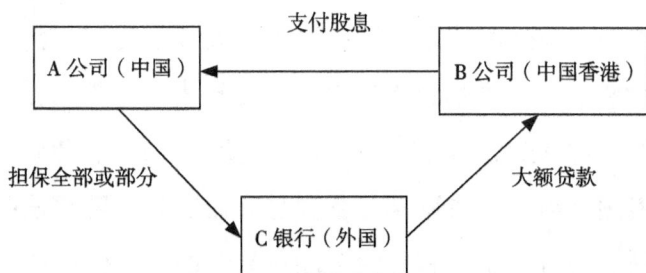

图 5-2 "内保外贷"筹划基本路线图

这就是典型的"内保外贷业务"模式。通过该模式，甲公司成功将税负从 3 亿元减少为 2.75 亿元。

中国当前与 110 个国家签订了双边税收协定，但针对不同的对象，给予的优惠政策不尽相同。不同国家之间税收协定的差异为跨国公司的纳税规划提供了操作机会。此外，中国与有关国家签订的税收协定时间跨度较长，尤其是前期签订的税收协定条款对滥用税收协定等形式没有作出具体规定，这也为外国公司利用 CFC 进行避税提供了空间。

5.2.3 利用关联交易转移利润

利用关联交易转移利润进行激进型纳税规划是 CFC 最常用，也是最长久的渠道，并且在不同时期，呈现不同的典型形式。

典型案例三：A 公司是中国一家大型跨国轮胎生产企业。2009 年，A 公司在美国注册了一家轮胎加工企业 B 公司，B 公司为美国的居民企业，A 公司持有 B 公司 65% 的股份，对 B 公司形成控制。在 2011 年，A 公司与 B 公司签订销售协议，B 公司向 A 公司购买价值达 1 亿元的轮胎产品。签订协议后，A 公司根据对人民币与美元汇率的判断，与 B

公司重新签订购销合同，采取锁定汇率的方式，锁定 2011 年末的汇率 6.83，作为以后年度结算的固定汇率。至 2013 年，美元兑换人民币的汇率跌至 6.05，A 公司利用该协议列支大额成本费用，共计转移利润 8000 万。此外，A 公司通过控制 B 公司变更支付条件，在供应价格不变的情况下，付款条件由之前的 T/T90 变更为 T/T30，此外还可对以前年度进行追溯调整，补收延期付款利息，而以后年度都按照新合同执行，导致利润的进一步转移。为了能达到目的，A 公司向税务机关申请 APA（预约定价安排）。

典型案例四：A 公司是一家投资公司，在中国香港注册成立，注册资本仅 10 万元。2003 年，该公司在中国深圳投资成立 B 子公司，专门从事物流运输，并置办大量仓储设施。经过多年运营，B 公司的经营业绩和前景良好。2014 年，A 公司的所有人在中国境外将处于香港的 A 公司和处于大陆的 B 公司以 2 亿元的价格转让给其新加坡境内的 C 公司。其筹划框架如图 5-3 所示：

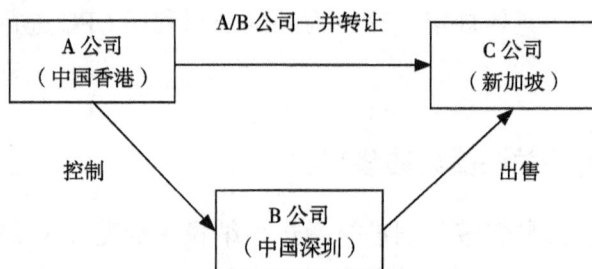

图 5-3 股权转让关联交易筹划基本路线图

对于是否征税，税务机关和 A 公司存在严重的分歧。税务机关认为，本案转让标的物为香港的 A 公司和大陆的 B 公司，转让价格基础是大陆 B 公司的市场价格估值。A 公司，认为税务机关无权向其征缴所得税，因为其身份是香港的居民企业，在香港经营长达 10 年，享受内地与香港签订的双边协议优惠。根据该优惠，A公司可申请在香港缴纳所得税，内地税务机关无权扣缴所得税。实际上，这种筹划是典型的激进型纳税规划。

典型案例五：A公司是一家中国生产汽车的居民企业。2012年，其在保加利亚建立一家专业进行汽车设计的B公司，B公司已经成功注册为保加利亚的居民企业。A公司于2012年陆续与B公司签订了8份汽车服务合同，要求B公司为甲公司的汽车提供设计服务，合同总金额共6642.7万元。（注：保加利亚的企业所得税税率为10%。）

税务机关认为，该合同所列金额，属于非居民企业的技术转让，应该认定为特许权使用费，应该征收预提所得税率。基于中国并未与保加利亚签订双边税收协定，应根据国家税务总局在官方网站上公布的按10%的预提所得税税率征收664.27万的预提所得。而A\B公司就此提出异议，认为该公司签订的协议属于技术服务合同，而技术服务合同依据劳务发生地原则不需在中国境内缴纳预提所得税。实际上，这种筹划也是典型的激进型纳税规划。

典型案例六：A公司于1999年在中国某省设立，股东为5个自然人，各持20%股权，注册资本6000万元，法人代表为胡某，企业所得税由地方税务部门管理。经省商务厅批准，A公司于2011年6月在香港设立全资子公司B，B公司的董事会成员全部为A公司指派。之后，B公司在香港全资注册成立了C公司，C公司的主营业务为股权投资。D公司、E公司、F公司是位于该省某市的三家外商投资企业，由C公司持有90%的股权，A公司持有10%的股权。A公司股权架构如图5-4所示：

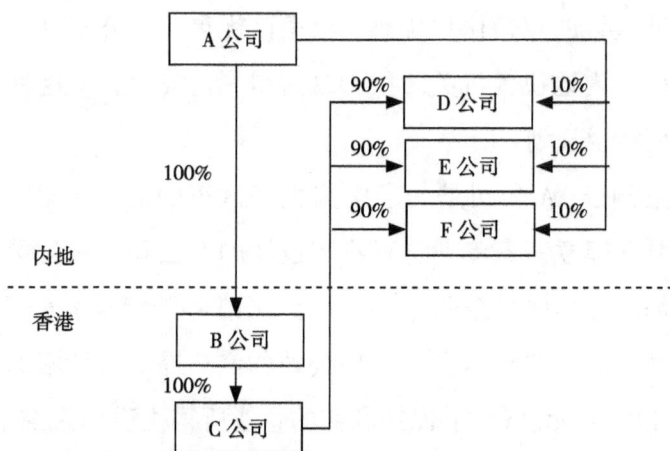

图 5-4　A 公司筹划前股权结构简图

2011 年，B 公司与荷兰 G 公司签订股权转让协议，将其持有的 C 公司 100% 的股权作价 4.5 亿元转让给 G 公司。股权转让交易完成后，G 公司通过 C 公司实际获得了中国境内 D、E、F 三家公司 90% 的股权。B 公司获取了约 3 亿元的股权转让净收益。转让后，A 公司股权架构与交易结构如图 5-5 所示：

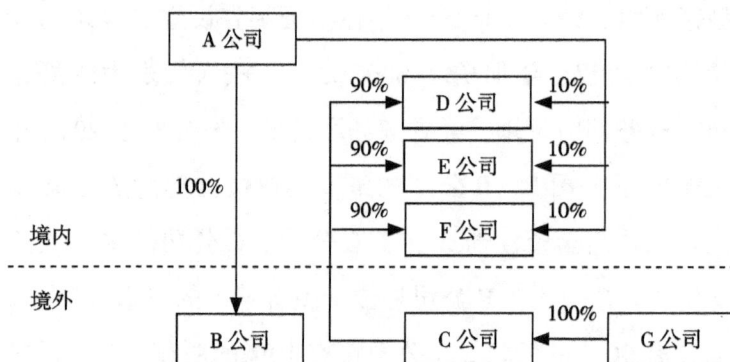

图 5-5　A 公司股权转让筹划实施后股权结构简图

B 公司成立后一直未向 A 公司分配利润，2012 年 B 公司针对"符合条件的居民企业之间的股息、红利等权益性投资收益在中国属于免税收入"的有关条款，拟将转让 C 公司股权的净收益向 A 公司分配利润。B 公司为了通过享受免税优惠，达到避税目的，委托 A 公司依据中国税法的有关规定向所在地税务机关提起居民身份认定申请，要求认定 B 公司为中国居民企业。最终因 A 公司与 B 公司提供的材料无法证明 B 公司的实际管理机构在中国境内，未获得批准。因此，B 公司随即暂停了对 A 公司的利润分配计划。税务机关认为，A 公司对 B 公司、C 公司形成了实际控制，A 公司利用 B、C 受控子公司转让中国境内居民企业，应适用 CFC 规则对其进行特别纳税调整，将 B 公司该转让收益视同对 A 公司分配，追缴 B 公司就转让收益所得税。A 公司认为，虽公司对 B 公司、C 公司存在控制，但设立两家境外子公司的目的不是避税，两家公司在海外有合理的商业目的，受控外国企业规则对其不适用，B 公司无须就股权转让净收益对 A 公司进行分配。同时，B 公司、C 公司皆为境外公司，按照当地税法规定，无须就转让款缴纳所得税。所在地税务机关经过一年多的特别纳税调查后，认定 A 公司设立 B 公司、C 公司非出于合理商业目的，按照 CFC 规制对 A 公司进行特别纳税调整，补缴预提所得税税款 3000 万元。

典型案例七：2004 年 8 月，中国某市舜华真空涂装有限公司和该市舜华铝塑品有限公司（以下合称"中方股东"）与西班牙一家阿克希龙金属有限公司（以下简称"外方股东"）合资成立了阿克希龙舜华铝塑业有限公司（以下简称"合资公司"）。其中，中方股东持有合资公司 40% 的股权，外方股东持有合资公司 60% 的股权。自合资公司成立以来，外方股东两次通过转让上层公司股权的方式进而间接转让了其所持有的合资公司 60% 的股权，具体的情况如下：

① 在合资公司成立时，瑞士哈瓦那工业金融股权公司（"哈瓦那公司"）控股东北集团（法国上市公司），东北集团 100% 持有 ILEOS-SA（"ILEOS公司"），哈瓦那公司通过东北集团间接持有合资公司 60%

的股权（详见下图5-6）。

②2007年10月，哈瓦那公司将东北集团的控股权转让给了一家基金公司（21CP），21CP通过维瓦尔第金融公司（"维瓦尔第公司"）、RAVEL金融公司（"RAVEL公司"）100%持有东北集团股权，进而间接持有合资公司60%的股权（详见下图5-6）。2007年12月，东北集团退市，成为封闭的金融持股公司。

③2011年11月，橡树基金新设ILEOS控股公司，并通过其100%持有维瓦尔第公司股权，进而100%持有东北集团股权，最终间接持有合资公司60%的股权（详见图5-6）。

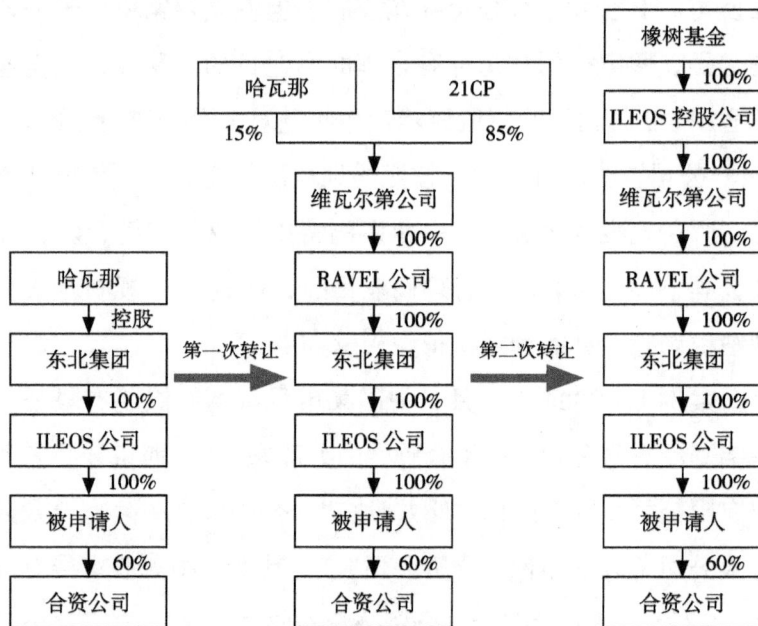

图5-6：哈瓦那公司股权转让筹划简图

该案例的焦点在于外方股东通过上述方式取得的转让所得是否应在中国缴纳企业所得税。外方股东认为，东北集团、ILOES等中间层控股公司皆有实质性经营活动，具有经济实质，有合理商业目的，不是出于税务特殊安排设立。税务机关认为，外方股东是通过转让上层公司股权的方式转让境内居民企业股权，利用法国股权转让资本所得的95%免税规定规避了纳税义务，应根据《国家税务总局关于非居民企业间接转让财产企业所得税若干问题的公告》的相关规定，对上述两次转让股权的行为确认为直接转让中国居民企业股权行为，依规进行特别纳税调整，就股权转让所得缴纳相应的税款。

5.3 受控外国公司激进型纳税规划的法律规制

目前，对于利用CFC进行激进型纳税规划行为的法律规制主要包括主体规制、客体规制和地域规制三种形式。

5.3.1 受控外国公司主体规制

主体规制，即从CFC的组织架构上以法律形式对CFC进行定义。目前，虽然控制的形式多种多样，但是从控制的本质来看，主要有法律控制和事实控制两种。

1. 法律控制。法律控制，主要体现在股东对于公司所有权的控制程度。这里的所有权不仅涵盖股东所拥有的股权和表决权，还包括对公司资产价值的占有程度。虽然股东可以通过转移表决权或者股权淡化控制程度，但通过拥有公司资产价值，仍可以对公司实施控制。因此，大多数国家将价值标准引入CFC规则，将其作为判定"控制"的一个重要标准进行应用。需要补充说明的是，这里所指的"价值"，不仅包括股权的价值，还包括可分配所得的价值及享有清算财产的价值。[1] 因而，控制标准包括：

（1）直接控制标准。直接控制，是最为简洁的一种控制方式，即

---

①Renata Fontana. The uncertain future of CFC regimes in the memberstates of the European Union [J]. *European Taxation*，2006（05）：260．

本国的居民股东拥有外国公司一定比例的股权、资产或表决权，从而对该外国公司实现控制。这里的"一定比例"，各国规定不一致，如对于单个股东来说，美国、德国等为50%及以上，新西兰、澳大利亚等国为40%，英国仅为25%。

（2）最低所有标准。最低所有标准，是对法律控制的一个补充性规定，是对股权集中程度的细化和明确，有利于保护外国公司股东的合法权益。如美国规定为10%，日本规定为5%，德国为1%。

（3）间接控制标准。在纳税规划中，居民股东对CFC控制构架安排时，往往通过在控制架构中安排一层乃至多层实体，调控控制比例，规避CFC规则，达到避税目的。间接控制标准就是为了规制这种避税安排。如中国在CFC规则中规定，中国居民股东多层间接持有股份按各层持股比例相乘计算，中间层持有股份超过50%的，按100%计算。[①]间接控股限于上市公司对二级子公司的持股，间接持股比例按各层持股比例相乘计算，上市公司对一级子公司持股比例超过50%的，按100%计算。[②]

（4）持股时间。在国际税收实践中，在一个纳税年度内，CFC的控制权可能会在不同股东之间转移，为避免CFC利用时间差进行激进型纳税规划，特引入持股时间的判定。例如法国适用CFC规则的前提条件是法国的居民股东一个纳税年度内持有达到法规认定比例的股份达到或超过183天以上。

2. 事实上的控制。事实上的控制规则主要适用于两种情形：一是居民企业通过代理人间接持有达到控制数量的股份。二是CFC的大股东将表决权转移，从而实现表面上对公司不进行控制。在CFC法规中，可追加补充条款，明确出现上述情形时，仍可认定为CFC。美国

---

② 见《特别纳税调整实施办法（试行）》（国税发〔2009〕2号）。
② 见《关于股权激励有关个人所得税问题的通知》（国税函〔2009〕461号）。

属于采用这种标准的典型国家。

5.3.2 受控外国公司客体的规制

CFC 立法的目的主要是防止本国居民通过海外控制实体的构架安排进行避税活动。因此，CFC 规则的法律规制对象是直接或间接对外国公司实施控制的本国居民股东，并非是 CFC 本身。目前，大多数国家的 CFC 规则的适用对象是 CFC 获取的可归属于股东的"不洁所得"。不洁所得分为两类：消极所得和基地公司所得。

1. 消极所得。从各国立法来看，消极所得和积极营业所得是相对应的一组概念，它指的是利息、股息、租金、知识产权收益等所得。[①] 在对消极所得进行认定时，如何厘清积极营业所得和消极所得之间的界限十分困难，但十分重要。从减少对本国跨国公司正常经营活动的干扰和增强本国跨国公司在国际上竞争力的角度出发，对消极所得和积极营业所得，各国有不同的认识。一般来说，在认定是否属于积极营业所得上，法律通常规定该业务必须与 CFC 居住国存在一定程度的联系。如意大利 CFC 立法规定，如果能够证明 CFC 的所得来源于正当的生产经营活动，并且是针对当地居民开展的部分生产经营活动，则该部分生产经营所得不适用 CFC 规则。

2. 基地公司[②] 所得。基地公司所得是 CFC 规则中认为构成不洁所得的任何非消极所得，也就是不洁所得中扣除消极所得的剩余部分。这类所得的形成一般有转移收入进行避税的嫌疑。目前，各国对基地公司所得在认定标准上存在一定的差异，但是也有共同遵循的标准：一是 CFC 所得是否与其实际的生产经营能力相符合，如 CFC 在当地具

---

① 苏惠祥，车丕照. 中国涉外经济法律与实践 [M]. 吉林：吉林大学出版社，1993.

② 基地公司：将避税地作为基地，专门从事转移和积累与第三国营业或投资，并借此获得利润的公司。大部分基地公司在避税地不存在实质性的生产经营活动，仅仅用来充当资金的积累中心。

有足够的员工进行生产经营活动；二是 CFC 的所得来源地，是控股股东所在国，还是当地市场或者第三国；三是这些所得是否来源于与关联方的交易。CFC 客体的规制，是对 CFC 的收入、分配股息等方面进行的约束。由于各国会计政策存在的差异，从法律上对这方面的约束也存在着多样性。不过，现行主流的做法是对 CFC 参照事先设定的标准对 CFC 进行测试和要求 CFC 提供材料证明其商业行为及运营不具有避税的目的或者具有合理的商业目的。

对 CFC 的测试，主要是税务机关根据居民企业及 CFC 按规定提供的税收信息，推断其某项业务或者交易的发生将导致税收收入的减少时，依照法律程序对其业务和交易进行严格审查，明确其行为是否属于激进型纳税规划行为，从而依据本国法规对该项业务或交易进行调整行动。该方法的优点是税务机关掌握主动权，处于主导地位。居民企业及 CFC 为了规避适用 CFC 规则，主动依照法律程序向税务机关对合理的商业目的进行举证。缺点则是税务行政成本较高，需要耗费大量的时间和人力收集、分析和处理信息。采用该种方法较为典型的国家是意大利、英国。

5.3.3 受控外国公司地域规制

在对 CFC 进行认定时，除了上述主体和客体规制外，各国也往往会在 CFC 反避税法规中附加适用地域的约束标准，即低税率或者低税负国家和地区标准。在税收实践中，各国采用的地域约束规制措施不尽相同，大致可分为限定地区和非限定地区两种：限定地区一般是各国政府在法规中明确规定一些特定的国家和地区（通常为避税港）设立公司适用 CFC 规则；非限定地区则是 CFC 规则可在全球范围内适用，只要低于各国政府事先设定的税收阀值，税收机关就有权根据

CFC 法规对纳税额进行调整。① 对 CFC 的规制通常有以下几种方法：

1. 比较法。通过比较税率和所得额的形式对国家和地区进行认定。（1）比较税率。在法定税率之外，一部分国家和地区一般会采取各种各样的税收优惠以吸引境外投资者，从而使得实际税负低于法定税率。这种实际税率与法定税率的不同，往往会导致 CFC 规则在这些国家或地区被滥用。为此，一部分国家在 CFC 税制中以居民股东控制的外国公司所在地国家或地区的法定税率为基础，根据该 CFC 享受的税收优惠，结合所适用的税基，最终计算出一个实际税率。实际税率确认后，再将其与本国税率进行比较，确定该外国公司是否适用本国 CFC 规则。从各国的立法和实践来看，税率比较法又可以分为固定税率比较和相对税率比较两种方式：固定税率比较方式是在法规中明确设定一个固定的税率，只要 CFC 所在的国家或地区的税率低于该项标准，则可将该国家或地区作为 CFC 规制地域（避税地）。而相对税率方式是通过法规形式明确本国税率与其他国家税率的比值，低于该比值的国家或地区，将被认定为避税地，受 CFC 规则约束。此外，有些国家在具体规定上，为了保证比值的准确性，往往将税基的大小纳入比值的计算。（2）比较应纳税所得额。比较应纳税所得额是指根据本国的企业所得税法计算应纳税所得额和该项收入在来源国实际应缴纳的税额之间差异而确定的标准，以此作为税务机关进行纳税额调整的依据，这个标准通常为一个比值。法国和挪威的法规就规定 CFC 就其消极所得缴纳的外国税收低于假定该外国公司为本国居民企业应当缴纳税收的 2/3 时，应适用 CFC 规则。②

2. 名单列举法。顾名思义，是指对 CFC 进行地域规制时列举一些

---

①汪珺. 避税港和恶性税收优惠制度识别质疑——浅析 OECD 关于恶性税收竞争的报告 [J]. 涉外税务，2000（11）.

②朱炎生. 受控外国公司税制的国际比较与借鉴 [J] 涉外税务，2008（03）。

国家和地区，作为适用 CFC 规则或者不适用 CFC 规则的辅助判定标准。目前，名单列举以"黑名单""灰名单""白名单"三种形式呈现。一般将低税率国家和著名的国际避税地列入"黑名单"，适用 CFC 规则；将双边、多边税收协定网络比较发达，且税率较低或者能够提供较为优惠税收政策的国家和地区列入"灰名单"，作为税务机关的关注对象；将高税率国家和税收法规较为完善的高税率国家列入"白名单"，不适用 CFC 规则。列举法的优点在于它能使税务机关准确地将规则适用于那些利用 CFC 进行激进型纳税规划的主体，并且能节省税务机关的在征税过程中的行政成本。但是名单列举法的局限性也很明显：一是世界各国的税收法规和政策都处在不断变动中，列举的名单具有滞后性或不完全性，给激进型纳税规划提供了时空。二是有些国家出于吸引外国投资，实施经济战略考虑，给予隐藏的税收优惠，列举的名单会导致争议，甚至导致经济、政治摩擦。三是即使在"白名单"上的国家也可能提供某些行业一定的税收优惠，如果纳税人利用此类优惠在该国设立公司，就能逃避 CFC 法律的规制。不过，名单列举法目前在国际税收实践中争议较大，通常作为 CFC 的辅助判断手段。

5.4 中国对受控外国公司的法律规制

5.4.1 中国受控外国公司的发展状况

中国的 CFC 起步较晚，但发展迅猛。在注册方式、并购手法、控制方式、组织架构等方面基本上没有创新，大多是借鉴境外大型跨国公司的成熟作法。总体来看，中国企业设立的 CFC 是在避税地设立的离岸公司。因企业的性质不同，设立的目的有所不同，一是国有企业，主要是为了打破国际贸易壁垒的需要，如中国移动、中国电信、中国银行、国家电网、中国网通、中石油、中海油等大型国有企业。二是国际风险投资与私募基金公司，主要出于便于国际资本运作、获取税收优惠、逃避外汇管制等需要，包括弘毅投资、联想投资、IDG、高盛集团、摩根士丹利、华登国际、普凯等。三是民营企业，主要出于跨国投资、开拓国际市场以及纳税规划的需要，包括阿里巴巴、新浪、百度、网易、搜狐、盛大等。这类 CFC 一般具有以下典型特点：（1）公司的组织架构简单，一人股东，一人担任董事、股东和董事兼任法人等。（2）公司的章程修改较为宽松，设立和解散程序简单，股东可自由转让股份等。（3）公司的运营可以分为两类：一类是采取委托代理形式，包括委托代理人设立公司、上缴注册费和年费等；另一类是在境外设立业务子公司，业务子公司既开展实质性经营业务，也根据母公司的控制需要，实施纳税规划。

中国 CFC 的上述典型特点，致使其财务状况透明性差，运营信息难以掌握，客观上给中国税务机关监控跨国税源造成了障碍。

5.4.2 中国关于受控外国公司激进型纳税规划法律规制梳理

截至 2018 年 6 月，中国并没有专门的 CFC 反避税法规，对 CFC 的法律规制散见于国家税务总局的办法、函、公告之中，并且按不断修改完善进行演绎，呈现渐进性的特点：通过《企业所得税法》，引入了 CFC 概念。通过《企业所得税法实施条例》，对 CFC 涉及的重要概念进行了定义。随后，通过《特别纳税调整实施办法（试行）》，增加了 CFC 中"控制"的判定方法、豁免和门槛要求，并把多层持股纳入CFC 的规制范围。通过《国家税务总局关于加强非居民企业股权转让所得企业所得税管理的通知》，明确了对通过转让非居民企业股权规避纳税义务的处理办法。通过《国家税务总局关于非居民企业间接转让财产企业所得税若干问题的公告》，进一步完善了合理商业目的的若干具体判定方法。我们认为，中国已经形成了较为全面的 CFC 反避税法律框架。我们对这些法规进行了梳理，如下表：

表　中国有关受控外国公司法律规制汇总表

序号	法规名称	文号	备注
1	特别纳税调整实施办法（试行）	国税发〔2009〕2 号	部分条款失效
2	非居民企业所得税源泉扣缴管理暂行办法	国税发〔2009〕3 号	本法规自 2017 年 12 月 1 日起全文废止
3	关于进一步加强非居民税收管理工作的通知	国税发〔2009〕32 号	部分条款失效
4	关于下发协定股息税率情况一览表的通知	国税函〔2008〕112 号	
5	关于补充及更正协定股息税率情况一览表的通知	际便函〔2008〕35 号	
6	关于执行税收协定股息条款有关问题的通知	国税函〔2009〕81 号	
7	关于母子公司间提供服务支付费用有关企业所得税处理问题的通知	国税发〔2008〕86 号	
8	关于执行税收协定特许权使用费条款有关问题的通知	国税函〔2009〕507 号	
9	关于加强非居民企业股权转让所得企业所得税管理的通知	国税函〔2009〕698 号	本法规自 2017 年 12 月 1 日起全文废止
10	关于非居民企业间接转让财产企业所得税若干问题的公告	国家税务总局公告 2015 年第 7 号	部分条款失效
11	关于非居民企业股权转让适用特殊性税务处理有关问题的公告	国家税务总局公告 2013 年第 72 号	部分修改
12	关于企业混合性投资业务企业所得税处理问题的公告	国家税务总局公告 2013 年第 41 号	
13	国家税务总局关于印发《非居民享受税收协定待遇管理办法（试行）》的通	国税发〔2009〕124 号	本法规自 2015 年 11 月 1 日起全文废止

序号	法规名称	文号	备注
14	关于《非居民享受税收协定待遇管理办法（试行）》有关问题的补充通知	国税函〔2010〕290号	本法规自2015年11月1日起全文废止
15	关于税收协定有关条款执行问题的通知	国税函〔2010〕46号	
16	关于印发《外国企业常驻代表机构税收管理暂行办法》的通知	国税发〔2010〕18号	部分修改
17	关于如何理解和认定税收协定中"受益所有人"	国税函〔2009〕601号	本法规自2017年4月1日起全文废止
18	关于认定税收协定中"受益所有人"的公告	国家税务总局公告2012年第30号	本法规自2018年4月1日起全文废止
19	关于税收协定中财产收益条款有关问题的公告	国家税务总局公告2012年第59号	
20	一般反避税管理办法（试行）	2015年国家税务总局令第32号	
21	关于完善关联申报和同期资料管理有关事项的公告	国家税务总局公告2016年第42号	
22	国家税务总局关于完善预约定价安排管理有关事项的公告	国家税务总局公告2016年第64号	
23	关于发布《特别纳税调查调整及相互协商程序管理办法》的公告	国家税务总局公告2017年第6号	部分失效
24	关于非居民企业所得税源泉扣缴有关问题的公告	国家税务总局公告2017年第37号	
25	关于非居民企业股权转让适用特殊性税务处理有关问题的公告	国家税务总局公告2013年第72号	部分修改
26	关于印发《非居民企业间接转让财产企业所得税工作规程（试行）》的通知	税总发〔2015〕68号	
27	关于修改《非居民企业所得税核定征收管理办法》等文件的公告	国家税务总局公告2015年第22号	

序号	法规名称	文号	备注
28	关于发布《非居民纳税人享受税收协定待遇管理办法》的公告	国家税务总局公告2015年第60号	
29	关于修改按经费支出换算收入方式核定非居民企业应纳税所得额计算公式的公告	国家税务总局公告2016年第28号	
30	关于税收协定中"受益所有人"有关问题的公告	国家税务总局公告2018年第9号	

2008年实施的《企业所得税法》（主席令〔2007〕63号），首次提出CFC的核心概念，即"控制"和"不具有合理商业目的"概念，虽然未进行定义，但为反避税工作提供了新思路。2008年实施的《企业所得税法实施条例》（国务院令〔2007〕第512号）对"控制"和"不具有合理商业目的"进行了定义，增加了CFC税制的操作性。2008年还通过国税函〔2008〕112号、际便函〔2008〕35号、国税发〔2008〕86号对股息及提供服务支付费用的行为进行了具体规制。

2009年颁布并实施的《特别纳税调整实施办法（试行）》（国税发〔2009〕2号）[①]在其第八章"受控外国企业管理"中，通过第七十六至八十四条明确了CFC的概念和控制标准；区分了单层持有和多层持有股份的情形；明确了股权控制的时间标准、所得的归集和计算方法；增加了豁免条款，包括白名单豁免、积极所得豁免、年度利润总额低

[①] 该文件部分失效。（1）依据国家税务总局2016年第42号关于完善关联申报和同期资料管理有关事项的公告，本法规第二章、第三章、第七十四条和第八十九条自2016年1月1日起废止。（2）依据国家税务总局2016年第64号关于完善预约定价安排管理有关事项的公告，本法规第六章自2016年12月1日起全文废止。（3）依据国家税务总局2017年第6号关于发布《特别纳税调查调整及相互协商程序管理办法》的公告，本法规第四章、第五章、第十一章和第十二章自2017年5月1日起废止。（4）依据国家税务总局2018年第33号关于公布全文失效废止和部分条款失效废止的税收规范性文件目录的公告，本法规第一百一十一条废止。

豁免。通过第九十二条列举了不具有合理商业目的交易安排的类型；拓宽了 CFC 法律规制的操作面。而且中国对于 CFC 延迟收入规定比较严格，如果中国的居民企业股东在纳税年度的任何一天满足了控制的标准，只要存在事实上的股息分配，即需缴纳相应的税款。2009 年颁布的《非居民企业所得税源泉扣缴管理暂行办法》（国税发〔2009〕3 号），虽然目前已全文废止，但其涉及的内容通过《关于非居民企业所得税源泉扣缴有关问题的公告》（国家税务总局 2017 年第 37 号公告）进行了进一步的完善，对非居民企业税款申报、税款缴纳、应税所得额汇率换算、扣缴义务人的合同备案要求及扣缴税款清算等进行了规制。

2009 年通过《国家税务总局关于加强非居民企业股权转让所得企业所得税管理的通知》（国税函〔2009〕698 号）[①]，第一次对境外非居民企业转让中国居民企业股权进行规制，尽管存在许多不完善的地方，引发了一些争议，但对外国企业通过滥用组织形式等安排间接转让中国居民企业股权进行激进型纳税规划的行为起到了重要的遏制作用。2009 年通过国税函〔2009〕81 号、国税函〔2009〕507 号对执行税收协定中的股息条款、特许权使用费条款进行了更加明确具体的说明。通过国税发〔2009〕124 号[②]，对非居民企业享受税收协定待遇进行了规制，将纳税人自行享受税收协定优惠待遇改变为依申请享受协定待遇，这三个函对 CFC 滥用税收协定的激进型纳税规划行为规制作

---

① 全文废止。（1）依据国家税务总局 2013 年第 72 号关于非居民企业股权转让适用特殊性税务处理有关问题的公告，本法规第九条自 2013 年 12 月 11 日起废止。（2）依据国家税务总局 2015 年第 7 号关于非居民企业间接转让财产企业所得税若干问题的公告，本法规第五条、第六条有关内容自 2015 年 2 月 3 日起废止。（3）依据国家税务总局 2017 年第 37 号关于非居民企业所得税源泉扣缴有关问题的公告，本法规自 2017 年 12 月 1 日起全文废止。

② 全文废止。依据国家税务总局公告 2015 年第 60 号关于发布《非居民纳税人享受税收协定待遇管理办法》的公告，本法规自 2015 年 11 月 1 日起全文废止。

用十分明显。2009 年还通过国税函〔2009〕601 号[1]对理解和认定税收协定中的"受益人"进行了明确，虽然在执行过程中存在较多问题，但在规制 CFC 激进型纳税规划行为方面具有重要的推动作用。

2010 年通过《国家税务总局关于税收协定有关条款执行问题的通知》（国税函〔2010〕46 号）对国税函〔2009〕507 号执行过程中出现的问题有针对性地作出了补充规定。通过《关于〈非居民享受税收协定待遇管理办法（试行）〉有关问题的补充通知》（国税函〔2010〕290 号）[2]对国税发〔2009〕124 号执行中存在的问题有针对性地作出了补充规定。还通过《国家税务总局关于印发〈外国企业常驻代表机构税收管理暂行办法〉的通知》（国税发〔2010〕18 号）[3]对外国企业常驻代表机构的税收管理问题进行了进一步规范。

2011 年通过《关于非居民企业所得税管理若干问题的公告》（国家税务总局 2011 年第 24 号文件）[4]对征纳双方在执行非居民企业所得税有关政策和管理规定时，所涉及的到期应支付未支付所得、土地使用权转让所得、融资租和出租不动产租金所得、担保费收入、股息、红利等权益性投资收益扣缴所得税等问题进行了规范性解释，既简化了办税程序，又增强了对 CFC 适用规则的准确性，还解决了执行的确定

---

① 全文废止。依据国家税务总局 2018 年第 9 号关于税收协定中"受益所有人"有关问题的公告，本法规自 2017 年 4 月 1 日起全文废止。国家税务总局 2014 年第 24 号关于委托投资情况下认定受益所有人问题的公告做了补充。

② 全文废止。依据国家税务总局 2015 年第 60 号关于发布《非居民纳税人享受税收协定待遇管理办法》的公告，本法规自 2015 年 11 月 1 日起全文废止。

③ 依据国家税务总局 2016 年第 28 号关于修改按经费支出换算收入方式核定非居民企业应纳税所得额计算公式的公告，自 2016 年 5 月 1 日起本法规第七条第一项第一目规定的计算公式修改为：应纳税所得额 = 本期经费支出额 /（1- 核定利润率）× 核定利润率。

④ 部分条款失效。依据国家税务总局 2017 年第 37 号关于非居民企业所得税源泉扣缴有关问题的公告，本法规第五条和第六条自 2017 年 12 月 1 日起废止。依据国家税务总局 2015 年第 7 号关于非居民企业间接转让财产企业所得税若干问题的公告，本法规第六条第（三）、（四）、（五）项有关内容自 2015 年 2 月 3 日起废止。

性等问题。

2012 年通过《国家税务总局关于认定税收协定中"受益所有人"的公告》(国家税务总局公告 2012 年第 30 号)[①]对国税函〔2009〕601 号所涉及的"受益所有人"的条件和判定标准进行了进一步的明确,还通过《国家税务总局关于税收协定中财产收益条款有关问题的公告》(国家税务总局公告 2012 年第 59 号)对税收协定中财产收益条款的执行进行了规范和统一。这两项公告对遏制 CFC 滥用国际税收协定起到了重要作用。

2013 年通过《国家税务总局关于非居民企业股权转让适用特殊性税务处理有关问题的公告》(国家税务总局公告 2013 年第 72 号)[②],对非居民企业股权转让适用特殊性税务处理的有关问题进行了规范,包括特殊税务处理的主导方、备案资料及备案程序、不适用特殊税务处理的情形、未分配利润的税务处理等内容,既具有较强的可操作性,又减少了税务执法风险。

2015 年通过《国家税务总局关于非居民企业间接转让财产企业所得税若干问题的公告》(国家税务总局公告 2015 年第 7 号)对被转让方与境内居民企业的关系进行明确的界定,规定了"合理商业目的"认定办法以及具体情形。规定了 CFC 收入的税务处理顺序,针对合理商业目的制定了若干具体的判定方法,具有较强的操作性。2015 年还在实施的《一般反避税管理办法(试行)》(国家税务总局令 2014 年第 32 号)中,首次对避税行为进行了明晰的界定,区别于涉嫌逃避缴纳税款、逃避追缴欠税、骗税、抗税等税收行为。同时,将"实质重

---

① 全文废止。依据国家税务总局 2018 年第 9 号关于税收协定中"受益所有人"有关问题的公告,本法规自 2018 年 4 月 1 日起全文废止。

② 条款修改。依据国家税务总局 2015 年第 22 号关于修改《非居民企业所得税核定征收管理办法》等文件的公告,本法规第五条自 2015 年 6 月 1 日起修改。

于形式"原则引入对避税管理的审查中，迈开了打击跨国公司利用CFC进行激进型纳税规划重要的一步，赋予税务机关依据"实质重于形式"原则对相关交易进行认定以及调整的权力。此外，该管理办法还对转让定价、成本分摊、CFC和资本弱化做了规定，指出上述避税行为优先适用《特别纳税调整实施办法（试行）》，这对于实现避税管理的专业化具有非常重要的指导意义。并通过《国家税务总局关于印发非居民企业间接转让财产企业所得税工作规程（试行）的通知》（税总发〔2015〕68号），对税务机关内部控制制度进行了完善，进一步明确了各级税务机关在非居民企业间接转让财产企业所得税工作中的职责和操作流程。2015年还通过《国家税务总局关于修改〈非居民企业所得税核定征收管理办法〉等文件的公告》（国家税务总局公告2015年第22号）对企业实际管理机构的概念及其所在地的判定标准进行了进一步的规范，通过《国家税务总局关于发布〈非居民纳税人享受税收协定待遇管理办法〉的公告》（国家税务总局公告2015年第60号）对滥用税收协定等激进型纳税规划行为进行了进一步的规制，要求在取消非居民企业享受税收协定待遇事前审批的同时，税务机关要强化后续管理，防止CFC范滥用税收协定。

2017年，在吸收了BEPS行动计划部分成果的基础上，通过《特别纳税调查调整及相互协商程序管理办法》（国家税务总局公告2017年第6号）[①]，替代并完善了《特别纳税调整实施办法（试行）》（国税发〔2009〕2号文）第四章、第五章、第十一章和第十二章。《国家税务总局关于加强转让定价跟踪管理有关问题的通知》（国税函〔2009〕

[①] 依据国家税务总局2018年第33号关于公布全文失效废止和部分条款失效废止的税收规范性文件目录的公告，本法规第四十一条第二款废止。

188 号）、《国家税务总局关于强化跨境关联交易监控和调查的通知》（国税函〔2009〕363 号）、《国家税务总局关于特别纳税调整监控管理有关问题的公告》（国家税务总局公告 2014 年第 54 号）、《国家税务总局关于企业向境外关联方支付费用有关企业所得税问题的公告》（国家税务总局公告 2015 年第 16 号）的有关内容，对税务机关在转让定价调查中的关注点进行了进一步的明确，强化了对费用收取的规制，引入了收取费用合理性的监管规则，整合了有关无形资产的转让及管理的内容。2017 年还通过《国家税务总局关于非居民企业所得税源泉扣缴有关问题的公告》（国家税务总局公告〔2017〕37 号），对源泉扣缴的税收政策进行了相应的修改、补充和完善，并取消了合同备案、税款清算等不合理的制度安排，简化合并需报送的报表资料。

2018 年通过《国家税务总局关于税收协定中受益所有人有关问题的公告》（国家税务总局公告 2018 年第 9 号），在延续国税函〔2009〕601 号和国家税务总局 2012 年第 30 号公告部分规定的基础上，对其中部分规定进行了再次修订。既强化了"受益所有人"判定标准的刚性，又增强了享受税收协定待遇的确定性，并借鉴"税基侵蚀与利润转移"（BEPS）第六项行动计划——防止税收协定待遇的不当授予成果，对滥用协定风险较高的安排进行更加有效的防范。

从上述针对 CFC 法律规制的梳理，我们发现中国没有专门的 CFC 法律，对 CFC 的法律规制散见于国家税务总局的办法、函、公告之中，而且以公告居多，遵循反避税的现实需要，按照不断修改完善进行演绎。在上述法律、法规的规制中，尤其要注意以下法律、法规约束：一是居民企业和非居民企业的认定；二是非居民企业的源泉扣除规定；三是常设机构的认定；四是关联方的认定；五是 CFC 与母公司之间服务费的规定；六是针对 CFC 与其控制母公司联合研发费用分摊的规定；七是非居民企业间接转让财产的规定。

5.4.3 完善中国受控外国公司法律规制的建议

总体而言，中国已经制定了较为完善的 CFC 法律规制措施。包括：（1）对 CFC 认定的规制。采用了权利控制标准、实质控制标准、控股权集中标准等多种标准相结合的认定方式。（2）对纳税主体的规制。适用于个人、公司及其他纳税义务人，并且规定了最低持股标准。（3）对征税对象的规制。采用较为简洁的实体法，对 CFC 实体作整体判断，未通过低税率检验且不符合任何免除条款的所得，即消极所得应按照中国居民企业持股比例计入其当期所得。（4）对避税地的规制。采用"税率法"和"名单法"来确定避税地。目前列举的"白名单"国家[1]包括美国、阿根廷、布隆迪、喀麦隆、古巴、法国、日本、摩洛哥、巴基斯坦、赞比亚、科威特、孟加拉国、叙利亚、约旦、老挝等。（5）对豁免条款的规制。包括：①指定国家豁免。如果 CFC 设立在指定的非低税率国家（地区），即"白名单"国家或地区，则对该公司免于适用 CFC 规则。目前中国列举了包括美国、日本等在内的 12 个国家。[2]②真实营业豁免条款。若居民股东所控制的外国公司主要的收入是积极经营活动获得的，这部分收益便可以免于计入当期所得，不再适用中国税法。[3]③小额豁免条款。如果中国居民股东有证据证明其控制的外国公司年度利润总额低于 500 万元人民币，那么该部分收益

---

[1] 见《财政部、国家税务总局关于企业境外所得税收抵免有关问题的通知》（财税〔2009〕125 号）附件。

[2] 《国家税务总局关于简化判定中国居民股东控制外国企业所在国实际税负的通知》（国税函〔2009〕37 号）。

[3] 《特别纳税调整实施办法（试行）》（国税发〔2009〕2 号）。

就可以不被视为 CFC 征税对象，适用 CFC 规则[1]，并对 CFC 进行分门别类的专业化管理。

但是，随着中国"一带一路"倡议的实施，尤其是数字经济的兴起，国际贸易、国际资金流动等呈现出多样性、复杂性等特点，中国的 CFC 规制措施需要进一步完善。

1. 对纳税主体认定的完善。当前，中国的 CFC 规制措施在 CFC 纳税主体认定上，主要考虑的是 CFC 所处地区的实际税负、CFC 的延迟纳税利润的性质以及控制的方式等方面设定适用条件。我们认为，对于 CFC 纳税主体的认定，应在以下几方面予以完善：

（1）引入推定所有判定。目前 CFC 的控制，已不仅仅停留于对股权的持有，资金、经营和购销等层面上的法律控制，更应注重事实控制。推定所有判断包括对外国公司的控制人的商业关系和人际关系的全面考量，引入 CFC 的人际关系判定，即通过私人人际关系的关联设定，甄别表面上不相关的公司是否在实质上是一家公司对另一家实施控制。因为在事实上，CFC 通过恶意筹划、转移利润、逃避税收，已经逐渐由公司实体的利润转移向着 CFC 的持股人向母公司的持股人进行私人间利润转移的趋势发展，这样的利润转移隐蔽性更大。引入 CFC 人际关系的判定，将有助于税务机关打击该类避税行为。引入 CFC 的商业关系判定，即通过对公司间的商业活动，甄别表面上不相关的公司是否在实质上形成了一家公司对另一家公司实施控制。该类控制往往形成于商业活动中，处于同一产业链上的两家企业中一家企业对于另一家企业过度依赖，如专利技术、资金和生产原料的依赖等，从而形成了其中一家企业在实质上控制了另一家企业的局面，并据此转移利润，逃避税收。因此，通过引入 CFC 的商业关系判定，对

---

[1]《特别纳税调整实施办法（试行）》（国税发〔2009〕2号）。

公司进行关联性审查和合理商业目的的审查，可从源头认定企业间的控制关系。引入持股时间判定。中国的法律对于居民股东持有 CFC 股份的时间并没有明确的规定，这给执法过程造成了障碍。以法律条款的形式规定 CFC 持有股东的持股时间，有利于甄别 CFC 的真正受益人，强化对 CFC 的界定。因此，从长远出发，我们认为，中国的 CFC 反避税政策应加入持股时间的限定，参照国外 CFC 反避税法规持股时间的限定，制定符合中国国情的 CFC 持股时间。

（2）完善税收协定中"受益所有人"的界定。根据国家税务总局的官方统计，截至 2018 年 11 月，中国已与 110 个国家签署了双边或者多边税收协定，对于推动"一带一路"倡议的实施具有重要的意义。同时，由于税收协定的数量众多，税收优惠条件千差万别，对中国跨国税收征管工作提出了严峻挑战。居民企业通过利用 CFC 的非居民身份，享受双边税收优惠，造成中国税基的侵蚀，已是不争的事实。此外，在税收实践中，CFC 规制措施与双边税收协定的条款冲突问题也亟须解决。因此，中国的 CFC 规制措施应结合税收双边协定综合考量，明确规定：一旦非居民企业被认定为 CFC，将不得享受双边税收协定的优惠。其中，"受益所有人"是判定 CFC 是否能享有税收协定的一个重要标准。当前，中国在"受益所有人"的判定政策仍缺乏操作性，一个主要的原因是对于"受益所有人"是否具有经济实质的判定上缺乏明确的标准，需要税务机关办案人员进行主观上的判断，这增加了税务机关办案人员的工作难度。因此应建立完善的"受益所有人"评价体系，组建专门的"受益所有人"审查队伍，对申请公司的资料进行收集，并根据已有指标评价体系进行审查，从是否具有合理商业目的、公司组织架构、关联关系等多方面综合考量，以最终确定是否通过其申请。

（3）引入穿透原则。从CFC反避税案件中可以看出，跨国公司往往利用组织架构的变更，逃避诸如CFC的认定、居民企业身份的认定，从而逃避税收管辖权，甚至利用导管公司，将利润转移到国外。为有效应对此类避税案件，引入穿透原则对导管公司、中间层公司进行穿透，将对税务机关开展工作有重要的推动作用。

2.对避税地认定的完善。目前，国家税务总局仅列举了"白名单"，其实"黑名单"的列举也十分重要，它就是对避税地国家或地区的列举。尽管列举"黑名单"的做法可能产生负面影响，但将CFC设立地作为中国CFC避税主体的辅助界定，可以有效避免CFC改变公司架构、组织形式上逃避法律的认定。

3.对避税客体认定的完善。在对避税客体认定的完善方面，中国的CFC规制措施主要是通过不断出台补充文件进行完善，由于出台文件时间跨度过长、文件繁多，对于处理现实CFC反避税工作带来了诸多不便。此外，随着日新月异的国际贸易形式的发展，当前的CFC反避税政策已难以满足税收的需要，因此，我们建议从以下方面进行完善：（1）进行CFC反避税立法。从本章表5-1：中国有关受控外国公司法律规制汇总表可以看出，我国在规制CFC激进型纳税规划方面的法律、法规有30部之多，但尚未形成一部成体系的CFC反避税法规，这给税收工作带来了诸多不便之处。应将当前已经发布的文件进行系统的归纳整理，并结合新形势下的CFC反避税已有经验，出台一部成体系的CFC反避税法规文件。（2）完善无形资产价值征收所得税的规定。中国的无形资产价值认定存在着先天不足，这是"双层爱尔兰汉堡""爱尔兰荷兰三明治"模式可以成功实施的原因。应建立完善的无形资产价值评估体系，完善对无形资产征收所得税的规定。（3）完善间接转让股权征收所得税的规定。2015 年 3 月，中国发布了《关于非居民企业间接转让财产企业所得税若干问题的公告》，对中国的间接转让股权征收所得税的问题有了明确的规定。但是，我们认为，该公告中所规定的内容仍存在着疏漏之处，特别是非居民企业间接转让股权的行为中，对于所转让企业股权结构列举不够详尽，并未考虑持股企业稀释股权后的情形。因此，应对中国间接转让股权征收所得税的规定进一步完善。

6. 税收协定滥用的纳税规划及其法律规制

税收协定，是相关国家为协调有关税收问题冲突和摩擦而作的一种制度安排，也是各国优化营商环境的手段之一。中国的国际税收协定体系的建立大致经历了四个阶段：第一阶段是在改革开放之前。这一阶段主要是通过税收换文的形式解决特定的税收问题，曾先后与巴基斯坦、南斯拉夫、日本等150多个国家通过税收换文或海运、空运协定，解决海运或空运的税收互免问题。第二阶段是20世纪80年代初至90年代初。为适应中国改革开放的需要和国际经济的发展，我国先后与日本、美国及欧洲的部分发达国家签订了税收协定，对吸引外资、引进技术、维护中国的税收利益起到了重要的保障作用。第三阶段是20世纪90年代初至21世纪初。为了配合中国"走出去"战略的实施，为我国居民企业和个人提供税收上的法律援助，主要谈签对象由发达国家转向与发展中国家。第四阶段是20世纪初至今，这一时期主要是对20世纪80年代以来签署的税收协定进行修订或重谈，并有选择地签订新的税收协定。截至2018年11月，中国已与110个国家（或地区）签订了双边税收协定或税收安排，与25个国际组织和区域税收组织建立了合作关系，标志着中国的税收协定体系基本确立。

滥用税收协定，是指非缔约国居民利用国际税收协定的某些优惠条款，设法使自己的应税行为符合其有关规定，部分或全部享受税收协定提供的本不该由其享有的税收优惠待遇，是典型的激进型纳税规划行为。

有效防止滥用税收协定是税收理论与实践研究的重要课题之一，中国学者和实践工作者，如唐腾跃、刘剑文、张智勇等对其进行了大量的探索，尤其是梁若莲通过《税收协定解读与应用》（2012）对税收协定内涵和外延的逐一分析和案例举证，为我们研究税收协定的运用及洞察滥用税收协定提供了借鉴。

在进行理论探索的同时，税务机关也开展了税收实践，如新疆维吾尔自治区国家税务局（2008）、江苏省徐州市国家税务局（2010）、山东省牡丹区国税局（2010）、山东省威海市国税局（2010）、深圳市地税局（2011）、山东省国税局（2011）、福建省漳州市国税局（2011）、陕西省西安市地税局曲江分局（2013）、辽宁省锦州市国税局（2013）、湖南省湘潭市国税局（2013）、河北省秦皇岛市国税局（2014）、浙江省台州市国税局（2014）、青海省国税局（2015）、浙江省湖州市吴兴区国税局（2018）等税务管理机关都有成功防止滥用税收协定的案例。

但是，在中国，大多数税收协定没有列明防止税收协定滥用的专门条款，国内税收法规与税收协定对反避税规则的解释也不尽相同，缺乏防止税收协定滥用的明确指引等，还不足以有效应对滥用税收协定的反避税难题。

BEPS第六项行动计划对防止滥用税收协定设定了最低标准，并载入《实施税收协定相关措施以防止税基侵蚀和利润转移的多边公约》（以下简称《多边公约》）。我国于2017年6月8日签署了《多边公约》，意味着将承诺落实该条的最低标准。

6.1 税收协定的形成与发展

6.1.1 税收协定

税收协定有广义和狭义之分。狭义的税收协定又称国际税收协定、国际税收条约，是指两个或两个以上主权国家，为了协调彼此之间的税收关系和处理有关涉税事宜，通过谈判缔结的具有法律效力的书面协议。广义的税收协定，还包括主权国家与其特别行政（经济）区签署的税收安排，如 2006 年 8 月 21 日中国内地与香港特别行政区正式签署的《内地和香港特别行政区关于对所得避免双重征税和防止偷漏税的安排》等就属于广义税收协定的范畴。

税收协定通常通过具体条款的约定，解决缔约双方的七类涉税问题，达到三个目的。七类涉税问题：一是消除双重征税；二是稳定税收待遇；三是分享税收收入；四是合理归属利润；五是防止偷漏税；六是实行无差别待遇；七是建立有效的税收争端解决机制。三个目的：一是促进相关国家或地区的经济合作（资本、技术、人员）；二是改善相关国家或地区的营商环境，达成在划分管辖权、消除重复征税、消除歧视待遇等方面的税收法律协调；三是推动税收征管行政合作，提高税收遵从度（信息交换、征税协助、争端解决、防止偷漏税）。

6.1.2 税收协定的形成与发展

税收协定形成于 19 世纪末 20 世纪初，距今已有 100 多年的历史。纵观税收协定的演变，大致可划分为四个时期：

1. 国际税收协定的萌芽期。在 1843 年比利时和法国签订双边税收协定[①]之前，国际税收协定处于萌芽阶段。在这一时期，资本主义市场经济有了长足发展，国与国之间的人员和技术交流日趋频繁，所得的国际化开始显视，各国相继颁布所得税制。国与国之间的税收摩擦和冲突开始显现，国际税收问题也伴随而生。由于这一时期所得的国际化并不普遍，有关国家之间的税收利益矛盾和摩擦呈现个别的、偶然的特征，尚未达到十分尖锐的程度，因此并未引起各国政府的广泛

---

① 吴家俊. 国际税收协定溯源 [J]. 涉外税务，2009（05）.

关注。这一时期，国际税收的分配及其相关问题的处理，往往通过一国的国内法单方面进行调整。

2. 非规范化的税收协定阶段（19世纪40年代至20世纪60年代）。随着国际经济贸易活动的不断增多，跨国资本流动频繁，所得的国际化逐渐成为一种普遍现象。从一国国内法的角度看，单方面对跨国收入和费用分配及其他相关问题（主要是双重征税）进行权宜处理，已经不能适应国际经济发展的需要。在这一时期，有关国家针对国家间出现的双重征税问题，往往经过双边或多边谈判，共同签订书面的协议进行协调。这种签订双边国际税收协定的办法，虽然能基本解决相关国家之间的税收分配问题，并能较好地处理有关国家之间的财权利益关系，但由于该时期的税收协定都是根据两个国家之间的情况所签订的，在概念、定义、协定的内容、格式等方面都不尽相同，具有不兼容性，所以相对于后期所签订的税收协议来说显得很不规范。

3. 税收协定的规范化阶段（20世纪60年代至80年代）。20世纪60年代初到70年代末，经过专家、学者、实际工作者的艰苦努力，形成了两种对国家间签订国际税收协定具有指导意义并且被广泛接受的范本，即《OECD税收协定范本》（1977）和《UN税收协定范本》（1971）。尽管这两个范本对各国并没有任何法律约束力，但其不断的修订和完善，为国际税收活动提供了共同的规范和准则，基本上发挥了国际税收公约的作用，对协调国际税收关系起到了重要的指引作用。据2014年底的不完全统计，各国之间已签署的双边税收协定有3000多个。截至2018年11月，中国已正式签署了110个避免双重征税和防止偷逃税的税收协定，其中90多个协定生效。除此之外，中国内地还与香港、澳门两个特别行政区签署了税收安排，与中国台湾地区签署了税收协议。上述数据表明，各主权国家、地区间签订的税收协定已纵横交叉，构成了一个复杂的税收协定网络体系。

4. 税收协定一体化扩展阶段。国际税收一体化发端于 20 世纪 80 年代，是各国追求国际税收协调理想目标的结果，原欧洲经济共同体（EEC）对此作出了积极贡献。EEC 国家不断探索推行税收一体化的政策，通过取消工业品、农产品的内部关税，对外统一关税税率，连续发布有关增值税指令，协调各成员国的相关税收政策。欧盟成立后，继续推进成员国之间公司税税基的统一工作，通过增值税改革一揽子计划，加强成员国之间增值税管理的合作。2015 年，欧盟通过《欧盟国家的税制改革 2014》，对其 28 个成员国的税收政策进行了进一步的梳理和协调，有力地推动了国际税收的一体化。在国际税收一体化的推进过程中，国际组织的作用日益突出：2013 年，G8、G20 峰会聚焦国际避税问题；2014 年，APEC 峰会提出加大防止滥用税收协定的力度，健全国际税收管理体系的倡议；同年，在 G20 峰会上进一步强调加强全球税收合作，打击国际逃避税；2015 年，推出了 OECD 和 G20 成员国共同参与的研究成果，税基侵蚀和利润转移（BEPS）行动计划，强调提高税收透明度、确定性。国际组织通过固定化的会议、年会，对规范国际税收、打击国际逃（避）税逐步形成共识，对国际税收协定一体化的形成起到了推波助澜的作用。

6.2 滥用税收协定的纳税规划行为

6.2.1 滥用税收协定

国内外大多数学者把"treaty shopping"定义为"滥用税收协定"，所以对"treaty shopping"的研究则意味着是对"滥用税收协定"的研究。"treaty shopping"最早在美国 1971 年的离岸避税听证会中使用，但是该听证会并没有对该概念作出明确的说明。我们认为，把"treaty shopping"等同于"滥用税收协定"不够准确。"treaty shopping"在BEPS行动计划中意译为"协定滥用"。"OECD/G20的BEPS项目的第六项行动计划认为，协定滥用（treaty shopping），尤其是择协避税（treaty abuse）是产生税基侵蚀和利润转移问题的最重要原因之一。"[①]这里分别使用了"treaty shopping"和"treaty abuse"。我们认为，"treaty abuse"最符合滥用税收协定的概念，择协避税只是滥用税收协定的一种主要方式。

尽管滥用税收协定这一概念目前还不能统一，但这并不影响对滥用税收协定的关注和研究。就中国学者的研究成果来看，比较趋于一致的观点是：本无资格享受某一特定的税收协定优惠待遇的第三国居民，为获取该税收协定的优惠待遇，通过在协定的缔约国一方境内设立具有该国居民身份的传输公司（通常采取子公司形式），从而间接地享受了该税收协定提供的优惠待遇，减轻或避免了其跨国所得本应承担的纳税义务。[②]从本质上看，滥用税收协定是对税收协定所给予权利的一种无权或者过度使用；从法理上讲，权利的行使是有边界的，而对权利的滥用在本质上违背了权利本身的意图，理应予以规制。就税收实践而言，滥用税收协定行为具有三个基本特征：第一，滥用税收协定行为的主体是第三国居民，即非缔约方的跨国纳税人。第二，滥用税收协定的客体是税收协定给予的优惠。主要涉及股息、利息、特许权使用费等消极投资所得。第三，滥用税收协定的行为方式表现为通过筹划安排，不合法或不合理地使用税收协定。

6.2.2 滥用税收协定产生的原因

滥用税收协定究其产生的原因，我们可以从三个角度进行考察。

---

① 参见 BEPS 第六项行动计划。
② 廖益新.国际税法学［M］.北京：高等教育出版社，2008.

一是从税收负担角度来看。不论是何种税收，都是纳税人的经济负担，追求利润最大化是纳税人的根本动机。由于税收负担影响利润率，纳税意味着增加自身的成本负担。纳税人通过研究各国及各种税收制度间的差异，寻找规制的漏洞或缺陷，结合自身经济活动开展纳税规划活动，力求减轻税收负担，实现利润最大化，成为滥用税收协定的直接动力。

二是从税收协定的角度考察。税收协定具有维护国家权益、服务对外营商环境的重大意义。尽管税收协定的签订有《OECD 税收协定范本》和《UN 税收协定范本》作为范本或指引，但不同国家之间的税收协定具有差异性，一国与不同国家之间签订的税收协定也具有差异性，这种差异性为纳税人滥用税收协定提供并打开了空间。

三是从国家政府间的税收竞争进行考察。经济全球化的发展，国际经济竞争加剧，使得各国政府开始全方位地看待国际经济竞争问题，认识到综合国力的水平才是决定国家地位的根本因素，其中，吸引投资成为举足轻重的一部分。基于税收政策，尤其是税收优惠政策对于资本流动的导向作用，各国通过税收政策的设计，开展国际税收竞争，寻求把国家变得更适宜投资者投资的场所。也正是国家之间的税收竞争，使得国家间双边税收协定的差异无法避免。

目前，国际税收协定不再仅仅是为了消除重复征税、建立良好税收秩序，而成为各国对外税收竞争的一大工具。我们可以看到，不同国家之间不同时期订立的税收协定，大多存在种种差异，这种差异鼓励或助长了纳税人对税收协定的滥用。税收竞争带来的税收协定的差异性成为滥用税收协定的重要原因。而各国投资政策的自由化、便利化，以及投资壁垒的消除或减少，加剧了滥用税收协定行为的发生。

6.2.3 滥用税收协定的类型和基本方法

1. 滥用税收协定的类型。

滥用税收协定是激进型纳税规划的主要形式之一，关于滥用税收协定的类型，国内外学者进行了广泛的、有益的探索。如唐腾翔先生在其所著《国际税收协定通论》中把滥用税收协定分为设置直接的传输公司、设置踏脚石式的传输公司以及设置外国低股权的控股公司等三种类型。张智勇先生在其所著的《国际税法学》一书中，把滥用税收协定分为设立直接引导公司、设立进阶引导公司以及双边关系等三类，其中双边关系又分为同一国控股结构与五重结构。国内学者大多围绕上述分类展开研究。

BEPS 第六项行动计划除了对通过直接与间接设立导管公司滥用税收协定的行为予以分析外，还进一步分析了以下几种滥用形式：（1）降低股息预提税额的人为部分股息转移交易。（2）对不动产公司的股权交易征税规则的交易规避。（3）一个实体同时为两个缔约国国民的情况。（4）在居住国对设在第三国的常设机构不征税的情况下，常设机构设立的安排。（5）合同拆分。（6）劳务外包。（7）试图避免被定性为股息的交易等等。

2. 滥用税收协定的基本方法。

（1）设立导管公司（conduit company）。导管公司，也称为中介公司或传导性实体。顾名思义，设立这样一个公司的目的主要是将其作为一个"导管"工具，并通过该工具获得额外的利益。"跨国纳税人通常将导管公司设立在具有税收优惠（例如有广泛的税收协定网络、对流通所得提供优惠的征税方式等）的地点，以极大化其全球税后净利。""导管公司是指通常以逃避或减少税收、转移或累积利润等为目的而设立的公司。这类公司仅在所在国登记注册，以满足法律所要求的组织形式，而不从事制造、经销、管理等实质性经营活动。"① 现实生活中可能存在投资者的居民国与投资所在国之间未签订税收协定，或者税收协定中并没有就投资者所期望的项目类别约定优惠税率，在此种情况下，投资者往往会在第三国设立"中间公司"，该第三国与投资所在国和其居民国均缔结税收协定且约定了优惠税率，经由"中间公司"进行利益传输，此链条中的"中间公司"即为导管公司。由于纳税规划采取的模式不同，在理论上将导管公司分为直接导管公司和间接导管公司。

直接导管公司（direct conduit company），即母公司与其子公司之间的交易本不能享受税收协定优惠待遇，但为了享受税收协定优惠待遇，在母公司与子公司共同享有税收优惠的国家设立一家控股公司，并以此作为将子公司收入流向母公司的渠道。这个控股公司就是直接导管公司。其基本的运作模式如下图6-1所示：

假设 B 国与 R 国之间签订了税收协定，且规定 B 国居民来源于 R 国的所得享受优惠待遇。现 A 国与 R 国之间没有签订税收协定，或者所签订的税收协定提供的税收优惠较少，而 A 国与 B 国之间签订了税收协定，或者 A 国国内税法规定 A 国居民来自 B 国的所得享有税收优惠待遇。A 国居民 ACO 拥有 R 国 RCO 的大量股份，在这种情形下，A 国居民 ACO 就可以在 B 国建立一个由其控制100%股权的子公司 BCO，BCO 可就来源于 R 国的所得享受 B、R 两国税收协定提供的税收优惠，并且根据 A、B 两国的税收协定，或者 A 国的国内税法规定，在优惠条件下将其利润分配给 A 国的居民 ACO。由此，A 国居民就可以通过在 B 国的 BCO，减轻其来源于 R 国所得所承担的税收。显然，A 国居民 ACO 在 B 国设立子公司的主要目的，并非是在 B 国开展正常的商业

---

① 参见：《国家税务总局关于如何理解和认定税收协定中"受益所有人"的通知》（国税函〔2009〕601号），虽然该文目前已全文废止，但对理解导管公司仍有参考意义。

活动，而是利用 B、R 两国的税收协定提供的优惠待遇，传输其在 R 国从事商业活动所取得的利润。由于 A 国居民只要通过上述子公司的设立就可以一次性地转移其在 R 国的所得，所以这种中介公司便被形象地称为直接传导公司。

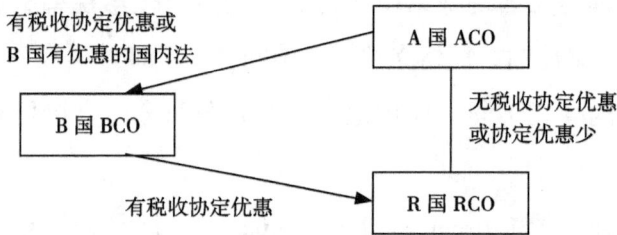

图 6-1　直接导管公司运作图（1）

典型案例一：A 国 ACO 居民公司作为 R 国居民 RCO 的股东，每年都会收到来源于 R 国 RCO 公司的巨额股息收入，但 A、R 两国尚未建立税收协定关系或是现有的协定优惠较少，而 R 国的股息预提税税率又高达 20%。ACO 公司通过研究发现，B、R 两国间订有税收协定，且规定 B 国居民来源于 R 国的股息所得的预提税税率为 5%，A、B 两国也签订了税收协定，且规定双方居民可以享受相同的预提税优惠，或是根据双方国内税法的规定也可以享受税收优惠。为此，A 国 ACO 公司又在 B 国组建了一家 BCO 公司。R 国 RCO 公司的股息可先支付给 B 国的 BCO 公司，而根据 B、R 两国协定，BCO 公司仅在 R 国负担 5% 的预提税。此后，再根据 A、B 两国税收协定（或其国内法优惠条件），BCO 公司再转付该所得给 A 国的 ACO 公司。通过 B 国 BCO 公司为中介，这笔股息收入的税务负担得以减轻。很显然，B 国 BCO 公司组建的真正动因并不是生产经营的实际需要，而是利用 A、B 两国和 B、R 两国的税收协定或国内税收优惠，迂回取得从 A 国本来得不到的税收利益。在这种情况下，B国BCO公司被视为滥用税收协定的导管公司。

典型案例二：A国的居民公司ACO从B国BCO公司收取股息、利息或特许权使用费。A国和B国的税收协定约定，在B国，ACO公司不需缴纳预提所得税或者虽有预提所得税，但可以享受优惠税率。与此同时，A公司被另一家位于第三方国家R的居民公司RCO全资持有，而RCO公司无法直接享受A国与B国之间的税收协定优惠待遇。事实上，A国ACO公司成立的目的是帮助R国RCO公司取得A与B国之间的税收协定待遇，并且RCO公司会事先将能够产生股息、利息或者特许权使用费的资产和权益转移至ACO公司。在这种情况下，R国的RCO公司被视为滥用税收协定的直接导管公司。如图6-2：

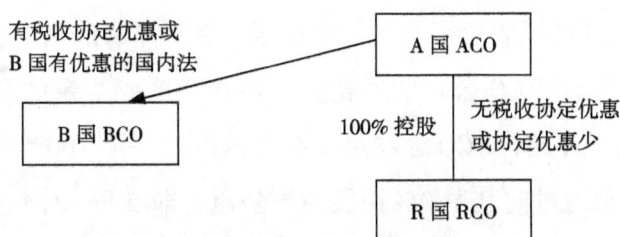

图6-2 直接导管公司运作图（2）

间接导管公司（stepping-stone conduit company），也称为进阶或踏脚石导管公司，其基本的设计与运作原理和上述直接导管公司相似，所不同的是间接导管公司的设立更加迂回、曲折，运作更加复杂和隐蔽。在税收实践中，跨国经营者通过直接导管公司实施针对税收协定的筹划方案，往往会遇到较多困难，这时需要通过在两个以上的国家设立导管公司，通过三方或三方以上的税收协定，甚至国内税法进行利益传输，这类导管公司我们称为间接导管公司。如图6-3所示：

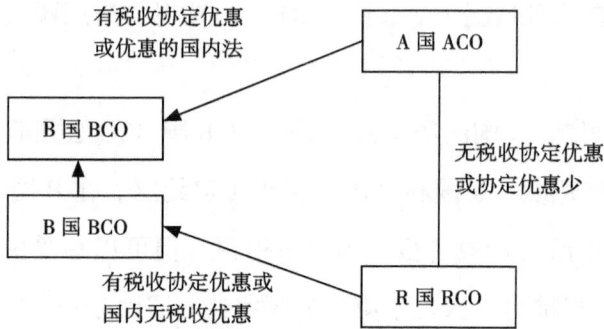

图 6-3 间接导管公司运作图

A 国与 R 国之间没有税收协定或是协定优惠很少，而 A 国与 T 国间签订有优惠的税收协定或是 A 国国内对本国居民来自于 T 国的所得有税收优惠。尽管 B 国国内税法没有明显优惠，但是 B 国居民向境外公司支付的某类费用可用在税前扣除，同时，来自于 R 国的所得可以根据 B、R 之间的税收协定享受优惠待遇。在这样的前提下，A 国 ACO 公司来自于 R 国 RCO 公司的所得，如何在最低成本条件下返回 A 国 ACO 公司呢？首先，ACO 公司可以在 T 国设立一个 100% 控股的 TCO 公司，此公司通过向其 100% 控股的子公司，即 B 国 BCO 公司提供服务来获得在 T 国的大部分利润。同时 BCO 公司对 RCO 公司投资，获取利润依据 B、R 两国的税收协定的约定，可以适用较低预提税税率或者免交预提税。通过这样一个过程，本质上是来源于 R 国 RCO 公司的收入便可以在最低成本负担的情况下，转移到 T 国 TCO 公司手中，再根据 A、T 两国的税收协定或是 A 国国内法对于来源于 T 国收入的优惠待遇，这笔所得最终以极低的成本代价返回给了 A 国 ACO 公司。与图 6-1 中的 B 国 BCO 公司相似，在间接导管公司的运作中，T 国 TCO 公司和 B 国 BCO 公司都是为了实现 A 国 ACO 公司避税的目标而设立的。这种构架犹如过河所需的踏脚石，帮助 ACO 公司获取最低成本的税后所得。

设立导管公司是滥用税收协定的基本手段，从上述分析可以看出，导管公司有四个基本特征：一是导管公司的所有人或受益所有人为导管公司所在国的居民；二是导管公司只是在当地注册，具备法律形式上的要求，并不从事实质性的商业活动，与其所在国没有或很少有真正的经济关系；三是导管公司在其所在国几乎没有税收负担或者实际税负很轻；四是导管公司的设立主要是被第三国居民用于规避股息、利息、特许权等所得的预提税。

（2）直接利用双边税收协定。这种滥用税收协定的方式与设立导管公司不同，不涉及第三国税收协定，只涉及对双边税收协定的筹划或安排。但由于协定一方居民为享受双边税收协定给予的优惠而进行恶意筹划安排，违背了一般商业惯例，因而也被视为滥用税收协定。在实践中，利用双边税收协定也有两种基本形式：同一国控股结构安排和五重控股结构安排。

同一国控股结构安排（the same country holding structure）。这种筹划安排在税收协定的税收优惠只给予某些特定少数参股股东的情形中较为常见。如在 A 国和 B 国的双边税收协定中，约定给予非控股股东的股息所得预提税税率优惠，同时 A 国国内法规定居民企业之间收取的股息可以享受税收减免。又如在 A 国和 B 国的双边税收协定中，约定缔约国一方居民向另一方居民支付股息、利息或特许权使用费，在满足必要条件的情况下，可享受协定优惠。如果这个条件为外国投资者的控股比例不得超过 25%，那么在这种情形下，为了享受税收优惠，非缔约国的居民公司便可以通过精心设计，对股权进行调控，设立低股权（小于 25%）的控股公司。如图 6-4：

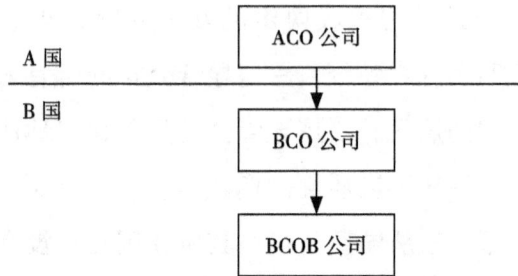

图 6-4 同一国控股结构安排结构图

图 6-4 中，A、B 两国间签订的税收协定规定，根据 B 国的国内税法，如果股息的收取者是同一国的另一公司，该股息就可以享受税收优惠。在这种情况下，A 国的 ACO 公司在其投资所在国 B 国设立了由其 100% 控股的 BCO 公司，同时又在 B 国设立 BCOB 公司进行最终的真正投资，并且由 BCO 公司持有 BCOB 公司少量的股份。那么，根据 A、B 两国的协定以及 B 国国内税法，A 国的 ACO 公司就可以获得其原本无法得到的税收优惠。

五重股权结构安排（the quintet structure）。其筹划和运作的思路与同一国控股结构安排基本相似，设立五重结构主要是针对有特殊规定的税收协定。如在缔约国一方居民企业向缔约国另一方居民企业支付股息、利息或特许使用权费时，外资控股的股权不得超过设定的比例才能获得税收优惠。例如 A 国和 B 国签署的双边协议中，规定 A 国居民企业向 B 国居民企业支付股息、利息或特许使用权费时，只要 B 国获得该收入的企业持有不超过 A 国某企业 25% 的股份，该收入可以享受较低预提税率。

假设 B 国的 BCO 公司持有 A 国 ACO 公司 100% 的股权，此时它不满足税收协定关于 25% 的股权限制，因而不能享有税收优惠。现 ACO 公司在 A 国分别设立了 5 个全资子公司，并安排该 5 个子公司共同持有 BCO 公司股权并保证每个公司持有 BCO 公司的股权不超过 25%，那

A 公司则能根据税收协定享受税收优惠。如图 6-5：

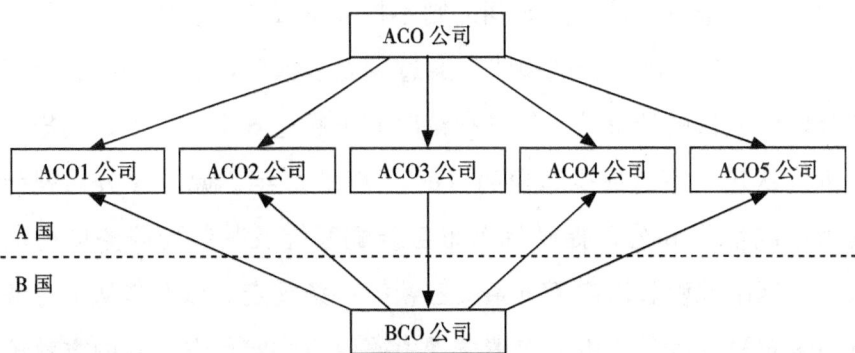

图 6-5　五重股权结构安排结构图

　　从上述滥用税收协定的基本筹划模式来看，其核心都在于搭建一层或多层可以享受税收优惠的中间组织构架，通过收入传导，最终达到应纳税者享受税收优惠的目的。

　　（3）利用税收协定中特殊类型常设机构的规制。在税收协定中，常设机构是判断收入来源国是否拥有优先征税权的限制条件。由于常设机构的固定性、持续性和经营性三个特征并不能涵盖所有外国企业参与来源国经济活动的情形，《UN 税收协定范本》和《OECD 税收协定范本》规定了三种特殊的常设机构类型，即工程型常设机构、劳务型常设机构和代理型常设机构。中国在签订有关税收协定时大多参照了《UN 税收协定范本》或《OECD 税收协定范本》。特殊常设机构条款往往被用于进行激进型纳税规划，主要包括：① 将时间上构成常设机构的合同进行拆分。② 劳务合同分包和改变劳务合同的性质。③ 委托人避免在高税率国家构成常设机构。其基本原理和例证如下：

　　将时间上构成常设机构的合同进行拆分，这种情况常发生在大型工程承包合同中。中国在对外谈签的税收协定中参考了《UN 税收协定范本》的有关规定，将工程型常设机构界定为：建筑工地，建筑、装配或安装工程，或者与其有关的监督管理活动，仅以连续 6 个月以上的为限，未达到该规定时间的则不构成常设机构。在工程承包合同中，往往采用 EPC[①] 合同模式，通过设立多家公司，将合同进行不具有合理商业目的的拆分，使其存续时间不超过 6 个月，以达到规避常设机构认定，不缴或少缴税的目的。如 2007 年，德国 A 公司就针对其为中国境内 B 公司提供汽车车身装配系统及其装配服务取得的收入，依据中德税收协定第五条第三款第一条规定，以在华从事劳务的时间未超过 6 个月为由，申请享受中德税收协定待遇，即中方就该笔收入免于征税。调查显示，A 公司确属德国居民纳税人，且在中国境内从事生产经营的活动确实没有超过 6 个月，该公司将其负责的整个工程分包给几家德国公司，共同进行装配系统的安装、调试、培训等工作，这几家公司分包工程的持续时间也不超过 6 个月，中国对其收入免于征税。但经进一步查明，A 公司发包给其他德国公司的工程均属于 A 公司与 B 公司签订的总合同内的项目，涉嫌滥用税收协定，因为其总包合同在一个纳税年度内累计超过了 6 个月。A 公司最终补缴税款 106.28 万元。

劳务合同分包和改变劳务合同的性质，这种情况大多利用的是对劳务型常设机构的判断。中国在对外谈签的税收协定中参考了《UN 税收协定范本》的有关规定，将劳务型常设机构一般定义为：缔约国一方企业通过雇员或其他人员，在缔约国另一方为同一个项目或相关联项目提供劳务，包括咨询劳务，以在任何 12 个月中连续或累计超过 6 个月[②] 为限的机构。为逃避税收，一些机构往往在时限上做文章：一

①EPC 合同即设计、采购、施工合同，是一种包括设计、设备采购、施工、安装和调试，直至竣工交付的总承包模式。

②关于时间的限定，中国和有关国家签订的税收协定，有按 183 天计算的，如中国与塔吉克斯坦；有按 12 个月计算的，如中国与毛里求斯等；有按 18 个月计算的，如中国与俄罗斯；还有按 24 个月计算的，如中国与阿联酋。对象不同，时间不同。

是在劳务合同签订时往往将同一劳务合同中的工程劳务与咨询劳务分包，将咨询劳务放在境外提供；二是将咨询劳务改为派遣劳务，规避常设机构的认定。如境外非居民 A 公司和中国境内 B 公司在中国境内兴办一家合资企业 C 公司。C 公司从境外 A 公司购买了一套生产设备，为保证该设备正常运行，A 公司需要派 10 名员工到 C 公司提供为期 1年的技术指导服务。正常情况下，A 公司应和 C 公司签订一份技术服务合同，服务期限为 1 年。这样，A 公司由于在境内提供了服务，就构成常设机构，需要就其所得在中国缴纳相关税款。但是，为了逃避这些，境外 A 公司和境内合资企业 C 签订了一份劳务派遣合同，派遣 10名员工到 C 公司担任技术员工，这些员工的工资由境外企业垫付，然后由境内 B 公司转付给境外 A 公司。这样，A 公司就规避了常设机构的认定，逃避了税款的缴纳。

委托人避免在高税率国家构成常设机构。这种情况大多利用对代理型常设机构的判断或利用母子公司之间的关系。常设机构的代理人通常是非独立代理人，独立代理人不应该判定为常设机构。独立代理人一般指专门从事代理业务而取得佣金收入的经纪人、中间商等，他们必须符合两个特征：一是在法律上和经济上是独立的；二是只按常规进行自身业务活动，不能代理谈判、签订合同等。相反，如果代理人不符合上述特征，则应被认定为非独立代理人，有权以企业名义签订合同并经常行使这种权力。子公司原则上是一个独立的法人，不能将其认定为母公司设立的常设机构。但是，如果母公司根据子公司的要求，派人员为子公司提供劳务，只要这些人员在子公司所在国停留的时间超过了停留时间标准（如 6 个月），则构成工程、活动类常设机构或者人员劳务类常设机构。为规避这类常设机构的认定，一些公司通常按以下思路进行纳税规划。如图 6-6：

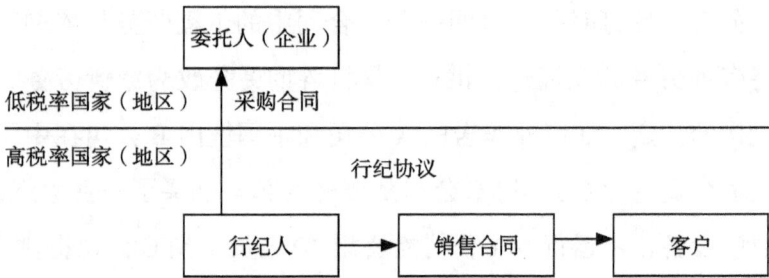

图 6-6 非独立代理人避税原理简图

在图 6-6 中，委托人（企业）大多位于低税率国家（地区），并从事制造业或分销商品业务，需要将产品销往位于高税率国家（地区）的客户。行纪人在高税率国家作为委托人（企业）的销售代理，根据行纪协议以自己的名义与客户签订销售合同，将产品销售给当地客户，客户既可以根据约定在行纪人处提取货物，也可以通过委托人（企业）直接获得货物。行纪人只提供销售服务，不履行传统分销商的功能和风险，委托人（企业）规避了在高税率国家构成常设机构的认定。

6.3 规制滥用税收协定的主要措施

滥用国际税收协定进行纳税规划带来了较多的危害性[①]：一是扭曲了税收权宜在相关国家的合理分配，使纳税地点与经济活动发生地及价值创造不匹配，造成相关国家税收流失；二是相关国家之间通过

[①] OECD（1987）的报告明确指出了滥用税收协定行为的危害性：第一，税收协定是缔约国双方为各自居民的利益而通过谈判相互给予税收优惠和减让。如果第三国居民通过在税收协定的两个缔约国的任何一国设立一个公司，该国将获得税收利益，而该国并没有参加谈判和给予税收减让。因此，对等原则被打破，改变了缔约国之间基于税收协定的平衡关系，并使缔约国双方达不成税收协定适用的预期。第二，所得收入的国际流动可能导致逃避纳税或不足额纳税，使收入来源地国家税收流失。签订税收协定的目的也难以达成，因为税收协定是建立在对相关所得至少征一次税的假设上的。第三，滥用税收协定使得税收利益为本不应给予的第三国居民所获得。第三国也就没有了参加税收协定谈判和签订的热情，因为该纳税人可以利用现存的其他国家之间的税收协定达到目的，这样第三国将不愿意与来源地国家签订税收协定并给予来源地国家对等的利益。

签订税收协定，划分税收管辖权，设定限制税率，其初衷是避免双重征税，减轻纳税人额外税收负担，但税收协定的滥用违背了税收协定优惠的初衷；三是各国为了维护税收利益，投入人力、物力、财力开展有针对性的反滥用行动，开展相关国家的国际税收协调，增加了税收治理成本；四是不利于国际税收合作，签署更多的税收协定。为此，许多国家从20世纪80年代初就开始把滥用税收协定作为反避税的重点，采取不同的规制措施，有的国家专门制定反税收协定滥用法规，有的国家在一般反避税条款中嵌入反税收协定滥用条款，有的国家在国内税法中增加相应的反避税条款，有的税收协定本身就包含了反滥用措施。与此同时，国际社会也积极行动起来，从更广泛的层面，通过行动计划或指引，促进相互交流，推动开展国际税务合作，对滥用税收协定行为进行广泛的遏制。

6.3.1 规制滥用税收协定的国内措施

由于滥用税收协定的避税行为严重损害了相关国家的税收权宜，目前，除了芬兰等极少数国家以外，绝大多数国家都把滥用税收协定的行为视为一种不合法行为，并主张加以制止。[①] 各国国内法采取的措施大致可以分为两类，即立法措施和司法措施。

1.立法措施（legislative measures）。在各国的税收实践中，一般通过专门立法或在一般反避税条款中嵌入反滥用条款对滥用税收协定进行规制。立法措施可以分为两类：

第一类：专门立法。目前只有瑞士和美国在国内税法中有专门的规制滥用税收协定的立法。瑞士在1962年颁布了《防止税收协定滥用法》，单方面对由第三国居民拥有或控制的公司适用税收协定进行严格限制。其中，通过对享受税收协定优惠条件的规定，确定了判断构

---

① 刘剑文.国际所得税法研究 [M].北京：中国政法大学出版社，2000.

成滥用税收协定的各项客观标准。1998 年，瑞士再次通过发布通告，对第三国居民在瑞士设立中介机构，通过相关税收协定减轻预提税的行为进行了限制。美国是防止滥用税收协定的积极倡导者，其在 1986 年对《国内收入法》进行修订时，增加了有关防止滥用税收协定的条款，将享受税收协定优惠的主体限定为符合法律规定的合格（合法）居民。美国与其他国家签订的税收协定中都嵌入了反滥用措施。另外，美国还专门制定了《美国税收协定范本》，以供对外签订税收协定时作参考。

第二类：在一般反避税条款中嵌入防止滥用国际税收协定条款，这是大多数国家的普遍做法。这一类措施相对抽象和概括，征税机关有较大的自由裁量权，灵活性较大，其执行效果因征税人员素质高低而有所不同。

以上两类国内立法措施各有利弊，前者过于客观，后者过于灵活。我们认为，如果能把前者的客观性与后者的灵活性结合起来，那么对规制滥用税收协定的避税行为就会更加有效。

通过国内立法对滥用税收协定进行规制，不可避免地要研究税收协定与国内税法的兼容性问题。其中的核心问题是税收协定与国内法哪一个优先行使的问题。

税收协定从本质上讲是政府间为划分各自的税收管辖权和进行国际税务合作达成的协议，对缔约国双方政府具有约束力是不容置疑的。但是，税收协定能否直接适用于纳税人，理论界存在争议，各国政府的态度也不尽相同。大致有四种情形：一是税收协定自动获得国内法效力，成为自动执行条约，如法国、荷兰、西班牙、瑞士等。二是通过正式程序或法令纳入国内法，如比利时、德国。三是通过正式法律转换为国内法，如英国。四是由法院予以裁定，如美国《美国联邦宪法》、《国内收入法》、《外国投资不动产税收法案》（1980）和《税收改革法案》（1984）的有关条款就比较典型，赋予了政府不遵守税收协定或者当意图不明确时，由法院予以裁定的权力。不过在实践中，美国以国内税法优先为由否定税收协定的情形并不多见。中国采取的是税收协定优先原则。①但是不论认识和具体实践的差异有多大，税收协定对国内法在税收协定的谈签、税收协定的解释、税收协定的执行程序时的重要性是不可否认的。总之，在相关国际司法机构或多边条约对双边税收协定和国内法律兼容性没有进行界定的情形下，各国对此问题取得完全一致的立场，达到两者具有兼容性是十分困难的。因为从税收的公平性来看，两者的关注点是不同的。

针对滥用税收协定行为的国内法，其关注的是在防止本国税基被侵蚀的同时，消除其对本国纳税人税负公平的影响。税收协定则是为了实现有关缔约国之间财权利益或税收利益分配的公平，出发点是消除重复征税。因此，我们认为国内法律和税收协定两者的冲突是不可避免的，但两者的冲突应当以遵循国际法原则为前提，以合理却又不过于激烈的方式进行调和。在对滥用税收协定行为进行国内立法时，要充分考虑已经签订并实施的税收协定，谨慎采取国内规制措施。

2. 司法措施（judicial measures）。司法措施也是规制滥用税收协定的重要举措。在税收司法实践中，主要是运用实质重于形式原则对税收协定规则作出司法解释，从而对滥用税收协定的筹划进行确认。实质重于形式原则在英美法系国家通常被称为"商业目的测试"（business purpose test），在大陆法系国家则被称为"权利滥用"（abuse of rights）原则。虽然在不同法系的国家其用语不同，但本质是相同的，只是不同国家的法院对该原则的采纳和运用程度不尽相同。例如美国法院出于对美国税基的特别保护，对于滥用税收协定的判定往往

---

① 税收协定的法律地位及其与国内法的关系 [EB/OL]. http://www.chinatax.gov.cn/n810219/n810744/n1671176/n1705734/c1705580/content.html.

会支持国内税务机构的主张，而在其他国家，对实质重于形式原则的运用往往会有较多限制，仅适用于滥用税收协定的重大案件。

从各国的司法实践来看，通过司法措施对滥用税收协定进行遏制也暴露出了一些问题：一是实质重于形式原则适用的正当性来自于税收协定的目的性，协定的任何一方在司法过程中对协定宽泛的解释都会导致对协定的践踏。二是当滥用税收协定的行为广泛存在时，司法措施并不被认为是有效的措施。三是对商业活动实质（目的）的特别调查可能会影响法的安定性，运用实质重于形式原则或合理商业目的原则，本质上是扩大税务当局或法院的裁量权，可能导致司法权力的滥用。因此，运用司法措施时必须综合考量上述问题。

6.3.2 税收协定对滥用税收协定行为的规制措施

前文已述，采用国内法措施来制约滥用税收协定行为虽然效果较好，但容易与既有的税收协定以及国际法基本原则相冲突，具体实施时往往困难重重。而在税收协定中预先制定措施来阻止滥用税收协定的筹划，会使税收协定的目的实施更有保障。因为规制措施是税收协定本身的组成部分，所以更容易得到各国的认同。基于此，各国在国际税收协定中纷纷引入了反滥用税收协定的具体规定。在国际税收协定谈签实践中，针对滥用税收协定行为的规制措施主要有受益所有人规定和利益限制规定两大类。

1. 受益所有人（Beneficial ownership）。"受益所有人"源于英美法系国家衡平法中的用语，是指拥有受益所有权的人。主要基于以下五个因素进行判断：（1）掌握最主要的控制权利。（2）接受来源于该资产的经济利益。（3）支付相关费用。（4）承担价值减少的风险。（5）对价值的增加有预期。在税收协定中的"受益所有人"这一用语，最早出现在英美两国于 1966 年签订的双边税收协定。OECD 在 1977 年正式发布的《OECD税收协定范本》中，在对股息、利息和特许权使用费等进行规制时引入了这一用语，目的是防止第三国居民滥用税收协定，套取享受税收协定给予股息、利息和特许权使用费减免预提税的优惠待遇。随后，"受益所有人"这一用语在各国签订的双边税收协定中被普遍采用。1980年，联合国发布的《UN税收协定范本》仿效采纳了这种做法。也就是说，《OECD税收协定范本》和《UN税收协定范本》在受益所有人方面达成了共识。虽然两个范本历经多次修订，但一直没有对"受益所有人"这一用语作出具体的解释。各国在参照这两个范本签订双边税收协定时，同样也没有给出明确的定义。因此，受益所有人的释义及认定标准，在国际税收实践中，长期存在着诸多分歧。这些分歧[①]包括：（1）受益所有人的概念是否应具有独立的协定法含义。（2）受益所有人的认定是否仅限于法律性质层面的认定。这也是目前国际税收协定理论研究和税收协定谈签实践中分歧最大，最具有实质影响的争议问题。（3）受益所有人的控制支配权是否应涉及产生所得的基础财产或权利。（4）受益所有人的认定是否应适用于缔约国的国内相关反避税规则。这些分歧的产生和存在，根源于《OECD税收协定范本》的有关注释。目前，"一致的看法是在构成滥用协定规定的人为安排存在的情形下，缔约国不必给予双重征税协定的优惠。"[②]对于其他分歧问题的解决，税收理论界及OECD的税收政策与管理中心正在为此而努力。

2. 利益限制（limitation on benefits）。受益所有人的规制是防止滥用税收协定的重要举措，尽管《OECD税收协定》和《UN税收协定范本》目前都没有对"受益所有人"这一术语作出明确的定义并因此引起了众多分歧，但是两个范本都提出了将某些特定措施引入税收协

①廖益新.国际税收协定中的受益所有人概念与认定问题 [J].现代法学，2014（06）.
② OECD税收协定范本第一条注释。

定，用以确认容易引起歧义的受益所有人的建议。这些措施就是所谓的利益限制条款，其目的就是判断、确认一个实体与居住国的联系程度，进而认定其能否享受税收协定的利益。这些措施包括：

（1）透视法（the look-through approach）。或称为审查法，或称为揭开公司面纱，是指如果缔约国一方的企业被第三国的居民纳税人通过一个或多个企业（无论这些企业为何国的居民）直接或间接地控制，则缔约国一方的企业不能获得税收协定给予的优惠待遇。也就是说，判断一个企业是否应给予税收协定的优惠待遇，不再仅依靠该企业是否为缔约另一方的居民这一单一标准，还要具体分析该企业股东是否也构成该缔约国另一方的居民。简单来说，这一措施就是对协定待遇享受资格的规制，并不以该企业是缔约他方居民作为唯一标准。透视法是受益所有人方法的直接运用，它对非缔约国居民企图通过在缔约国一方设立直接导管公司而滥用税收协定的行为进行了有力的规制。目前，透视法应用范围已经从主要针对税收协定给予对股息、利息和特许权使用费的特定优惠，逐步扩展到了针对其他的一般所得的优惠。该方法强调，所得除适用协定优惠税率，还需同时满足：支付所得的企业为其缔约国居民；该笔所得的收款人是缔约国另一方居民，且该收款人是真正的受益所有人。在实践中，该方法往往要与"真实法"（bona fide clauses）结合起来使用，才能作出正确判定。同时，该方法还要求对企业的实质关系进行调查，因此在实践中运作比较困难，且不能有效防范通过设立进阶公司方式对税收协定滥用的筹划安排。

（2）排除法（tax exclusion approach）。排除法，是指缔约国一方在给予另一方税收协定中规定的优惠待遇时，将已经享受了税收优惠的企业排除在外，即否定协定受益人对于已经获得免税待遇或接近免税待遇的企业的适用。也就是说，当相关国家已经给予本国某些居民企业（主要是控股公司）较多的税收优惠，在国家之间签订税收协定时，把这些特定企业排除出协定待遇适用者的行列。在国际税收协定签订的实践中，许多国家采用了这一办法，例如卢森堡鉴于其低税率的税收政策，在与奥地利、丹麦、法国、德国、加拿大等国签订的税收协定中均引入了这一例外规定。不过，随着滥用协定技术的升级，排除法的操作显得过于简单，以至于学者们以及《OECD税收协定范本》均认为排除法条款"使用范围十分有限并且对于滥用税收协定行为的更先进手段无能为力"[①]。

（3）征税法（the subject-to-tax approach）。该方法是指缔约国一方的居民享受税收协定待遇的前提条件是在缔约国另一方已经就相同的收入履行了纳税义务，即缔约国一方的所得享受协定税收优惠，必须以在缔约国另一方征税为前提。这一办法与税收协定避免双重征税的主要目的相吻合，是为了避免缔约国之间的双重不征税。该方法与排除法基本相似，要求企业应当按照一般规范对其所得进行纳税。不同点在于其适用范围比排除法广，可以在更多的特殊情况下对滥用税收协定进行规制。但是，征税法也无法规制更复杂的激进型纳税规划，对于绝大多数通过设置间接导管公司进行避税的行为起不到规制作用。而且，其在表述时往往用诸如"拥有重大利益""实际管理和控制"等原则性用语，可操作性较差。

（4）渠道法（channel approach）。该办法对缔约国一方的居民企业支付给第三国居民的股息、利息、特许权使用费在总收入中的比例设定上限，超出上限者不享受协定优惠。"指缔约国一方的企业将在一定比例以上的利润（通常为利润的50%）通过支付股息、利息、特许权使用费等方式向第三国的纳税居民转移收入，则前述企业不得享受税

---

①张智勇.国际税法 [M].北京：人民法院出版社，2002.

收协定项下的利益。"[①] 渠道法解决了征税法无法适用通过设置间接导管公司滥用税收协定的问题。但是，该办法也有自身的缺陷。它与上述透视法面临的问题相同，即对真实意图的判断：一是成本费用的真实性，在费用比例审查与计算上很难确定企业对外支付的成本费用是否与缔约国的所得有关。二是交易的真实性，由于成本费用受国际经济市场的影响较大，可能导致控股公司之间正常的商业交易也为渠道法所规制。在税收实践中，该办法通常与透视法配合使用。

（5）真实法（bona fide clauses）。由于透视法、排除法、征税法和渠道法在实践中有可能会规制其实并非以滥用协定为目的的实体，导致税收争议的发生，1995 年，《OECD 税收协定范本》强调，任何措施的实施应当依据确保协定待遇的真实法条款的实施。真实法由此产生。

真实法，即善意法，这种方法要求只将税收协定优惠给予以真正、合理商业目的进行交易的居民，而"不以真实经营为目的，只是为了获取税收协定优惠所作安排的纳税人则不能享受税收优惠"[②]。真实法根据具体情况，表现为以下几种主要形式：

第一，一般真实条款（general bona fide provision）。一般真实条款适用于企业设立的主要目的、业务活动、产生的所得、取得的股份、持有的其他财产等是出于真实、正当的商业目的，而非为了获得税收协定优惠的情形。该条款要求企业承担举证责任，证明其业务活动存在真实的商业目的。

第二，证券交易测试条款（stock exchange test）。根据这一条款，协定优惠可以给予任何在协定一方国内某公认的证券交易所进行公开证券交易的公司。1995 年，《OECD 税收协定范本》规定：前述反滥用规则不适用于，当协定一方的居民公司的主要种类股票在协定一方经

①杨慧芳.略评滥用税收协定之避税问题及其防范 [J].法学评论，1999（03）.
②张智勇.国际税法 [M].北京：人民法院出版社，2002.

核准的证券交易所登记，或者该公司被其居住国居民全面控制（直接或间接通过该缔约国的一个或数个居民公司）并且其主要种类股票在该国的证券交易所登记，以上规定主要是基于真实商业目的的推断。

第三，主动贸易条款（active trade or business test）。这一条款主要测试缔约国的居民公司参与实质性的商业运作和商务活动的真实性。这一条款在 1995 年《OECD 税收协定范本》的解释中成为真实法概念的核心，即积极交易或商业活动的开展表明了经营的真实性。然而，这一条款的缺陷在于很难判定什么样的行为才是积极主动的交易或商业活动。由于税务机关在运用该条款时的自由裁量权较大，纳税人很难获得满意的结果，因而容易违背这一条款设计的初衷。

第四，税额条款（amount of tax provision）。签订税收协定的主要目的之一是通过协商，使协定双方能尽可能公平地分享税收。作为缔约国居民的公司来源居住国的所得，在其居住国被实际征收税款后，在其非居住国当申请享受税收减免的税额不超过该公司居住国对其实际征收的税额时，反滥用规则不予适用保证缔约国双方分享该所得的税收的权利。

第五，选择性减免条款（alternative relief provision）。这一条款关注的是纳税人通过选择税收协定获得相似或更好协定待遇的情形。根据 1995 年《OECD 税收协定范本》的规定，当反滥用条款指向缔约国非居民时，可规定"非居民"（不包括请求税收减免的第三国居民），在第三国与缔约国一方已生效的税收协定给予该居民的税收减免不少于该居民根据本税收协定所主张的税收减免。这一条款否定了所有第三国居民在缔约国设立公司均是为了滥用协定的观点，有利于资本流动，也为第三国滥用协定增加了机会。

（6）禁止法（the abstinence approach）。即禁止与有关国家签订税收协定，"一国应避免与那些实行低税制或比较有利的税制易于建立导管公司的国家缔结税收协定"①。在国际税收实务中，与巴拿马、巴哈马等国家签订税收协定的国家很少，主要是因为这些国家为滥用税收协定提供了广阔的空间，很少有国家愿意与其谈签税收协定。

（7）例外法（the exclusion approach）。此种方法类似于排除法，是指相关国家在签订税收协定时，缔约国一方已经对缔约国另一方的居民进行了较低的税负安排，不再给予该缔约国居民税收协定项下的其他税收利益。目前，在双边税收协定中，许多国家都嵌入了这一条款。

（8）协调法（tax harmonization approach）。协调法，是指通过多边税收条约防止税收协定被滥用。我们认为，这种方法是一种比较理想的解决税收协定滥用的方法，有助于各国实际有效地解决税收协定滥用问题。因为滥用税收协定行为的产生除了纳税人追求利润最大化的目的之外，双边税收协定的差异、各国之间的不良税收竞争也为滥用行为提供了筹划的空间，使得原有的对税收协定滥用的规制的作用十分有限。多边税收协定扩大了协定签订的范围，在一定程度上缩小了双边税收协定造成的差异，对消除不良税收竞争具有约束作用，因而在遏制滥用税收协定的激进型纳税规划方面成效会更明显。

6.4 防止滥用税收协定的最新趋势 ②

根据 BEPS 第六项和第十五项行动计划关于防止税收协定滥用的建议，许多国家通过修订既有的税收协定或谈签新的税收协定，或履行 BEPS 行动计划的义务，或适度采纳 BEPS 行动计划的建议，或直接通过国内立法防止纳税人滥用税收协定。

---

① 张文春，张昕. 国际税收协定的滥用与反滥用 [J]. 财经问题研究，1993（01）.
② 吴青伦. BEPS 下各国防止税收协定滥用的最新趋势 [J]. 国际税收，2015（09）.

6.4.1 亚太地区部分国家或地区防止滥用税收协定的举措

亚太地区国家或地区之间经济发展水平参差不齐，对 BEPS 行动计划关注的态度和侧重点也不相同。一部分国家认为，他们有义务履行 BEPS 行动计划，有义务实施 BEPS 项目的最终建议，如澳大利亚、新西兰、日本、韩国等为 OECD 成员国；另一部分国家针对某些重点领域适度采纳 BEPS 行动计划的建议，如中国、印度和印度尼西亚等 G20 成员国；还有一部分国家或地区根据国内（区内）情势的发展作出相应的反应，如马来西亚、新加坡、越南、中国台湾和中国香港等国家或地区；也有一部分国家与 BEPS 行动计划背道而驰，如文莱、柬埔寨、缅甸、老挝等国，通过出台更多税收优惠，扩大税收协定网络，加强国际税收竞争力，达到吸引外国投资、完善本国税制的目的。在 BEPS 行动计划的框架下，亚太国家和地区相继出台了一些措施，对滥用税收协定进行规制。印度针对不同的国家，采取的防止滥用税收协定的方法具有针对性：在与墨西哥签订的税收协定中纳入了利益限制条款；在与科威特、英国签订的税收协定里，引入了主要目的测试条款；在与卢森堡和阿联酋签订的税收协定中，强了调国内法优先，并明文规定税收协定不应影响国内有关防止偷税避税法令的执行；与英国、西班牙和波兰等国就在税收协定中增加利益限制条款进行重新谈判，并自 2017 财务年度起，开始施行一般反避税条款。日本与法国、荷兰、瑞士、美国、英国等签订的税收协定中采纳了美国利益限制条款；在和澳大利亚、新西兰签订的税收协定中不仅包含了利益限制条款，还包括限制减免条款。韩国近年来在税收协定的谈判中也试图通过引入利益限制条款，遏制协定待遇的滥用。新加坡已经加入 BEPS 行动计划，其中防止滥用税收协定优惠是其参与的四项行动计划之一，并基于已有税收协定存在的滥用税收协定的漏洞，与法国重新谈签了税收协定。中国台湾地区在 BEPS 行动计划发布之前，与法国、匈牙利、印度签订的税收协定中就嵌入了主要目的测试条款的相似内容；在与基里巴斯、卢森堡、奥地利签订的税收协定中，纳入了主要目的测试条款。澳大利亚所签订的税收协定倾向于采纳主要目的测试条款。

从亚太地区部分国家或地区防止滥用税收协定的举措来看，大多倾向于通过在税收协定中纳入利益限制条款或主要目的测试条款作为对 BEPS 行动计划的回应。但从整体来看，亚太地区没有开发用于修订双边协定的多边工具的迹象，国家间的税收合作及税制协调仍有较大的提升空间，目前只有中国、日本、澳大利亚、新加坡等国家签署了《实施税收协定相关措施以防止税基侵蚀和利润转移的多边公约》。在更大范围进行国际税务合作，防止通过滥用税收协定对税基的侵蚀和实现利润转移还有很长的路要走。

6.4.2 欧洲部分国家防止滥用税收协定的举措

德国在 1994 年通过了防止滥用税收协定的专门规定，并在 2007 年进行了进一步的完善，规定没有充分商业经营实质的外国中介个体（例如积极商业活动收入不足，或与设立目的显著不对称等）不能享受税收协定待遇。但欧盟法院于 2011 年判定德国的此项规定违反欧盟条约，因而德国从 2012 年起规定具有合理商业经营实质或最终受益人原本适用协定、指令的部分所得，可以享受利益。法国税务机关和法院主要通过认定非居民企业的商业实质，审查滥用税收协定的案件，不能视为可以适用协定的居民企业，也不能享受税收协定待遇。在 BEPS 框架下，法国税务机关将对空壳公司进行更为严厉的审查，以杜绝相关不法行为。荷兰与 20 多个发展中国家商讨修订税收协定，优化与发展中国家的税收合作，增加了反滥用税收协定条款。爱尔兰曾经是跨国企业的"避税天堂"，也因"双层爱尔兰汉堡"名噪一时。2014 年，爱尔兰改革了税制，宣布"双层爱尔兰汉堡"避税条款不再适用新设立的公司，这也意味着"双层爱尔兰汉堡"的避税安排成为历史，滥用税收协定的纳税规划得到了有效遏制。英国从 2013 年 7 月开始实施一般反避税条款，并发布了反避税指南，"如果带有滥用性质的筹划利用税收协定条款漏洞，一般反避税规则将发挥作用，阻止这些滥用行为"①。2007 年，丹麦通过修订税收征管法，在一般反避税条款中特别规定了有关打击滥用税收协定的规则。

欧洲大部分国家都是 OECD 成员国，BEPS 行动计划的实施比较容易达成共识。针对利用税收协定，通过混合错配的纳税规划造成的双重不征税，2014 年欧盟议会通过了对欧盟母子公司指令②的相关修订案，要求成员国在 2015 年年底之前必须付诸实施。指令的修订重点涉及两个方面的内容：一是针对混合错配的情形。如果出现混合错配的情形，就否定指令所赋予的税收利益；二是订立了一般反避税条款，强调不得滥用指令，指令所给予的利益不适用于任何有违该指令意旨的非真实交易安排，成员国可以在一般反避税条款的基础上采取更为严厉的措施打击滥用指令的行为。简单地讲，就是为了防止滥用该多边税收协定。除此之外，欧洲各国也通过国内法，对滥用税收协定或指令进行规制。

欧洲国家税收一体化程度较高，且已经开始实施"对欧盟母子公司指令"，因而在防止滥用税收协定方面协调性较好。

在欧盟之外，俄罗斯积极响应 BEPS 行动计划，从 2015 年起实行反离岸法（de-offshorization law），其中规定了防止滥用税收协定条款，并将相关条款纳入其与塞浦路斯、卢森堡、瑞士等国签订的税收协定中。

---

① 韩卫. 英国发布反避税指南 滥用税收筹划或将受阻 [J]. 中国税务报，2013（05）.
② 欧盟母子公司指令（EU Parent-Subsidiary Directive），由欧盟执委会在 2013 年提出，广义上来说，它是针对股利等权益投资所得，在欧盟国家间所缔结的多边税收协定。

6.4.3 美洲部分国家防止滥用税收协定的举措

美国、加拿大、墨西哥具有 G20 成员国和 OECD 成员国的双重身份，积极响应 BEPS 行动计划。其中，美国对税收协定是否引入利益限制条款特别关注；智利、哥伦比亚、哥斯达黎加、秘鲁等国对 BEPS 行动计划持积极态度；巴西采纳 BEPS 行动计划的部分建议；巴巴多斯等中南美洲国家，特别关注信息交换协议，避免列入避税港"黑名单"。从总体来看，美洲各国对防止滥用税收协定都有所行动。如 2013 年，加拿大财政部以咨询报告的形式，列举了打击滥用协定避税的几种形式，并计划在税法中引入主要目的测试条款，将其作为判定是否赋予税收协定待遇的依据。美国于 2015 年发布了税收协定范本修正草案的征求意见稿，增加了否定常设机构享受税收协定待遇的条款，在利益限制条款中，纳入了衍生利益测试①以避免利益限制条款矫枉过正。墨西哥于 2014 年进行了税法改革，出台了一系列反避税的规定，在签订税收协定时纳入了利益限制条款。此外，还允许税务机关可以向外国关联方要求提供宣誓声明（statement under oath），证明来源于墨西哥所得已经构成双重征税，否则不能享受税收协定待遇。

综上所述，目前大多数国家还是以出台国内法的方式居多（特别是制定一般反避税条款）。在防止滥用税收协定方面，美国倡导的协定待遇限制条款得到了部分国家的响应，但由于其条文过于复杂，许多国家还是倾向于采纳主要目的测试条款。从趋势来看，不论是采用简易版的主要目的测试，还是美式的利益限制条款，都会增加执行成本和遵从成本，因此，如何有效防止滥用税收协定仍然是各界持续关注和研究的议题。尽管 OECD 认为利用多边工具一次修订多个条约，从国际法理论上来说是可行的，但在国际税收实务处理上难度较大。

---

① 如果最终受益人本来就可以享受的协定待遇与透过中介国享受的优惠一致或更加优惠，则不应受到中介国与来源国协定中的利益限制条款的过度限制。

6.5 中国对滥用税收协定的规制

6.5.1 中国对滥用税收协定的规制

到目前为止，中国的国内法中还没有防止税收协定滥用的专门法规，也没有一般的反协定滥用条款，只是在少数法律、法规和国际税收协定中嵌入了反税收协定滥用的条款。相关法律法规梳理见下表：

表　中国对滥用税收协定规制的相关法规简表

序号	法规名称	文号	备注
1	中华人民共和国企业所得税法	主席令〔2007〕63 号	部分修改
2	中华人民共和国企业所得税法实施条例	国务院令〔2007〕512 号	部分修改
3	关于印发新疆维吾尔自治区国家税务局正确处理滥用税收协定案例的通知	国税函〔2008〕1076 号	
4	特别纳税调整实施办法（试行）	国税发〔2009〕2 号	部分失效
5	关于如何理解和认定税收协定中"受益所有人"的通知	国税函〔2009〕601 号	全文废止
6	关于认定税收协定中"受益所有人"公告	国家税务总局公告 2012 年第 30 号	全文废止
7	非居民纳税人享受税收协定待遇管理办法	国家税务总局公告 2015 年第 60 号	
8	国家税务总局关于税收协定中"受益所有人"有关问题的公告	国家税务总局公告 2018 年第 9 号	
9	中华人民共和国政府和智利共和国政府对所得避免双重征税和防止逃避税的协定	国家税务总局公告 2016 年第 79 号	
10	关于中墨两国政府税收协定及其议定书若干条文解释的通知	国税函〔2007〕131 号	
11	中华人民共和国政府和新加坡共和国政府关于对所得避免双重征税和防止偷漏税的协定及议定书条文解释	国家税务总局公告 2010 年第 75 号	

中国的国内法中，最初有《企业所得税法》及其实施细则嵌入了一般反避税条款，对滥用税收协定具有一定的规制作用。《企业所得税法》第四十七条："企业实施其他不具有合理商业目的的安排而减少其应纳税收入或者所得额的，税务机关有权按照合理方法调整"。这一规定没有明确"合理商业目的"的认定标准、证明方式以及举证责任等。虽然《企业所得税法实施条例》第一百二十条中对"不具有合理商业目的"进一步表述为"以减少、免除或者推迟缴纳税款为主要目的"，但"合理商业目的"这一标准主观性较强，实际操作往往会产生争议。

2008年国家税务总局发布的《关于印发新疆维吾尔自治区国家税务局正确处理滥用税收协定案例的通知》（国税函〔2008〕1076号），介绍了新疆维吾尔自治区国家税务局对涉及股权转让收益适用税收协定的一起案例，要求税务机关结合实际进行认真学习。2009年，国家税务总局通过《特别纳税调整实施办法（试行）》（国税发〔2009〕2号），赋予税务机关对滥用税收协定启动一般反避税调查。2009年，还通过《关于如何理解和认定税收协定中"受益所有人"的通知》（国税函〔2009〕601号），对受益所有人和导管公司进行了较为明确的界定，不仅对股息、利息、特许权使用费的来源国征税设置了限制条件，而且规定在跨国投资所得的受益所有人是第三国的居民时，来源国一方对其来源于境内的跨国投资所得，可以适用国内所得税法规定的预提所得税进行源泉扣缴，不受协定中规定的限制税率的约束。2012年，通过《关于认定税收协定中"受益所有人"公告》（国家税务总局2012年第30号）、《关于〈认定税收协定中"受益所有人"身份公告〉的解读》，对"受益所有人"的认定标准进行了进一步明确和细化，确定了不能够仅仅因为某一项的不利因素而否定了受益所有人身份的情形；规定了如果是代理人代为收取所得，那么该情形对于受益所有人能够获取税收协定待遇不会产生影响；规定了如果是事后认定可以获得协定项下利益，那么税务机关应该退还税款等问题。在断定是否符合受益所有人标准上，应用的是实质重于形式这一原则。同时，该公告第七款还规定："有权审批的税务机关在处理相关审批事项时涉及否定申请人的受益所有人身份的案件，应报经省级税务机关批准后执行，省级税务机关应将案件处理结果同时报税务总局备案。"这体现了中国税务主管机关在判别受益所有人性质及给予税收协定优惠待遇上的严谨性。2015年，通过《非居民纳税人享受税收协定待遇管理办法》（国家税务总局2015年第60号），建立了对非居民纳税人获取税收协定待遇新的评估机制。新的评估机制的建立，标志着税务机关对获取税收协定待遇的管理将会从事前审批变为事后监管。据此，如果地方省级的税务机关对于同一个非居民纳税人能否获得税收协定项下利益达不成一致，呈报给国家税务总局，由税务总局来决定其是否能够获取协定待遇。对不适当获取税收协定待遇的重大案件不定期组织专家会审。对不应享受税收协定待遇的重大案件予以监督，并且组织专家会审争议案件。这些措施将有益于确保全国范围内统一执法，各级税务机关也会更加审慎处理不当享受税收协定待遇的重大案件，这表明了中国打击此类税收安排的立场。2018年，通过《国家税务总局关于税收协定中"受益所有人"有关问题的公告》（国家税务总局公告2018年第九号）及相关解读文件，参考BEPS行动计划最终报告的相关成果，系统修订、完善了"受益所有人"规则，适当放宽了"受益所有人"的判断标准，不再将所有"代理人、导管公司"一律排除在受益人范围之外；在身份判定方面，对上述国税函〔2009〕601号文件执行过程中存在的问题进行了归整，明确了不属于"代为收取所得"的情形；扩大了股息所得"安全港"①的范围，进一步明确了满

---

① 安全港：是指无须对各项因素进行综合分析即可直接判定股息所得申请人具有"受益所有人"身份的情形。

足持股比例持续时间的要求。解读文件以举例的方式，解释了如何运用受益所有人的判定标准。

从中国已签订的税收协定来看，防止税收协定滥用的模式有四类：一是在协定中同时引入利益限制条款和主要目的测试条款。如中国与智利签订的税收协定，这是目前唯一一个包含两种条款的协定，部分借鉴了 BEPS 行动计划关于反滥用税收协定的经验，相较于以前的双边税收协定，增加了第二十六条"享受协定优惠的资格判定"，提出具体可执行的方法来限制享受税收协定优惠资格（如上述第四款、第五款），并且在议定书中就居民、常设机构、股息、利息等诸多方面在发达国家的具体使用问题进行了详细解释。二是税收协定序言中没有相关的防止逃避税的纲领性表述，且协定中仅包含利益限制条款，如中国与美国、墨西哥、厄瓜多尔、俄罗斯等签订的税收协定。三是税收协定中包含授权适用国内税收法规的一般反避税规则，如中国与新加坡、荷兰等国签订的税收协定。四是税收协定中既没有利益限制条款，也没有主要目的测试条款，甚至没有国内税收法规一般反避税规则授权条款。目前，我国签订的大多数双边税收协定均属于第四类情形。[1]也就是说，中国与大部分国家签订的税收协定中并未引入防止滥用税收协定条款。即便部分税收协定引入了防止滥用税收协定条款，也不足以应对所有的税收协定滥用行为，且随着滥用协定行为的复杂化，这些措施的不足已越来越明显。BEPS 行动计划实施后，中国与智利签订的税收协定相较于以往的税收协定更加完善具体，在规制税收协定滥用方面增加了 BEPS 行动计划成果报告里提出的许多建议性条款，具有很大的进步意义，有利于更好地防范税收协定滥用的行为，也对以后税收协定的签订具有借鉴作用。

---

[1]李皓兰.我国防止税收协定滥用的规则梳理与立法反思[J].税务研究，2018（08）.

6.5.2 对完善中国滥用税收协定规制的建议

1.完善国内法律法规中的反滥用规则。一是对《企业所得税法》进行进一步修订，增补防止滥用税收协定的一般规则，明确滥用税收协定的构成要件。二是完善合理商业目的的认定标准，借鉴主要目的测试条款中关于税收协定滥用的界定标准、证明责任配置、条款拟定技术及其解释准则，完善国内法一般反避税条款。三是对现有的相关法律法规进行梳理和完善，对防止滥用税收协定进行专门立法。

2.完善税收协定的反滥用规制。一是参照 BEPS 行动计划中防止税收协定滥用最低标准的要求，在双边税收协定的序言中引入相关声明。二是防止滥用税收协定的条款模式采取以主要目的测试条款为主、利益限制条款为辅的模式为宜。根据不同国家的政治、经济、社会治理以及与中国的税收往来对条款进行必要的简化和调整。

3.建立签订税收协定时的税收政策评估体系。一是评估涉及税收居民的跨境交易情况下实际存在的双重征税风险的程度。二是评估所得来源国征收高额的预提所得税可能导致的风险。三是评估税收协定鼓励和促进国家间建立经济纽带的作用，比如包括享受税收协定待遇的纳税人取得税收优惠的确定性。

7. 资本弱化的纳税规划及其法律规制

2011 年 11 月 25 日，中国国内首例资本弱化反避税案件在陕西结案，标志着利用资本弱化进行激进型纳税规划开始成为人们关注的焦点。由于通过第三方及关联方支付利息比较容易实现利润转移，以及各国对过严的资本弱化规制会抑制企业正常融资需求表示担忧，导致资本弱化在跨国公司激进型纳税规划中运用得比较广泛。

7.1 资本弱化的含义

资本弱化（Thin Capitalization），是指企业为了自身利益最大化，通过对融资和投资方式的选择，降低股权比重，提高债权比重，造成企业负债与所有者权益比率超过一定限额的现象。

"资本弱化"一词最早出现在 1966 年《加拿大皇家税收委员会报告》（第四卷）中，并在 1969 年加拿大政府的《税收改革建议的白皮书》中得到认同，最终在 1972 年的加拿大《所得税法》中得以确立。[1]OECD 在 1977 年的《OECD 税收协定范本》和 1979 年联合国的《UN 税收协定范本》中均把跨国企业的母子公司之间及其子公司之间资金借贷的内部价格纳入转让定价进行规制。1986 年，OECD 财政事务委员会（Committee on Fiscal Affairs）举办"资本弱化"专题报告会后，"资本弱化"概念便被各国广为接受。根据 1987 年的 OECD 报告，

---

[1] Tim Edgar. The Thin Capitalization Rules: Role and Reform [J]. *Canadian Tax Journal*, 1999.

资本弱化一般是用来指通过超额贷款来"隐藏资本"。[①]2000 年的 OECD 资本弱化报告指出:"资本弱化问题即是由平衡这两种筹资方式而引起的税收问题。"[②] 也有学者认为,当股东面临融资方式的选择时,股东不采取股权方式向企业融资,而是采用债权融资方式向企业融资以解决公司的资金需求,股东的这种以债权方式向公司提供贷款的融资安排,即为资本弱化。[③] 还有学者认为,资本弱化是相对于资产债务的过度使用,唯一目的或者主要目的是获得税收方面的利益,是人为地通过带息债务,而非股东持股方式提供贷款,贷款利率可能遵循市场利率,但贷款数量有违诚实信用的商业运作,不合情理,这种贷款产生的超额利息就构成隐藏股息分配。

上述定义的差别,对研究资本弱化的法律规制有着重要影响,主要涉及规制调整的行为范围。如果不需要证明隐藏资本的意图或者避税的意图,资本弱化的调整范围将会相对较广。反之,调整的范围相对较窄。

7.2 资本弱化产生的原因

关于资本弱化产生的原因,学者们从不同的角度进行了探讨,对资本弱化法律规制的研究很有帮助。不过,我们认为,资本弱化产生的最根本原因还是利息和股息的税收待遇差别。目前,大多数国家的法规对股息和利息采取差别的税收处理方法。一般而言,利息可以在税前扣除,股息不能在税前扣除,是一种税后利润分配。

股息在大多数情况下存在三个环节的经济性重复征税问题:一是

---

① [英] 罗伊·罗哈德. 国际税收基础 [M]. 林海宁,范文祥,译. 北京:北京大学出版社,2006.

② 廖益新,邱冬梅. 利息或是股息——资本弱化规则适用引发的定性识别冲突问题 [J]. 暨南学报,2007(04).

③ 朱炎生. 资本弱化税制的国际比较与借鉴 [J]. 月旦财经法杂志,2008(13).

股息在分配前作为利润被东道国①征收企业所得税；二是当股息汇出东道国，获得股息的非居民股东在其所属国（资本输出国）一般要就该笔股息收入缴纳所得税；三是东道国站在维护本国税收利益或鼓励再投资的角度，往往对汇出的股息征收预提税，且税率通常较高。虽然在资本输出国和东道国之间签订有税收协定的情况下，资本输出国按协定规定通常对该预提税给予税收抵免，可以避免双重征税问题的发生，但是前两种情形的重复征税似乎不可避免。

利息支出一般可以作为费用在税前扣除，不存在双重征税的问题。利息只是在资本输出国被征收所得税，尽管非居民贷款人的利息支付也需缴纳预提税，但是利息的预提税税率往往低于股息的预提税税率。如果有关国家之间存在双边税收协定，资本输出国对该预提所得税可以给予直接税收抵免，甚至有的国家的国内税法和双边税收协定还对利息免征预提税，那么就可以避免双重征税。

另外，如果股息不分配或不汇回资本输出国，那么有些资本输出国针对股息未分配的时间或股息积累达到一定控制程度的公司也要征税；有些国家对股权资本征收"资本税"；有的国家不提供税收抵免，尤其是间接抵免。而上述限制对于债务资本及利息是不存在的。

以上税收上的差别待遇促使跨国投资者更多地选择债务资本，如以贷款方式代替本应以股权形式注入的资本，将资金提供给设立在东道国的公司，在增加贷款融资比例的同时弱化股权投资比例，从而逃避或减轻其税负水平。

尽管大多数国家在法律规制上通过对股权投资提供优惠，鼓励股权性投资，抑制债务性投资，但是对投资者来说，如果债权性投资收益超过股权性投资的收益，即便给予政策红利，投资者也会更多地采取债权投资。在一国经济高速发展的时期，这种情形尤为明显。生产

---

① 东道国：跨国公司经营国外业务的所在国，经济学中称为"Host State"。

经营者为获取更多的利润往往倾向于利用更大的财务杠杆，获取更多的债权投资，进行负债经营。

虽然任何国家（或地区）都不愿意接受资本弱化，但在谋求本国（或地区）经济发展，寻求国际经济或区域经济发展平衡的过程中，往往会采取一定的措施来吸引外来资本流入，促进本国经济发展。各国（或地区）经济发展的这种内在需求，使得不同国家（或地区）在利用外资方面的法规、方式和方法上存在差异，这也为投资者选择不同的投资方式进行激进型纳税规划提供了空间。

7.3 资本弱化的影响

资本弱化涉及企业资本结构，运用中又常常和转让定价互相联系，对相关国家及关联各方有着不同影响。

1. 对东道国（或所得来源国）的影响。对东道国（或所得来源国）而言，资本弱化有三个不利的影响：首先，税基被侵蚀。资本弱化在税收上的表现是计算应纳税所得额时的超额利息扣除，超额利息扣除减少了所得税的税基，使东道国的税收利益受到损失。其次，恶化了投资环境。资本弱化在投资回报上表现为利息形式，是一种人为减少股息收入的安排，导致了"长亏不倒""越亏越投"的怪象。投资亏损的假象，给东道国（或所得来源国）的投资环境带来了负面影响。最后，扰乱了经济秩序。资本弱化增加了东道国（或所得来源国）企业的经营风险，如果国际经济形势不乐观，或东道国（或所得来源国）经济下行压力增大，或跨国公司资金周转困难，那么很容易引起非居民股东出资不到位或抽回投资，其他股东则承担不可预见的风险，造成对居民股东利益的剥夺，导致利益与责任的不相称，扰乱东道国（或所得来源国）的经济秩序，影响企业的公平竞争。

2. 对居民企业的影响。从满足资金需求的角度来看，通过资本弱化，居民企业大量举债，保证了公司正常经营的资金需要，为居民企业实现其价值最大化提供了资金保障。从纳税的角度来看，资本弱化一方面表现为债务资本的增加以及由此引起的利息支出的增加，从而增加了居民企业的企业所得税税前扣除，使得企业可以少缴企业所得税，达到了减轻税负的目的；另一方面表现为股权出资的减少，藏匿了资本，可以规避对分配股息征收的相关税收。从财务信息披露的角度来说，资本弱化在资产负债表中表现为负债和利息费用以及相关的资产负债率等指标畸高，这样会导致居民企业表面上反映出来的经营业绩与实际情况相差甚远，甚至可能出现亏损，影响公众对投资、对产品的信心。因此，资本弱化对居民企业是一把双刃剑，有利有弊。

3. 对非居民股东（跨国投资者）的影响。从资本弱化的结果来看，其最大受益者是非居民股东，即跨国投资者的总机构。从税收的角度来看，非居民股东从居民公司获得的利息不承担东道国（或所得来源国）所得税，而股息需要承担东道国（或所得来源国）的企业所得税。尽管债权资本的利息一般也都要向东道国（或所得来源国）缴纳预提税，但是相比于股息的预提税率要低，有的国家国内税法和双边税收协定还有对利息免征预提税的规定。若东道国（或所得来源国）和资本输出国之间签订了双边税收协定，或两国均参与了同一避免双重征税的多边条约，或者两国之间有税收互惠关系，出现上述任何一种情况，资本输出国一般都会给予税收直接抵免，这将使利息负担的税收负担更轻。从非税法角度来看，资本弱化还可能带来以下非税利益：（1）资本安全性更高。居民企业遭遇经营风险时，股权资本及其股息要与企业风险共存，而债务资本则"旱涝保收"，无论企业是否遭遇经营风险，债务本息均由居民公司保证清偿，投资者的利益不会受到损害。[1] 因此，居民公司一般倾向于投入较少的股权资本，然后利用与非居民股东之间

---

① 王逸. 资本弱化：国际税收面临的新挑战 [J]. 世界经济，2000（05）.

的关联关系，以债权的形式向非居民股东融资。这样，即便遭遇最坏的结果，如公司经营不善，濒临破产，债权资本负担的亏损也只是全部资本中很少的一部分，而且由于特殊关联关系的存在，破产清算之前，其债权有可能得到居民公司的优先清偿，从而不计入破产债权，减少了投资的损失。即使不能优先偿还债务，非居民股东也可以同其他一般债权人一样，参加破产财产的受偿，分享一般债权人对破产财产的权利。（2）投资的流动性更好。由于债权资本的收回和回报具有硬约束，债权资本比股权资本的流动性更好。非居民股东往往利用贷款等债务资本间接收回其对居民公司的投资。由于债权投资和股权投资的交融，非居民股东对居民公司存在着特殊的控制关系，居民公司的利润往往会以利息的形式优先于其他债务人进行偿付。所以，资本弱化的措施往往能使作为投资者的非居民股东的部分投资及时和稳定地收回，便于对其他领域的投资安排。处于发展扩张阶段的公司集团对资本弱化的这一优势尤其关注。（3）活动的自由度高。债权资本与股权资本相比出资既简单又灵活，因为债权出资不改变被投资企业的股权比例，对表决权、控股权不会产生影响，出资后活动的自由度较大。

不过，资本弱化对于非居民股东也有一定的消极影响。从控制的角度看，资本弱化就是放弃部分控制权，即用资本的债权职能代替股权职能，意味着丧失该部分的控制权。另外，当被投资企业运营状况很好、投资回报很高的情况下，债权人没有股权人收益丰厚。

4. 资本弱化对资本输出国的影响。在资本弱化的链条中，资本输出国是非居民股东（跨国投资者）的母国，其利益应与非居民股东（跨国投资者）的利益相契合，但跨国投资者在自身利益最大化的驱使下，也不愿意向其母国多缴纳税收。由于资本弱化的激进型纳税规划行为主要发生在东道国（或所得来源国），涉及资本输出国的只是税收抵免问题，因此从税收的角度看对资本输出国基本上没有影响。

7.4 资本弱化的纳税规划

7.4.1 资本弱化纳税规划的基本思路

资本弱化的总体思路是通过贷款性质的融资，在增加利息在企业所得税税前扣除的同时，减少股息承担的相关税收，从而达到降低集团企业整体税负的目的。举例分析如下：

假定 B 企业是 A 企业的股东，现在 A 企业因发展需要，需增加营运资金 5000 万元。B 企业资金充裕，对于 A 企业至少有两种方案可以选择：方案一是谋求 B 企业增加股权；方案二是向 B 借款，获取的回报均为 500 万元。假定股息、利息的企业所得税率均为 20%，涉及的流转税税率为 5%，预提税税率 10%。我们放在四种情形下进行分析：

情形一：假定企业之间的交易符合独立交易原则，没有相关优惠和附加税。B 企业为居民企业，且 B 企业和 A 企业均持续盈利。

方案一，B 企业对 A 企业增资扩股，增加 5000 万元的股本，该股本获得股息收入 500 万元，且是符合条件的居民企业之间的股息收入，根据税收法规则无须纳税；A 企业增加注册资本，不产生纳税义务。该笔交易对 B 企业和 A 企业的整体税负影响为 0。

方案二，B 企业向 A 企业提供贷款，取得利息 500 万元，需缴纳营业税 25 万元（500×5%），缴纳企业所得税 95 万元〔（500-25）×20%〕；A 企业可以税前扣除利息 500 万元，减少企业所得税 100 万元。该笔交易对 B 企业和 A 企业的整体税负影响为减少税收 20 万元。

在该种情形下，如果 A 企业和 B 企业作为一个整体，选择由 B 企业增资可以减轻税收总体负担。

情形二：假定企业之间的交易符合独立交易原则，没有相关优惠和附加税。B 企业为居民企业且处于亏损状态，A 企业处于盈利状态。

方案一，B 企业对 A 企业增资，B 企业取得股息 500 万元，该收入若为符合条件的居民企业之间的股息收入，根据税收法定规则无须纳税；A 企业增加注册资本，不产生纳税义务。该笔交易对 B 企业和 A 企业的整体税负影响为 0。

方案二，B 企业向 A 企业提供贷款，取得利息 500 万元，B 企业因取得的利息收入全部用于弥补亏损，无须缴税，但仍需缴纳营业税 25 万元。A 企业可以税前扣除利息 500 万元，减少企业所得税 100 万元。该笔交易对 B 企业和 A 企业的整体税负影响为减少税收 75 万元。

在该种情形下，如果 A 企业和 B 企业作为一个整体，选择方案二可以减轻企业总体税收负担。

情形三：B 企业为非居民企业，不考虑税收协定的其他影响。

方案一，B 企业对 A 企业增资，B 企业取得股息 500 万元。B 企业需缴纳预提所得税 50 万元；A 企业增加注册资本，不产生纳税义务。两企业的整体税负增加 50 万元。

方案二，B 企业向 A 企业提供贷款，取得利息 500 万元。B 企业需缴纳预提所得税 50 万元、营业税 25 万元；A 企业可以税前扣除利息 500 万元，减少企业所得税 100 万元。两企业的整体税负减少 25 万元。

在该种情形下，如果把 A 企业和 B 企业作为一个整体来考虑，选择方案二可以减轻税收负担。

情形四：B 为自然人且境内有住所，股息、利息个人所得税税率为 20%。

方案一，B 企业对 A 企业增资，B 企业取得股息 500 万元，需缴纳个人所得税 100 万元；A 企业增加注册资本，不产生纳税义务。两企业的整体税负增加 100 万元。

方案二，B 企业向 A 企业提供贷款，取得利息 500 万元，需缴纳个人所得税 100 万元、营业税 25 万元；A 公司获得 500 万元利息的税前扣除，企业所得税减少 100 万元。两企业的整体税负增加 25 万元。

在该种情形下，如果把 A 和 B 视为一个整体，选择方案二可以减轻税收负担。

通过上述四种情形的分析可以看出，在满足一定条件的情况下，企业通过增加债权性投资，减少权益性投资，的确可以获取更多的税收利益。

尽管依据 MM 定理①，企业利用债务资本进行筹资安排不会影响企业的总价值，但我们认为单纯为了税收目的，依据或创造条件有意采取资本弱化行为，属于激进型纳税规划行为。

7.4.2 资本弱化的激进型纳税规划

通过对上述资本弱化纳税规划基本思路的分析，我们可以简单概括出通过资本弱化减轻税收负担有三个基本条件：一是关联交易；二是关联交易在不同的税收管辖权下进行，否则超额利息的支付便没有意义；三是不同税收管辖权下，与股息和利息相关的税收规制存在差异。基于这三个基本条件，通过资本弱化进行激进型纳税规划的一般过程通常表现为：跨国集团公司在境外开设子公司，集团公司采用预先的规划安排，安排子公司向母公司或者其他关联公司借入资金，人为提高子公司的债务在资产总额中的比重，通过利息的分期支付把子公司的利润逐渐转移到母公司。子公司将这部分利息支出在会计核算中通过财务费用列支，从而逃避相关所得税的缴纳。常用的激进型纳税规划方法包括以下八种情形：

第一种是直接的资本弱化，也就是利用债券而非发行股票的形式

---

① MM 定理：在一定的条件下，企业无论以负债筹资还是以权益资本筹资都不影响企业的市场总价值。企业如果偏好债务筹资，债务比例相应上升，企业的风险随之增大，进而反映到股票的价格上，股票价格就会下降。

筹集资金。这一种方式过于明显，因此有着非常大的局限性，发行的债券价值受到股东权益价值的限制。

第二种是利用表外融资的方式借贷，这类融资不显示在表中，但实质上却是债务。最有代表性的就是将融资租赁变成经营性租赁，在不增加资产负债表中债务价值的同时，获得利息税前抵扣的优势。

第三种方法是所谓的背靠背贷款，即抱团贷款，一般指的是企业之间通过相互担保的方式，取得银行的"联合信用"，获得单个企业不能获得的贷款。

第四种方式是担保贷款，即由借款人或第三方依法提供担保而取得的贷款，在筹划中担保方和债务人往往互为关联企业，但是中间经过了中介，使得关联关系较为模糊。

第五种是跨国集团公司通过贷款途径将更多的第三方债务转移到高税率国家。

第六种是为获得免税收入通过第三方或集团内部进行融资。

第七种是利用类似于利息但拥有不同法律形式的金融工具。

第八种是中国资产池抵押。资产池抵押是近年来在中国出现的一种新的规划形式，即对境外关联母公司设在中国境内的子公司的资产打包形成中国资产池并作为抵押品，委托境外金融机构发行公司债或按揭证券进行融资，通过对利率的人为调节，利用预提所得税与企业所得税的差异避税。

7.5 资本弱化规制规则梳理

7.5.1 国际上对资本弱化的法律规制

简单地讲，资本弱化激进型纳税规划问题就是利息扣除问题，即利用各国对利息的定义，尤其是扣除的差异进行规划，以达到避税目的。在20世纪90年代之前，各国对于利息的扣除问题有不同的考虑，尤其是出于引进外资的考虑比较多，但在 20 世纪 90 年代后，各国纷纷建立起限制利息扣除的资本弱化制度。这些制度主要可以分为正常交易法、固定比例法、全球公司分配法、汇总集团资本结构法和无规则法。2015 年，OECD 在解决利息扣除 BEPS 问题的最佳实践方法的研究中，通过对目前解决利息扣除问题的相关方法进行归纳分析，认为各国目前实施的规则可分为六大类：（1）将实体的利息或债务水平与实体和第三方交易时可能出现的情况作对比。（2）利息支出预提税在利息来源管辖区征税权的分配。（3）在不考虑利息支付的性质或对象的情形下，对实体取得的利息费用的一部分不允许税前扣除的规则。（4）以债资比的方法来限制实体的利息费用或债务水平的规制。（5）以集团整体头寸限制实体利息费用或债务水平的规制。（6）不允许某些特定交易的利息费用获得税前扣除的针对性反避税规制。我们沿着正常交易法、固定比例法、全球公司分配法、汇总集团资本结构法和无规则法进行梳理分析。

1.正常交易法。正常交易法又称独立核算原则，也称为公平交易法，遵循的是"税收法定"的税收原则，以转让定价的一般原则为基础。正常交易法要求企业交易均按照公平公正的市场原则进行。在判断贷款是否属于关联方交易时，应着重将贷款条件与非关联方贷款条件进行比较。英国既是最早采用正常交易法的国家，也是目前仍坚持以正常交易法为主的国家。运用此方法进行规制，理论根据比较充足，有说服力，理论上能达到最大程度的公平，但是关联方的确认、正常利率的确认、超额利息的处理与调整在税收实务中比较困难，OECD 也试图通过实质重于形式原则来弥补这一缺陷，但是由于国际金融市场的复杂性，实际效果也不明显。目前，大多数国家并不以此种方法为主，往往只是把它作为固定比例法的补充形式。

2.固定比例法。固定比例法的全称是"固定债务/股权比例法"，这种方法又被称为安全港规则（safe harbor or safe haven），主要是通过规定债务和所有者权益的比例对资本弱化进行规制。这一比例通常被称为安全港比率，如果企业的债务和股本比例在安全港比率范围内，就处于安全港内部，所产生的所有利息费用，可在税前扣除；如果企业的债务和股本比例超出了安全港比率范围，除非企业有证据证明超额的利息支出有合理的商业目的，否则，不仅该超额利息部分在税前不允许扣除，并且对该部分利息要征收相关税款，即安全港外不安全。一般而言，安全港比率越低，说明该国对资本弱化的打击力度越大，筹划的可能性越小；安全港比率越高，说明该国对资本弱化的打击力度越小，筹划的可能性越大。

安全港比率的高低在一定程度上反映了该国对资本弱化规制的态度，也决定了利用资本弱化进行纳税规划的空间。目前各国对资本弱化的认识和态度不同，采用的安全港比率也不同，如法国、美国等国家规定为 1.5∶1；葡萄牙等国规定为 2∶1；澳大利亚、德国、日本、加拿大、南非、新西兰、韩国、西班牙等国则规定为 3∶1，目前采用这一比例的国家最多；意大利、丹麦实行 4∶1；荷兰规定为 6∶1；比利时规定，独立董事、股东和非居民公司董事比率为 1∶1，使用低利息率的债权人实行 7∶1。

固定比例法一般由以下几个部分构成。

（1）债务／股权比率。该比率是固定比例法的核心，是分析各国对资本弱化态度的重要指标，比例越低说明限制越严格，相反比例越高限制越宽松。不过，在具体分析时还应考虑其计算依据。目前，各国对该比率的计算依据不尽相同，可以归纳为两种情形：一种是以公司整体，即所有股东为计算对象，在计算债务和股权比例时，以公司全部债务和全部股东的股权作为计算基础。目前，以此为基础计算债务／股权比率的国家只有美国等少数几个国家。另一种是以单个特定的股东对居民公司的债务和股权作为计算依据。另外在计算该比率时，对股东提供的贷款资本金各国的规定也不相同。大致可分为三类：一是按单个非居民股东分别计算，只要某一非居民股东的贷款资本金与其拥有的股本的比率超过了规定，即使整个公司的贷款资本金总额与股本总额的比率没有超出规定，也适用资本弱化规制。二是把所有非居民股东视为一个整体，确定贷款资本金与所拥有的股本的比率，只有整体超过安全港比率，才适用资本弱化规制。三是同时考虑以公司作为整体计算和以非居民股东作为整体计算，只有两者同时超过了安全港比率，才适用资本弱化规制，目前采用这种规则的国家为大多数。

（2）适用对象。在资本弱化规则的适用对象上，大多数国家以居民公司和提供贷款者之间存在关联关系或其他特殊关系为前提，认定标准一般与该国转让定价税制中的关联企业判定标准相似，因而各国的认定标准存在差异。比如在控股比例上，澳大利亚的要求最低，只需持股15%；英国的要求最高，需要持股75%；新西兰和美国则为50%。控制比例越低，适用对象越广；控制比例越高，则适用范围越小。另外，大多数国家还将资本弱化规则的适用对象限定在特定股东，即非居民股东，如澳大利亚、加拿大、德国等。但也有国家的特定股东既包括非居民股东，也包括国内的股东，如美、英等国。一般把来自于银行、独立企业等不存在关联关系的第三方排除在资本弱化规制适用的对象之外。这主要源于对资本弱化规制的目的：通过限制居民公司与其股东之间利用关联关系和其他特殊关系，以债务融资代替股权出资，逃避有关税收的行为。

（3）债务资本。即安全港比率的分子部分，关于债务资本的内涵，目前各国对由特定股东提供的固定利率的中长期贷款基本达成共识，认为这类贷款具有投资替代性，应归属于债务资本。至于背靠背贷款（back-to-back loans）、短期贷款、由无关联第三方提供但由关联方抵押或担保的贷款、混合贷款等债务形式是否属于债务资本，各国在计算时存在较大差别。如背靠背贷款，即股东通过第三人（一般为银行）将贷款提供给居民公司。目前，大多数国家不允许在税前扣除此类贷款的利息，也不将其计入债务资本。加拿大和德国则将背靠背贷款计入债务资本，认为关联方虽然没有直接提供贷款，但通过提供抵押或担保，达到了规避相关税收的目的。对于短期贷款是否计入债务资本，各国规定的差异主要在应付款期限上，如美国对应付款期限在 90 日内的部分；澳大利亚非居民股东的应付款期限在 30 日内的部分不计债务资本；日本、西班牙、加拿大等国对短期贷款，不论应付款时间长短均不计入债务资本。对由无关联第三方提供但由关联方抵押或担保的贷款，即有追索权的贷款，各国做法也不尽一致：目前美国、德国、西班牙、葡萄牙、新西兰、南非等国将此类贷款列入债务资本；澳大利亚、加拿大、日本等国将此类贷款视为一般的无关联方提供的贷款对待，不计入债务资本。至于混合贷款，由于其可转换为公司股份，本身兼有股权投资特征，且仅支付利息，大多数国家将其计入债务资本。但德国对此类贷款产生的利息支出不允许在所得税税前扣除。

（4）股权资本。即安全港比率的分母部分，一般包括：特定股东享有权利的股权资本、留存公积金、未分配利润、准备金等，且股本一般以账面价值为准。

（5）超额利息处理。即超过法定安全港比率的贷款产生的超额利息处理。超额利息一般通过下列公式计算：

$$超额利息 = （特定股东）总债务利息 \times \frac{债务资本 - 安全港悉数 \times 股权资本}{债务资本}$$

对于超额利息有以下两种处理方法[①]：一种是不允许将超额利息作为费用在税前扣除，目前加拿大、澳大利亚、日本和美国等国采用这一方法。这种方法在两个方面存在局限性：一是可能导致国际双重征税。超额利息不允许扣除，则意味着在来源国需承担所得税及其他相关税收，而在超额利息获得者的居住国一般视同收入也要征收所得

---

① 张志超，李月平 . 国际税收 [M]. 北京：首都经济贸易大学出版社，2005.

税，并且在居住国纳税时，其在收入来源国承担的相关税收得不到抵免。二是可能损害非贷款提供者的其他股东的利益。超额利息不允许税前扣除，意味着财务费用的增加、利润的减少，股东可分配的收入减少，但提供贷款并导致资本弱化的股东只是股东的一部分，由部分股东造成的资本弱化的规制结果由全体股东承担，显然有失公平。另一种是将超额利息视为利润分配或股息分配，不仅不能作为费用在税前扣除，而且还通过调整将其视为利润或股息分配，按股息征所得税和预提税。采用这一方法时，该超额利息在收入来源国可能承担的所得税和预提税（如果有双边税收协定）均较低，且可在其向居住国纳税就该超额利息承担的税收给予相应抵免。可见，此方法较第一种方法更为合理一些。目前，德国、韩国和西班牙等采用这一方法。

（6）债务资本时间确认。由于债务有着各种各样的形式、各种各样的期限，所以债务资本总是处于动态之中。何时确认债务成本，是应该选取一个时间点，还是选取一个时间段，或者是加权平均全年的总额，每个国家的规定都不尽相同，但主要方法有年底法、平均法、最大法、时点法四种。表 7-2 通过一些有代表性的国家对这四种方式的确认时间对比进行了具体的说明。

表 7-1　债务成本确认时间对比

方法类型	解释	代表国家
年底法	以年底的贷款余额超出股本和所有贷款总额之和的60%为标准	美国
平均法	一个纳税年度中，按照以月为基础计算的平均债务总额为基础	西班牙、日本
最大法	以一个纳税年度中债务总额达到最大的那个时点的债务总额为基础	加拿大
时点法	以一个纳税年度中任意一个时点非居民股东提供的贷款总额超过安全港的额度为基础	德国

由此可见，制定和判断一个合适的安全港比率并不是一件简单的事情。由于各个国家的经济发展状况不同，资本市场和货币市场不同，即使在一个国家内部，不同的行业也会有不同的资金需求，所以如果对于不同的行业仅设置单一的一种安全港比率，那么有时就会偏离正常交易原则。一般认为，固定比例法是一种较为教条的方法，不具有弹性，有时甚至有失公平。

综上所述，正常交易法和固定比例法在运用时既有其优势，也有其不足。前者注重个案，比较理想化，但是忽视了效率和操作性；后者重视效率，试图用统一的标准要求各个企业，但是忽视了个案之间存在的差异。正是因为两种方法各有所长，所以很多国家将两种方法结合起来运用，共同规制资本弱化问题。

3. 全球公司分配法。这是一种由欧盟委员会推出的方法，即将一定时期内（通常为一个会计年度），跨国公司的全球利润加总，并且将这个跨国公司的资产、成本、薪酬、主营业务收入等指标组合起来，作为计算基础，按照一定的比例在各国的关联企业之间进行利润分配。这种方法看起来比较容易操作，但实际上由于利润的加总和指标的选择都没有一个固定的标准，操作起来比较困难。加上指标的选取和相关国家的税收管辖权有关，跨国公司可以通过总机构设立国来避开这种方法的约束，因此，这分配方法并未被 OECD 推荐使用。

4. 汇总集团资本结构法。汇总集团资本结构法是将跨国公司全球的资本结构作为衡量指标，计算债务/权益比例，然后将下属控股子公司的债务/权益比例与总的比例相比，来限制子公司的利息扣除。这种方法有两个优点：一是可以在一定范围内克服采用单一的固定债务/权益比例的缺点；二是可以完全解决关联企业内部的融资问题。缺点是：如果受控子公司的运作方式和全球的总体运作方式不同，则相互之间的比较就失去了其原有的意义和合理性，而且税务机关在审查跨国公司提供数据的准确性时成本较高。目前，以新西兰为代表的国家采用了这种方法。

5. 无规则法。无规则法并不是无视资本弱化的问题，它是指一国并不对资本弱化问题作出特别的规定，主要依靠一般反避税条款来解决资本弱化问题。具体来说，大陆法系国家经常借助"禁止滥用法律"或者"禁止滥用权利"来规制资本弱化，而英美法系国家则采用实质重于形式原则来应对资本弱化问题。无规则法通过一般反避税条款，规制在交易异常或者无商业交易的情况下存在的隐形资本，比如没有固定的还款条款，利息高低取决于盈利状况，贷款可转换为资产，资产负债率显著高于平均水平，资产负债率与公司风险分配之间存在明显差异，从关联方获得贷款所面临的问题，等等。采用这种方法的国家有阿根廷、新加坡、意大利、荷兰、以色列、巴西、葡萄牙、芬兰等。

7.5.2 BEPS 行动计划关于资本弱化规制的建议

针对跨国集团可通过调整集体内部债务数额减轻税负所带来的税基侵蚀和利润转移风险，BEPS 通过《对利用利息扣除和其他款项支付实现的税基侵蚀予以限制》，即第四项行动计划，对如何防止通过利息费用实现税基侵蚀提出了最佳实践建议。该计划首先介绍了如何定义利息及在经济意义上等同于利息的财务费用；其次讨论了利息税前扣除方法的规制的选择，针对每一笔交易的利息税前扣除和对利息税前扣除进行总体规定的规制方法进行了讨论；再次明确了利息扣除限额的一般规则的适用对象，指出适用于关联方或集团内债务和第三方债务；最后推荐了对利息税前扣除规制的最佳实践方法。

目前的资本弱化规则大多仅适用于关联方债务，而利息扣除的 BEPS 问题也涉及从第三方取得的债务，所以解决这个问题的关注点不能局限于关联债务，而应从财务费用总体支出入手。①

BEPS 第四项行动计划通过对现有解决利息扣除问题的相关方法作了归纳分析，把目前各国实施的针对资本弱化的规则分为六大类：第一类，独立交易测试。将实体的利息或债务水平与实体和第三方交易时可能出现的情况作对比；第二类，利息支出的预提税被用来将征税权分配到利息来源管辖区；第三类，不允许实体就利息费用的一部分获得税前扣除的规则，此规则对利息支付的性质或对象不会加以考虑；第四类，以债资比的方法来限制实体的利息费用或债务水平的规制；第五类，以集团整体头寸限制实体利息费用或债务水平的规制；第六类，不允许某些特定交易的利息费用获得税前扣除的针对性反避税规制。

OECD 认为，前三类方法在实践中的弊端较为明显：第一种，独立交易测试需要分析个体特征，寻找可比对象非常困难；第二种，预提所得税可能会造成重复征税，并引发企业的纳税规划行为；第三种，不允许特定比例的利息支出可能会使门槛值内外企业的税收成本差异过大，也容易引发企业的纳税规划行为。有鉴于此，OECD 在对现有解决利息扣除问题相关方法的归纳分析基础上提出了最佳实践方法，即 BEPS 行动计划推荐的最佳实践方法，强调各国应限制企业对净利息以及其他利息性质费用的税前扣除，建议各国以固定扣除率规则为基础，可在 10% 至 30% 的区间内选择设置本国的固定扣除率，使其不超过固定扣除率。同时，各国可选择在固定扣除率规则之外设置集团扣除率规则。此外，规定可以允许将当期未扣除的利息费用或者未使用的利息扣除限额结转至以后年度。并且针对某些特定行业，如银行保险业、房地产业、油气业等可以设计单独的限制条款。建议各国可以设置专门规则以解决利息扣除限额一般规则无法解决的 BEPS 问题。

---

① 李韩立．BEPS 行动计划 4、第二阶段成果 2：利息扣除和其他金融支付 [J]．国际税收，2015（10）．

7.5.3 中国的资本弱化规制规则

中国对资本弱化的法律规制大致可以分为直接规制和间接规制。我们通过梳理，制作了中国对资本弱化法律规简表（表7-2）。该表大致勾勒了中国对资本弱化规制规则的形成过程。

表7-2 中国对资本弱化法律规制简表

序号	法律法规	文号	备注
1	中华人民共和国税收征收管理法实施细则	国务院令〔2002〕362号	第五十四条
2	中华人民共和国企业所得税法	主席令〔2007〕64号	第四十一、四十六条
3	中华人民共和国企业所得税法实施条例	国务院令〔2007〕512号	第一百一十九条
4	关于企业关联方利息支出税前扣除标准有关税收政策问题的通知	财税〔2008〕121号	
5	特别纳税调整实施办法（试行）	国税发〔2009〕2号	第二、七条、第九章
6	国家税务总局关于企业向自然人借款的利息支出企业所得税税前扣除问题的通知	国税函〔2009〕777号	
7	关于企业混合性投资业务企业所得税处理问题的公告	国家税务总局公告2013年第41号	
8	关于完善关联申报和同期资料管理有关事项的公告	国家税务总局公告2016年第42号	第十五、十六条
9	中华人民共和国公司法	主席令〔2005〕42号	间接规制
10	关于中外合资经营企业注册资本与投资总额比例的暂行规定	工商企字〔1987〕38号	间接规制
11	中华人民共和国外汇管理条例	国务院令〔1996〕193号	间接规制
12	中华人民共和国证券法	主席令〔1998〕12号	间接规制

2008年，中国的《企业所得税法》首次嵌入了防止资本弱化的相关条款。截至目前，我国针对资本弱化管理涉及的法律、法规有12部，依据这些法律、法规，中国在反资本弱化过程中取得了重大进

展。中国资本弱化规制规则可分为两类：一类为资本弱化的间接规制规则；一类为资本弱化的直接规制规则（资本弱化的税法规则）。需要说明的是：资本弱化的间接规制规则在其设置时不是用来规制资本弱化现象，但是实际上构成了对资本弱化的约束。而资本弱化的直接规制规则则是专门用于规制资本弱化这种避税现象而设置的。由于这种规则属于税收法律规范，所以一般被称为资本弱化的税法规则。不过，这两种规则不是彼此孤立的，而且有着紧密联系的：前者对资本弱化约束的紧密与否，直接关系到后者的设置程度，甚至关乎后者存在的必要性。从另一个方面来讲，资本弱化税法规则的设置对于前者也有着重要影响。随着中国经济自由化程度的提高，对企业的强制性约束逐渐减少，这一方面有利于提高中国经济的市场化程度，与世界接轨。但是另一方面，这种约束的放松也存在着一些风险，而资本弱化现象也是必须考虑的风险。

1. 间接规制规则。中国资本弱化的间接规制规则主要分布于《公司法》、外汇与外债相关法律法规以及《中华人民共和国证券法》（以下简称《证券法》）等法律规范之中。

（1）公司资本法律规则。中国实行法定资本制，通过《公司法》确定了公司资本确定、资本维持、资本不变三大原则，体现了国家在公司资本制度方面的基本要求，构成了资本的强制性规范。中国采用这种制度，主要是出于对债权人利益和资本风险的考量，并非为了规制资本弱化现象。但是这种资本制度通过对资本弱化中权益要素的约束，间接地实现了对资本弱化的约束。

首先，最低注册资本要求设定了中国公司初始的资本结构，对权益资本数额具有一定的强制性要求。根据中国《公司法》的规定，有限责任公司最低注册资本为3万元（一人公司除外）。股份有限公司最低注册资本为500万元。该法还规定，法律、行政法规可以对有限责任公司或者股份有限公司最低注册资本提出更高要求。也就是说，具体到特定业务类型的公司，法律和行政法规还有可能对注册资本作进一步的规定。实际上，无论是在金融领域还是其他重要领域，都可以在相关规定中找到对有关注册资本的规范。

其次，在外商投资领域，中国对外商投资企业的注册资本与总投资额也有比例要求，这种比例要求直接作用于资本弱化中权益与债务比例，与前文提及的固定比例法原理颇为一致。《关于中外合资经营企业注册资本与投资总额比例的暂行规定》，对外商投资企业的注册资本与项目总投资的比例也有具体规定，这类规定相对于一般的公司注册资本的要求更加严格。虽然注册资本与资本弱化中的权益有差别，但是注册资本是构成权益最主要、最直接的部分。因此，该条例的存在，在一定程度上对资本弱化具有约束作用。

最后，中国《公司法》对于公司注册资本缴纳期限、不得抽回出资等规定对资本弱化也有着间接的制约作用。中国《公司法》对于注册资本要求股东在 2 年或者 5 年内缴足，这类规定虽然没有直接规定债务和权益的比例，但实际上对防止不合理借款[①]有着重要的推动作用。另外，根据资本维持的要求，中国《公司法》要求，公司存续期间除少数特别情况以外，不得抽回出资，否则将产生一系列后果。这种规定也能限制股东变资本金为债权性投资情况的出现。

尽管上述规定在一定程度上能够限制资本弱化现象，但试图依赖中国注册资本的相关规定来解决资本弱化的问题，肯定是不切合实际的。

（2）外汇与外债管理规则。《中华人民共和国外汇管理条例》第十六条要求，境外机构、境外个人在境内直接投资，获得有关主管部

---

① 不合理借款：在未缴足资本金的情况下，将本来用于缴纳注册资本的资金挪作对公司的债权性投资。

门批准后，需在外汇管理机关办理登记。该条例第二十二条要求，资本项目外汇收入保留或者卖出遵循批准制度。就外债管理而言，《中华人民共和国外汇管理条例办法》作了如下规定：对于企业的对外举债，境内中资机构从境外举借中长期国际商业贷款，须经国家发改委批准；对于短期国际商业贷款，由国家外汇管理局对其外债限额、外债余额进行管理。外商投资企业的国外贷款，虽没有有关部门批准环节，但需报外汇管理机关备案，并对外债限额控制提出了要求。在境内机构境外发行中长期债券由发改委会商国家外汇管理局审批；在境外发行短期债券，也需报国家外汇管理局审批，且上述两种情况均须办理外债登记手续。提供对外担保，应当报经外汇管理机关批准。这种较为严格的资本项目管理通过限制企业借外债的方式来限制资本弱化现象中的债务因素，实现规制资本弱化的作用。

中国严格的外汇管理制度迫使中国企业采取的主要融资途径是国内借款与扩充权益资本。而对于外商投资企业采取"备案"的差别待遇，使得外商投资企业更加便利地利用对外借款，这也使得外商投资企业出现资本弱化的可能性增加。不过，随着中国外汇管理制度趋于宽松，其对限制资本弱化的作用越来越小。

（3）《证券法》与上市规则。《证券法》等法律法规中对公司资本的有关规定，对资本弱化也形成制约。《证券法》对资本弱化的规制作用主要体现在其规定的对公司发行股权和债券的条件上。这些条件是否满足直接关系到公司能否发行相应的证券，而这些证券的发行又直接关系到公司的权益与债务的结构。

2. 税法规则。资本弱化的税法规则是一国规制资本弱化的直接规则。在中国现行的税法中，资本弱化规则包括：

（1）《企业所得税法》第四十六条规定，企业从其关联方接受的债权性投资与权益性投资的比例超过规定标准而发生的利息支出，不得在计算应纳税所得额时扣除。这一规定是中国资本弱化税法规则的标志性规定。这一规定有以下几个特点：一是该条确认了中国调整资本弱化采用的是固定比例法这种相对确定的方法。二是该条确定了将资本弱化规则的适用主体限于关联方。三是中国没有将资本弱化税法规则的适用主体局限于跨国公司，这就使得中国的资本弱化规则基本上不存在与对外签订的税收协定中非歧视条款之间的冲突。四是该条属于概括性的规定，欠缺操作性。

（2）《企业所得税法实施条例》第一百一十九条对资本弱化问题进行了进一步规定，分别界定了债权性投资与权益性投资的含义。这种界定使得该条款初步具有了操作性，为两者之间比例的计算提供了基础。另外，《企业所得税法实施条例》第一百零九条对关联方进行了解释，第一百二十一条对特别纳税调整后补缴的税款加收利息进行的规定等，也起到了细化资本弱化制度的作用。

（3）《关于企业关联方利息支出税前扣除标准有关税收政策问题的通知》（财税〔2008〕121号），对《企业所得税法》和《企业所得税法实施条例》的相关规定进行了细化，使得对资本弱化的规制更加完善，更具有操作性。具体表现为：第一，该通知针对不同业务类型的企业设定了关联方债权性投资与其权益性投资的比例，如金融企业为5:1，其他企业为2:1。第二，增加了两项例外性规定。一是如果企业能够证明其相关交易活动符合独立交易原则的，不论其债务与资本比是否超过了设定标准，利息支出均准予在计算所得税时予以扣除。二是如果企业的实际税负[①]低于或者等于境内关联方，企业实际支付给该关联方的利息，在计算所得税时也准予扣除。

---

① 实际税负：企业所得税的税负而不是全部税负，通常指企业实际负担的企业所得税占收入的百分比或税收利润的百分比。因存在优惠税率、减免税、投资抵免、再投资退税、所得税返还等因素，企业的实际税负并不等同于企业法定税率。

（4）《特别纳税调整实施办法（试行）》对资本弱化进行了更为详细的规定。一是对关联关系分别从占股比例、借贷金额、资金担保份额、公司高管的委任以及其他具有控制关系的角度做了详尽的界定，相对于《企业所得税法实施条例》，该《特别纳税调整实施办法（试行）》对关联关系的界定更为严格。二是在明确关联交易类型时将融通资金作为一个重要的类型，并对融通资金的范围，包括各类长短期资金拆借和担保以及各类计息预付款和延期付款等业务进行了界定，表面上看是对融通资金范围的界定，实际上也是对债权性投资范围的界定。三是明确了不得扣除利息的计算公式，规定了关联方债权性投资与其权益性投资的比例的计算方法，并且明确了所有者权益小于实收资本与资本公积之和，实收资本与资本公积之和小于实收资本的两种特殊情况的处理方法。四是规定了证明符合独立交易原则需要提交的同期资料，这些资料包括对企业偿债与举债能力的分析；对企业集团举债能力与融资结构的分析；对企业权益投资的相关变动情况的说明；关联债权投资的性质与取得时的市场状况等；关联债权投资的货币种类、金额、利率、期限与融资条件等。五是对超额利息的扣除进行了明确，对未按规定准备、保存与提供同期资料，或同期资料不能证明其符合独立交易原则，超额利息支出，不允许在计算应纳税所得额时扣除。对于超过关联方债权性投资与其权益性投资的比例标准支付给国外关联方的利息支出视为股息分配，征收预提所得税；对其已扣缴的所得税税款超出按股息计算应征所得税款的部分，不予退税。

从上述梳理分析中可以看出，中国已经初步建立了针对资本弱化的安全港规则体系，但在如何界定权益性投资与债务性投资，如何认定关联方，如何设置安全港比率更为科学合理，例外性条款的处理以及超额支出的税务处理等方面需进一步研究，并通过规制措施进行进一步完善。

7.6 完善中国资本弱化规则的建议

7.6.1 BEPS 第四项行动计划及借鉴

随着税收法定原则在中国的逐步贯彻落实，以及"一带一路"倡议的实施与推进，结合国情借鉴 BEPS 第四项行动计划的相关内容，加快国内税收立法，加大国际税收协调与合作的力度，是今后中国税收工作的必然选择。

从目前中国的法律规定和反避税目标来看，BEPS 行动计划的部分内容在中国的法律规制中没有体现。第一，利息税前扣除限制对象。BEPS 第四项行动计划中最佳实践方法是针对企业的全部净利息支出，涵盖了关联企业和非关联企业。而中国主要限制的是关联方借款的利息扣除，并不涉及非关联方。第二，向以后年度结转规则。中国国内法规定，未抵扣利息及未使用利息限额都不允许向以后年度结转，而BEPS 行动计划的最佳实践方法建议允许在一定年限内结转到以后年度。第三，对特殊产业规制。OECD 的最佳实践方法中对于金融保险业、房地产业、油气业等若干特殊行业有特别的规则，而中国国内法仅对金融企业有特别的规定。

虽然 BEPS 第四项行动计划推荐的最佳实践方案与中国现实规定有上述三个方面的差异，但是其中的部分内容仍值得借鉴和参考。第一，在未来完善中国有关资本弱化税制时，可以考虑将限制利息扣除的范畴从关联借贷扩展到全部借贷。第二，对于一些特殊行业可以借鉴最佳实践方法，扩大适用的行业，不单单仅对金融行业进行规定。此外，考虑到借款利息是企业实际支出的费用，建议将不允许当年扣除的利息支出在若干年限内结转。第三，对于利息偿付指标可选取与经济活动关联性更强的指标。对目前采用的债资比指标，可以参考 BEPS 最佳实践方法，一是直接用净利息 /EBITDA①取代，二是将目前采用的指标与净利息 /EBITDA 的度量指标结合起来使用。这不仅可确保实体的利息扣除与经济活动直接挂钩，而且还将利息扣除与实体的应税收入直接挂钩，使该规则在针对利息规制时相对有效。这也是 BEPS 行动计划的目标所在：防止人为地将应纳税收入从产生该收入的活动中剥离。因此，为确保实体可扣除的净利息费用与产生应纳税收入和推动价值创造的活动相匹配，使用收益计量经济活动应是最有效的方法。而 EBITDA 是目前最为普遍的计量收益的方法，一方面，通过将两项主要非现金成本排除在普通利润表之外（固定资产折旧和无形资产摊销），EBITDA 能显示实体履行其利息支付义务的能力。另一方面，EBITDA 的使用有利于在固定投资水平较高的行业中运营的实体。这是因为 EBITDA 不含资本化成本的减记，如厂房与机器的投资。此外，EBITDA 能让一般性利息限制规制更具抗筹划性。实体可扣除利息费用水平若与收益挂钩，集团就只能通过增加在一国的收益来增加在该国的净利息扣除额。同样地，任何将利润转出一国的重组行动，必将导致该国净利息扣除额的减少。因此，采用 BEITDA 作为度量指标能在一定程度上识别出企业是否存在通过资本弱化进行避税的动机，可以在一定程度上弥补采用债资比作为度量指标在对资本弱化避税动机识别方面的不足。

7.6.2 完善中国资本弱化规制的建议

通过对资本弱化法律规制的梳理，不难看出，中国目前采用的是以固定比例法为主、以公平交易法为辅的资本弱化的规制规则。结合上述分析，我们认为，在以下几个方面有待进一步完善，具体建议

---

① EBITDA：Earnings Before Interest，Taxes，Depreciation and Amortization，简称 EBTTDA，即未计利息、税项、折旧及摊销前的利润。

如下：

1.明确资本弱化法律规制涉及的基本概念。对基本概念的界定，能够反映国家对资本弱化的基本态度。一是关于利息支出。《企业所得税法》第四十六条和《特别纳税调整实施办法（试行）》第八十七条对利息的界定不一致，容易在扣除范围上引起歧义。从税负的角度考虑，企业会利用宽口径的界定，夸大其利息支出的范围；而征收机关从国家税收收入的角度考虑，强调严格税收征管，在实务中往往会否定一些企业本以为或者误以为在税前可以扣除的利息支出。由于出发点不同、站的立场不同，各自对同一概念、同一问题有不同的看法，征纳双方容易产生歧义和冲突。二是关于短期借款。目前，中国有关法规规定对正常的短期借款，其支付的利息可以在税前扣除，但对于利用该规定进行不间断的大量的短期借款的激进型纳税规划行为没有规制措施，因此应区别短期借款的不同情形对利息的税前扣除进行进一步的明确。三是关于债务与资本。前面已述及中国资本弱化规制规则采用的是以固定比例法为主、公平交易法为辅的规则模式。采用固定比例法对资本弱化进行规制，要求对权益和负债进行明确的区分，因为这种区分直接关系到两者之间的比例，决定融资安排是否构成资本弱化，以及对应税所得额的调整。由于金融工具的不断创新，混合融资工具、衍生工具等不断涌现，对债务与资本的简单定义给税收实践带来了困扰，所以对债务与资本应进行重新定义。四是关于融资租赁的定性，即融资租赁是否归属债权性投资。到目前为止，法律层面没有明确规定。而事实上，融资租赁为企业规避纳税提供了一条途径，因此亟待明确其归属。五是关于"非法集资"的定义。随着中国民间借贷的兴起，影响非法集资判定标准的因素越来越多，需要对其重新定义，既要保证税务机关合理、有效地使用自由裁量权，打击纳税人利用其进行激进型纳税规划，又要保证不影响纳税人正常的债权性融资需要，促进经济的高质量发展。

2.制定合适的债务/股本比率。关于债务/股本比率，按照资本结构权衡理论[①]，对有形资产庞大的行业可以适当提高债资比控制比率；对无形资产风险大的行业，应严格控制债资比比率。从目前国际上采用安全港规则国家的税收实践来看，其固定控制比例基本在2:1—3:1之间，对金融行业的债资比普遍较高。如德国有关法律规定金融企业的债资比为9:1，中国相关法规规定金融企业的债务与权益比例为5:1，而其他企业的债务与权益比例为2:1。关于中国目前的债资比设定一直存在争议，有学者认为中国的标准过低，难以满足金融企业的正常需要，与世界趋势相悖，要求将中国的债务与权益的比例提高，以满足中国的正常经济需要。也有观点认为，中国现行的标准合情合理，有利于企业稳定运营，况且中国资本弱化采用的是固定利率法为主、公平交易法为辅的规制模式，如果企业发展需要正常的资金借贷，完全可以依靠该例外得以豁免。我们认为，中国资本弱化规则中的债务与权益的比例是否需要调整或者提高，单纯通过参考国外的指标是不够的，应当根据中国的实际情况进行判断。应当在学习国际可取经验、在考虑各行业追求企业价值最大化的基础上，结合国内经济的实际发展情况和行业化关联债资比例，在考量企业的借款额度与独立交易原则符合度时，不仅要考虑独立企业"能够"借入的金额，还要考虑企业"愿意"借入的金额。债务/股本比率应较发达国家略高，并给予比率内的债务利息税前扣除，超过部分不予抵扣。

---

①资本结构的权衡理论（Trade-off Theory）认为：在适度的负债水平上，发生财务困境的可能性很小，因而PV（财务困境成本）很小，而税金优势处于支配地位；当负债达到一定水平以后，如继续追加负债，财务困境成本的可能性就会迅速上升，并将大量侵蚀公司价值，如果公司不能确保由PV（税盾）获利，那么负债的税金优势就会消失殆尽；存在理论上的最优负债水平，即当追加负债产生的税额节省的现值等于相应增加的财务困境成本的现值时。从企业的角度来说，财务经理人必须选择使公司价值最大化的负债比。

3. 完善债务 / 股本比率的计算方法，采取逐笔计算。目前，债资比的具体计算方法为：关联债资比例 = 年度各月平均关联债权投资之和 / 年度各月平均权益投资之和。该计算方法可能导致两种情形的发生：一是如果单个关联方的债资比超过了规定比率，而全部关联方的债资比没有超过规定比率，则该单个关联方不会补缴"不得扣除的利息支出"应承担的税款，可能导致相关企业的激进型纳税规划，以获取负债经营带来的税收利益；二是当所有关联方的债资比超过了规定的比率，而单个关联方的债资比没有超过比率，该单个关联方也需分担"不得扣除的利息支出"应承担的税款，这不符合责任自负的原则。因此，我们认为在债资比的计算方法上采取逐笔计算关联方债资比为宜，这样可以有效防范非居民关联方利用资本弱化进行避税的行为。

4. 理顺与转让定价税制的关系。一是转让定价基本规定对资本弱化的规制。《企业所得税法》第四十一条规定，对关联企业之间不符合独立交易原则业务往来，减少企业或者其关联方应纳税收入或者所得额情形，税务机关有权按照合理方法进行调整。该条被认为是中国转让定价的基本规定。从该条款可以看出，转让定价也是涉及关联方的交易问题，具体涉及利息等问题时，也可以通过所谓"合理方法"进行调整。资本弱化问题主要涉及关联方之间的融资交易，涉及对利息扣除等进行调整的问题，因此该规定有助于防止资本弱化的避税问题。二是转让定价调整原则与资本弱化的调整。中国针对资本弱化制度规定允许企业证明其融资交易符合独立交易原则，并据此免除遭受"不予扣除利息"等不利后果。这与转让定价所要求的税务机关直接证明企业的交易"不符合独立交易原则"的证明规则存在差别，但是核心是一致的，都是关于独立交易原则的证明问题。正是由于转让定价规制与资本弱化规制的交叉性及相似性，导出了第三个问题，即转让定价规制与资本弱化规制适用的优先问题。如果单从法条本身来看，转让定价制度似乎能够适用于资本弱化问题，但我们认为根据特殊法优先于一般法的原理，涉及资本弱化问题时，应当优先适用资本弱化的专门规定，而非转让定价的规定。对于同时存在两种问题的情况，明确两个规则的适用顺序，可以使得利息的扣除等问题变得相对明晰。

5. 推进资本弱化税制的 CBIT 改革。资本弱化问题的根源在于税法对债权性投资和权益性投资的税收差别待遇，因此，消除两者之间的差异是解决问题的根本方法。为此，目前世界各国采取的方法主要有两种：一种是美国财政部推出的综合经营所得税（Comprehensive Business Income Tax，简称 CBIT），在 CBIT 中通过给予负债和股权同样的税收待遇，废除利息的税前扣除，以消除负债的税盾效应；另一种是英国财政研究所倡导的公司股权津贴制度（Allowance on Corporation Equity，简称 ACE），即给予股权和负债同样的税收优惠，允许股权的正常回报在税前扣除。ACE 虽然由英国财政研究所提出，但英国政府并没有采纳。克罗地亚曾在 1994 年引入该制度，但由于来自盈利企业及政治等方面的压力，2001 年其废除了该制度。意大利在 1998 年引入了与之相似的改革，2011 年开始实施改良后的 ACE 制度。从税收实践来看，ACE 制度存在的主要问题是加剧了市场竞争的不公平性，因为在该制度下，规模大、盈利能力强的企业更容易通过增发新股获取税盾效应，取得国际竞争优势，而中小企业在资本和运营成本方面往往举步维艰，在竞争中处于劣势，从而使市场竞争的不公平性更加凸显。目前我国财政资金的缺口较大，财政支出呈刚性增长，中小企业融资难的问题一直没有得到有效解决，采用 ACE 制度显然不符合国情。而我国现行税法中对关联债资比的严格限定，对超额利息的严格征管，虽然不是纯粹性质的 CBIT 制度，但已具有了 CBIT 制度的某些特征。所以，对国内资本弱化的进一步规制改革，选择 CBIT 的改革路径将更加符合中国的国情。

6. 加强国际税收工作的合作。一是防止资本弱化规则的不协调得致重复征税。防止资本弱化导致税基侵蚀和利润转移，作为 BEPS 第四项行动计划已经引起大部分国家的高度重视，尤其是发达国家已经制定了反资本弱化规则，越来越多的国家也会加入这一行列。反资本弱化规则维护的是本国的税收利益，国家之间反资本弱化规则的不协调可能导致国际重复征税，而国际重复征税会阻碍跨国资本的流动。因此，中国在完善反资本弱化法规的同时，应关注反资本弱化规则的变化趋势，积极与有关国家协商，适时修订双边税收协定，平衡相关国家税收利益，消除重复征税，促进资本的跨国自由流动。二是境内与境外关联方的区分与税收协定的非歧视条款。中国国内法规定，未抵扣利息及未使用利息限额都不允许向以后年度结转，应按实际支付给各关联方利息占关联方利息总额的比例在各关联方之间进行分配。其中，分配给实际税负高于企业的境内关联方的利息准予扣除；能证明其符合独立核算原则的利息也准予扣除；直接或间接实际支付给境外关联方的利息应视同分配的股息，按照股息和利息分别适用的所得税税率差补征企业所得税。这是中国在资本弱化调整规则上的"混搭创新"。因为就资本弱化调整的方法而言，国际上一般遵循称为"一级调整"与"二级调整"的方法。所谓"一级调整"是对不允许扣除的利息支付或者超额利息的调整，而"二级调整"是对将支付的利息或超额利息推定为股息的调整。各国一般从两者之间选择"一级调整"，也有一些国家进行"二级调整"，还有国家并用两种调整方法。中国对境内关联方适用"一级调整"方法，而对境外关联方适用两种调整方法。因为中国税法规定不论境外关联方的实际税负高或低，均将向其支付的利息视同分配的股息，并且不允许在计算应税所得额时进行相应扣除。而对于境内关联方，只是对利息不予扣除。这两种方法导致的结果是有差异的，对境外关联方的两次调整给境外企业造成的税负压力要高于境内关联方，这就涉嫌对境外关联方的待遇歧视。因为中国与大多数国家的税收协议中都有关于非歧视待遇的规定，而根据不同主体进行的调整方法的差异化处理，可能在以后引起争端，滋生纠纷。因此，我们认为中国在进行资本弱化的税法调整时不需要对借款的来源进行区分，直接进行"一级调整"即可。这种方法简单易行，既能降低执法成本，也能避免歧视嫌疑。

8. 混合错配的纳税规划及其法律规制

　　混合错配安排是跨国公司进行纳税规划的一种重要形式，与经济全球化、金融市场国际化及国际税收竞争密切相关。混合错配安排的泛滥对有关国家的税基造成了侵蚀，对效率、透明度和公平竞争有着全方位的负面影响，由此引起了国际社会的广泛关注。为了消除混合错配安排的上述影响，尤其是对税基侵蚀的影响，《消除混合错配安排的影响》作为 BEPS 第二项行动计划由 G20/OECD 于 2015 年推出，相关国家针对混合错配安排也出台了相应的措施。虽然在中国由混合错配安排引起的税基侵蚀和利润转移并不严重，但随着中国金融市场的不断扩大和开放，金融衍生工具的开发以及国际税收竞争的演绎，混合错配带来的税收问题必将成为一个不可回避的议题。

8.1 混合错配安排的含义

　　目前，对混合错配安排的概念大多引述于 OECD 的定义，即指利用两个或多个税收管辖区对一个实体或载体的税务处理差异，以达到获得双重不征税或者长期递延纳税的目的。OECD 在《混合错配安排：税收政策与合规问题》（2012）中对混合错配进行了系统的阐述。其中，"混合"是指由于两个或两个以上的不同税收管辖权对某一"实体"或某一"工具"属性的界定不同，导致税收待遇的非单一性，这是利用"混合错配安排"进行激进型纳税规划的前提条件。"错配"可以从三个层面进行分析：一是从税收管辖权总体的角度考量，税收待遇与经济活动实质不匹配。二是从单独的税收管辖权来看，将利息支付享受税前扣除、股息收入获得免税优惠、公司机构不视为纳税实体等视为合法行为。三是从多个税收管辖权来考察，纳税人总体收入水平与其承担的税收负担"不匹配"，扭曲了税收的竞争、效率原则。"安排"即事先的筹划。混合错配安排运用的工具一般是权益性工具和债务性工具。需要说明的是：由自然因素引起价值波动而形成的错配，如汇率波动形成支付价值的计量差异所产生的税收待遇错配，不属于我们研究的混合错配安排的范畴。

8.2 混合错配安排的一般类型

混合错配安排可以从不同的视角进行分类，从对税收的影响角度可分为：一方扣除、一方不计收入的混合错配安排；双重扣除的混合错配安排；间接性一方扣除、一方不计收入的混合错配安排等三种类型。从混合错配安排的运行机制角度可以分为：以混合体错配安排[①]和混合工具错配安排[②]。从混合错配安排形成的原因角度可分为：混合金融工具、反向混合体、豁免混合款项、混合转让、输入型、可扣除混合支付、双重税收居民等错配导致的混合错配安排。我们从混合错配安排形成的原因角度选取几个类型展开讨论。

1. 混合金融工具错配。混合金融工具在学术界并没有一个比较统一的定义，但是一般来看，是指同时具有债务工具性质和权益工具性质的金融工具。如跨国公司运用某种金融工具（一般把可转换债券、可赎回股票、优先股等）进行资金往来，这种金融工具往往在一个国

---

① 同一混合体在两个或两个以上税收管辖区因法律规定不同，而被给予独立性的税务处理，结果导致税务结果的整体性错配。

② 即同一混合工具在两个或两个以上税收管辖区因其法律规定不同，而被给予独立性的税务处理，结果导致税务结果的整体性错配。

家被认定为债权工具而在另一个国家被认为是股权工具，这时的金融工具就被视为混合金融工具。BEPS（2015）报告认为，混合金融工具是指按照收付双方税收管辖权的法律规定对债权、股权或衍生工具的征税规则作出的任何安排。

债权工具是向外部机构借入的款项，属暂时性资本，借款人按期偿付利息，到期还本，因而借款人对该笔款项只有使用权，没有所有权。股权工具则被视为长期资本，作为投资看待，被投资人不负有偿还的义务。投资人在这种情况下只能根据公司的运营状况获取利益。公司或出于税收目的，或出于法定资本金要求，或者为了改变公司的股权结构等获取不同形式的资本。

不同国家对股权或债券性质的划分不同，并且不同国家间的税收政策与法律制度存在差异，可能导致不同国家对金融工具的认定产生差异，即一项金融工具在一个国家被认定为权益工具，而在另一个国家可能会被认定债务工具。比如在美国，区分某金融工具属于股权性质还是债券性质需要考虑较多因素，如该项权益是否具有投票权、是否有固定的到期日、是否具有法律上要求的强制执行条款及该条款是否从属于一般债权人等等。而在法国则仅仅需要考虑该权益是否具有投票权。这种认定的不同所产生的差异给跨国企业的筹划安排提供了操作空间。

2. 反向混合体错配安排。反向混合体错配安排是指支付方对混合收款方的支付，在收款方税收管辖权下，收款方的任何投资者均未计入普通收入，从而导致一方扣除、一方不计收入的税务结果错配。

3. 豁免混合款项下的错配安排。豁免混合款项下的错配安排主要是指支付款项按照支付方的税收管辖权的法律可以在税前扣除，而在收款方的税收管辖权的法律下未被视为支付性收入进行征税，导致一方扣除、一方不计收入的错配，或者因税务合并制度的差异，将合并集团成员之间的所有交易在税务上视为免予征税的收付项目，导致支付方和收款方均不征税。

4. 混合转让的错配安排。在 BEPS（2015）报告中，混合转让被看作是混合金融工具的一个重要组成部分，是指跨国公司将一般支付或资金转移通过资产转让协议进行。根据交易的经济结构和安排，两个税收管辖区的法律可能对转让人和受让人是否拥有相关资产的回报处理不同，如一个税收管辖区将被转让资产的回报作为可扣除开支，而另一个管辖区将相同的数额作为相关资产回报，相应地获得税收豁免或其他税收减免，这样就产生了一方扣除、一方不计收入的结果。一般来说，混合转让的错配安排主要出现在债券售后回购或证券借贷交易中，在这类交易中，转让方就被转让资产的相关金融或股权回报申报扣除，被转让资产按照混合转让条款支付给受让方，而受让方将相同支付作为相关金融工具本身的直接回报进行处理，由此则豁免了税款。

5. 输入型错配安排。该错配安排是指由于纳税人通过纳税规划安排或者通过与集团成员共同进行筹划安排，借助普通贷款等非混合工具，将离岸混合错配的影响转入国内的税收管辖区。

8.3 混合错配的激进型纳税规划

8.3.1 双重扣除的纳税规划

双重扣除的激进型纳税规划是指利用混合体支付下的可扣除款项，借助在收付双方税收管辖权下对某一收付均可进行税前扣除的规制，达到双重扣除及不征税的错配结果。典型的恶意筹划方法是利用混合体在收款方和支付方定性的差异性（在一方被视为税收透明体，在另一方被视为税收非透明体），经过筹划安排，达到双方之间的某笔费用支出所需税款在收款方和付款方均获得扣除，从而减轻其税收负担。其典型形式如图 8-1 所示：

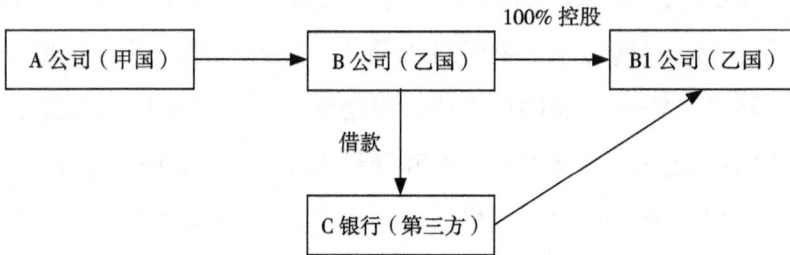

图 8-1 双重扣除筹划基本路线图

图 8-1 中，A 公司是集团母公司，在甲国注册成立，其核心业务是产品的研发，间接控股乙国的运营子公司 B1。B1 主要负责集团产品的生产和销售管理工作。A 公司为形成对子公司 B1 的间接控制，先在乙国设立常设机构 B，然后通过常设机构 B 全资控制 B1。常设机构 B 在甲国被视为税收透明体，在乙国被视为非税收透明体。运营子公司 B1 需要注入资金约 1000 万元。A 公司决定由常设机构 B 向第三方银行借款 1000 万元，解决 B1 的注资问题，并由常设机构 B 支付借款利息。若甲国将常设机构 B 视为税收透明体，B 发生的业务被视为投资主体的业务，其向第三方银行的借款被视为 A 公司的借款业务，根据甲国税收法律规定，A 公司的借款利息支出可获得税前扣除，所以常设机构 B 向第三方银行借款的利息支出在甲国获得了税前扣除待遇。而乙国将常设机构 B 被视为非税收透明体（独立纳税实体），对其业务实现独立核算，且乙国有母子公司可以合并纳税的税收法律规定，这样常设机构 B 向第三方借款的利息支出通过合并纳税，可以冲减子公司 B1 的应税收入，相当于该笔借款利息支出进行了第二次扣除。这种筹划的结果造成了甲、乙两国税收的流失。

双重扣除还有一种可能的筹划形式，即如果一个纳税人是两个及两个以上税收管辖区的非税收透明体，那么此纳税人是双重或多重税收居民。目前，不同税收管辖区对居民身份的判定往往会有所差异，如居民税收管辖地一般以注册地和以实际管理机构所在地来作为认定标准。当以实际管理所在地作为认定标准时，由于各国对实际管理地标准认定的不同，往往会造成某纳税人同时被两个国家认定为居民企业或在两个税收管辖区都不是税收居民企业的情况，这时候很可能导致在两地都不纳税的错配结果。同时还可能出现另一种情况，如果某实体在甲国国内法下是该国税收居民，根据甲国与乙国的税收协定，该实体又是乙国居民，从而使该实体享有两国国内法下适用于居民的优惠而无须承担相应的税收义务。也就是说，针对某项支付，如果该实体能同时享受优惠，也能达到双重扣除的混合错配效果。

8.3.2 一方不计收入、另一方税前扣除的纳税规划

该类激进型纳税规划是利用不同国家（税收管辖权）之间对混合金融工具定性的差异，借助交易双方都被认定为是同一金融工具的所有人，出让方作为融资成本可以在税前扣除，在受让方视为权益所得不计入应税收入，达到一方扣除、另一方不计应税收入的错配结果，其典型行为是通过抵押式贷款回购。在抵押式贷款回购中，出让方把出售股份中的股息视为自身的融资成本，而受让方则把接受该股份中的股息看作自身的权益所得。基本操作流程如下图 8-2：

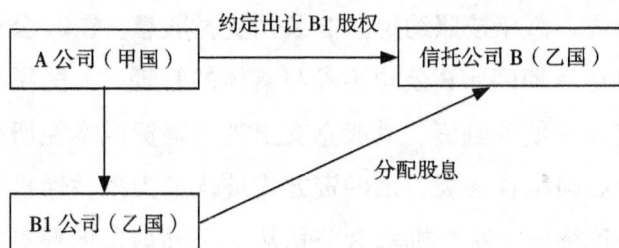

图 8-2　一方不计收入、另一方税前扣除筹划基本路线图

图8-2中，A公司是一家房地产企业，为甲国的税收居民，在乙国设有全资控股的子公司B1，B1主要负责海外市场的开发和服务。A公司在国内要对其两年前投标的一块土地进行开发，需融资1亿元。公司管理层决定采取抵押式贷款回购向乙国的信托公司B融资，A公司首先将子公司B1的股权转让给信托公司B，从公司B融入资金；并约定待国内商品房建成出售后，以约定的价格对B1的股权进行回购，回购期间B1向信托公司B分配股息；其中的转让款中包含B1应向其分配的股息，这笔股息成为A公司向公司B进行融资的成本。按照甲国税收法律，股息作为成本在资本利得计税时可以进行税前扣除。根据乙国税收法律，境内居民企业之间的股息分配免于征税，这样信托公司B从B1取得的股息无须计入其应税收入纳税，这种筹划的结果造成了甲、乙两国税收的流失。

8.3.3 一方税前扣除、另一方免税的纳税规划

该类激进型纳税规划是利用不同国家（税收管辖权）之间对债务性融资和权益性融资等金融工具认定的差异进行筹划，达到在发行方（出让方）税收管辖权下税前扣除，在购买方（受让方）税收管辖权下给予免税待遇中的错配结果。

典型案例：A公司是一家上市企业，为甲国的税收居民。B公司是一家基金机构，是乙国的税收居民。A公司为在国内拓展其某一板块的业务，需要资金投入5000万。A公司选定B基金公司，通过发行优先股进行融资，每年按照约定向B公司支付股息。在A公司对新板块业务的安排运营期间，B公司不参与具体的管理。A国税收法规将该融资方式定性为债务融资，其股息支出视为融资成本在所得税税前扣除。而根据乙国税收法规，该融资方式被认定为权益性投资，其股息收入享受免税待遇，基金机构B公司从A公司取得的股息收入不计入其应税收入。这种筹划的结果造成了甲、乙两国税收的流失。

8.3.4 间接性一方扣除、另一方不计收入的纳税规划

该类激进型纳税规划是利用第三方没有混合错配安排的反避税法规，将混合错配安排引入第三方的激进型纳税规划安排，达到按支付地的规定可以扣除，在收款地可进行抵免的错配效果。最典型的筹划形式是通过股权的回购协议来完成，借助股权回购交易中，一方税收管辖区将股权回购交易视为售后回购，另一方税收管辖区将该交易视为取得贷款，而以股权作为担保的贷款。其基本运行图如下图 8-3：

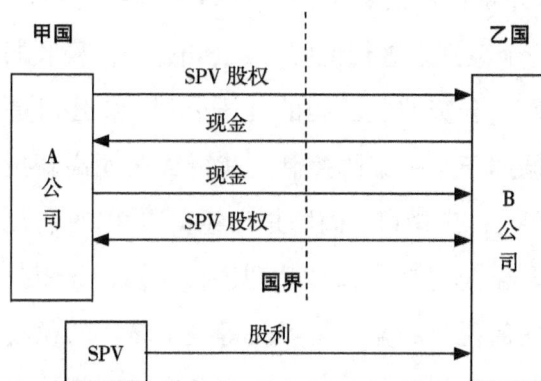

图 8-3 间接性一方扣除、另一方不计收入筹划基本路线图

甲国的 A 公司拟通过转让其优先股向乙国的 B 公司融资，为了达到错配效果，A 公司建立了一个特殊目的实体（SPV）[①]，并将 SPV 的优先股股权以一定的价格转让给 B 公司，取得所需资金，同时与 B 公司签订回购协议，约定在某一时点以一定的价格将此股权购回。在 B 公司持有股权期间，该 SPV 获得债券利息收益或营业利润。

该收益在甲国税收管辖权下应当缴纳公司所得税。同时 SPV 向 B 公司支付固定利率的优先股息被视为 B 公司的收入，在乙国税收管辖

[①] SPV：Special Purpose Vehicle，简称 SPV。在证券行业，SPV 指特殊目的的载体，也称为特殊目的机构 / 公司，其职能是在离岸资产证券化过程中，购买、包装证券化资产和以此为基础发行资产化证券，向国外投资者融资。

权下，B 公司被视为 SPV 的母公司，其交易被认定为售后回购交易，SPV 在该交易中承担的甲国的税收根据乙国税收法规可以进行抵免。而在甲国税收管辖权下该交易被认定为股权担保贷款，SPV 被视为 A 公司的子公司，SPV 所支付的股息被视为 A 公司收入的一部分，该股息向乙国 B 公司支付视为贷款利息允许在所得税税前扣除，甲国对 A 公司支付给 B 公司的股息予以免征税。通过这种安排，同一笔股息在甲国进行了税前扣除，在乙国进行了税收抵免，最终导致了双重不征税。

BEPS 行动计划推出后，可能会出现一种新的激进型纳税规划方式。我们通过一个案例来进行说明：A 公司是甲国税收居民，主要进行应用技术的研发，全资控股乙国的 B 子公司。C 公司是丙国的税收居民，与 A 公司同属于某一集团控制，获得 A 公司高新技术专利后进行具体产品的生产与推广销售。丙国是已经实施 BEPS 行动计划建议的税收管辖区，如果 A 公司直接和 C 公司进行交易，集团公司将不能获得甲国和丙国的任何税收利益。为了获得技术转让的税收利益，集团在乙国设立了全资控股的 B 子公司，主要负责将高新技术专利销往乙国的 B 公司，乙国还未实施 BEPS 行动计划建议的针对混合错配安排反避税规则。2016 年，A 公司的某项技术研究成熟，以 1000 万的净价转让给公司 B，随后 B 公司又以 800 万的净价转让给 C 公司。如图 8-4：

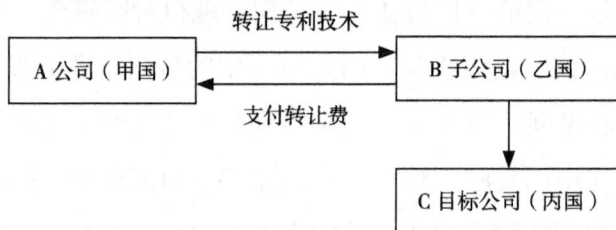

图 8-4 利用 BEPS 行动计划实施差异筹划基本路线图

在甲国，根据其相关税收法律，技术转让享受免税待遇，收到的

B公司的1000万元净价收入无须缴税。而在乙国，首先为接手A公司的技术专利支付了1000万的对价，根据乙国的相关税收法律，该项支出被视为无形资产的购进成本在税前扣除；B公司转让该技术专利取得的800万元的净价收入，根据相关的税收法律，作为应税收入计税。由于丙国对混合错配安排实施反避税，在向B公司支付800万元的对价，C公司的800万元成本支出可税前扣除。这项技术转让的税收结果是：A公司的1000万元净价收入享受免税待遇；B公司的1000万元支出享受税前扣除，800万元收入被征税；C公司的800万支出享受税前扣除待遇。这种激进型纳税规划安排，实现了A公司和C公司之间直接交易所不可能实现的税收利益，达到了间接性一方不计收入、另一方扣除的错配结果，造成了两国税基的整体流失。

8.3.5 输入型错配的纳税规划

输入型错配安排是指由于纳税人通过纳税规划安排或者通过与集团成员共同进行筹划安排，通过普通贷款等非混合工具，将离岸混合错配的影响转入国内的税收管辖区。现在用最简单的模型加以说明，如图8-5：

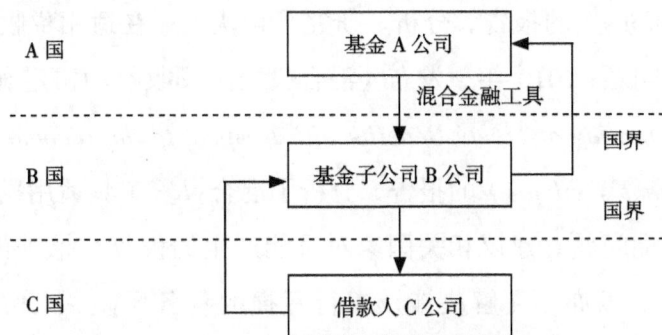

图8-5 输入型混合错配筹划基本路线图

A国的A基金公司拟向C国C公司（借款人）提供一笔无抵押贷

款。如果贷款生效，根据 A 国法律该笔贷款被视为股权工具，根据 C 国法律被视为债权工具。由于 C 国引用了 OECD 混合错配规则，该安排会被视为激进型纳税规划进行调整。为规避此规则，A 基金公司通过其位于 B 国的子公司 B 公司进行贷款安排。B 国把此类贷款视为债务，但是 B 国没有引入混合错配规则。在这种情形下，A 公司与 B 公司之间实现了混合错配安排，B 公司支付给 A 公司的利息发生了一方扣除、一方不计收入的混合错配。因 B 国和 C 国均将该贷款视为债权工具，从而规避了 C 国的混合错配规则。根据 C 国的法律，该借贷安排产生了输入型错配。这样的安排，避免了 C 国不允许抵扣，保留了根据 A 国法律的税务结果。

8.4 混合错配安排规制研究梳理

8.4.1 混合错配安排规制研究梳理

混合错配安排被视为一种激进型纳税规划行为，OECD 对其进行了长期的跟踪调研。2000 年，OECD 发布了《合伙企业适用 OECD 税收协定范本》（*The Application of the OECD Model Tax Convention to Partnerships*）的报告，分析、研究了合伙企业在适用税收协定时的混合错配问题；2010 年，发布《混合投资工具收益的协定利益的授予》（*The Granting of Treaty Benefits with Respect to the Income of Collective Investment Vehicles*）的报告，分析了混合投资工具适用税收协定条款时的错配问题，建议相关国家对可能产生的税收结果进行合理应对；2010 年，发布了《解决涉及银行亏损的税务风险》（*Addressing Tax Risks Involving Bank Losses*）报告，指出在国际银行业务中通过混合错配安排可以使同一笔损失多次享受减免，提醒相关政府部门关注这些错配安排问题；2011 年，发布了《利用企业亏损的激进的税务筹划》

（*Corporate Loss Utilisation Through Aggressive Tax Planning*）报告，描述了亏损结转的规模、适用于损失的规则，并将公司重组、金融工具和非公平交易定价作为风险领域，分析了同一笔损失多次使用的激进型纳税规划安排情况，建议各国政府针对这种混合错配安排制定相关法律规制，限制多次使用相同的亏损。

OECD 为了促进世界各国对混合错配安排问题的达成共识，实地调研和审查了成员国中出现的混合错配安排案例及其采取的应对措施，于 2012 年发布了《混合错配安排：税务政策和合规问题》（*Hybrid Mismatch Arrangements: Tax Policy and Compliance Issues*）的报告，指出各国在混合错配安排下其税基均面临着风险，混合错配安排不仅对税收收入产生直接影响，对竞争、效率、透明性以及公平性也会有产生间接影响，同时指出各个国家可以通过对税务实体、金融工具和交易转移的税务处理规制的修订和完善，解决混合错配安排问题。2013 年，OECD 联合 G20 讨论通过了 BEPS 十五项行动计划，其中第二项就是消除混合错配安排影响的行动计划。2014 年，OECD 发布了《消除混合错配安排的影响》（*Neutralizing the Effects of Hybrid Mismatch Arrangements*）的中期研究报告，重点分析了混合金融工具、混合体支付和及反向混合、输入错配等混合错配的主要类型，呼吁各国通过完善相关税收协定范本和国内法的方式，消除混合工具和混合体对税收造成的影响。2015 年，发布了《消除混合错配安排的影响》最终报告，报告指出在不影响跨境贸易和投资的情况下，通过修订国内法和税收协定，消除某项支出的多重扣除、无应税支付扣除、一笔外国支付的税项获得多重境外税收抵免等混合错配问题。并针对各国如何应对同一支出多重扣除混合错配问题，提出了修改各国国内税法以及修改《OECD 税收协定范本》的建议。2017 年，又发布了《消除分支机构错配安排的影响》（*Neutralizing the Effects of Branch Mismatch*

Arrangements）的报告，分析了分支机构和总机构在不同税收管辖地收入或费用划分认定存在着差异，以及由此产生的错配问题，指出了利用分支机构进行错配的五种类型，即 disregarded branch structures（无视分支机构结构）、diverted branch payments（分支机构转移支付）、deemed branch payments（视同分支机构付款）、double deduction branch payments（双倍扣除分支机构付款）、imported branch mismatches（输入性错配），并分别给出了国内立法修改的建议。

国内外学者和税收实践工作者也对混合错配安排进行了研究，如 Shee Boon Law（2014）在《税基侵蚀和利润转移行动计划之于发展中国家》中指出，目前发展中国家对混合金融工具作为投资工具所提供的灵活性还未被充分地探讨。Plowgian, Michael H 和 Seales, Joseph（2015）在《BEPS 计划对金融产品和服务的潜在影响》中分析了 BEPS 行动计划实施后可能产生的新的混合错配安排，并提出了防范建议。中国学者对这类问题的研究较晚，但更接近实践。黄晓里（2014）在《BEPS 行动计划 2、成果 2——消除混合错配安排的影响》中分析了中国的跨境投资制度安排和外汇管制措施对混合错配安排在中国推广的抑制作用，指出中国与相关国家在某些对外支付款项税前扣除、境外机构的纳税主体性质认定等方面的差异，仍然可能带来混合错配问题。混合错配安排导致的税基侵蚀问题，将随着跨境投资和人民币国际化步伐的加快，对中国税收法规和实践提出挑战。王丽华（2015）在《混合实体的税收协定优惠待遇分析》中指出，中国在税收协定中应明确合伙企业的纳税地位和税收协定待遇问题。赵国庆、曾李炜（2015）在《完善我国金融商品交易所得税制度的国际借鉴》中指出，中国对金融商品交易的企业所得税的制度设计存在缺陷，建议中国逐步引入市价结算法，加强政策研究与市场跟踪，完善中国的金融商品交易所得税制度。

8.4.2 OECD 对各国国内法修订的主要建议

针对混合错配引起的税基侵蚀和利润转移问题，OECD 对各国国内法修订和国际税收协定修订的具体建议可大致归纳如下：

1. 实现国内法的协调性。消除税收实体、金融工具和金融交易的税收待遇中通常被充分利用的差异性。

2. 坚持一般的反避税规则。一般的反避税措施（比如法律滥用、经济实质、商业目的）在解决混合错安排问题方面必须长期有效坚持，特别是对带有循环性、创新性或人为设计特点的筹划安排更应坚持一般反避税措施。

3. 引入专门的混合错配规则。采用专门的混合错配规则直接或间接削弱混合错配安排的影响。在特定案例中引入拒绝在收款方国家没有缴纳最低税收水平的支付性扣除，拒绝公司以在该国获取税收优惠为目的而进行的财务费用扣除等。

4. 制定具有可操作性的法规体系。混合错配的筹划路径从本质来讲就是滥用各国税收优惠。而跨境的某一实体、金融工具或交易的国内税收待遇是与其国外的税收待遇相联系，一个国家的税收待遇依赖于另一国家的税收待遇，受一国国内法税收条款的约束，如一国的国外税收抵免规则要受到国内税收条款和受控外国公司规则的约束。因此，在国内法中增加"关联条款"，比如直接作用于混合错配安排的"首要规则"（primary rule），以及在首要规则不适用时考虑采用的"次要或防御性规则"（secondary or defensive rule），使各国在相对独立的基础上消除混合实体或工具的混合错配安排影响，减少对对方相关国家的依赖。

5. 防止税收协定被滥用。为防止税收协定滥用带来双重扣除或一方扣除、一方不计收入的税务错配结果，OECD 提出了结合各国的法律性质、特定的居民所有权及其活动内容，引入复杂的限制利益规则，用以规范税收协定的适用问题；采取目的测试手段，防范税收协定的目的性使用问题；针对税收协定滥用的情形，制定特定的惩罚规则等三项限制措施。

8.5 中国混合错配安排法律规制的完善

2015 年 BEPS 行动计划发布以来，针对混合错配安排，美国、澳大利亚、丹麦、德国、意大利、新西兰和英国等国家从本国实际情况出发，各有侧重，采取了不同的应对措施，对混合错配涉及的"一笔费用多重扣除""未计入收款方应税收入""一方扣除，另一方免税""滥用国外税收抵免"等激进型纳税规划进行了规制。虽然中国面临的混合错配问题在对外投资政策和外汇管制措施的约束下，并没有西方发达国家严重，目前也没有混合错配激进型纳税规划的案例，但随着中国对外投资的不断增加，以及"一带一路"建设的推进与深化，所面临的混合错配问题也会不断增加。加强对混合错配问题的研究，完善税收法律规制措施，对维护中国的税收权益和扩大对外投资具有重要作用。我们认为，应从以下几个方面进行研究和完善。

1. 完善应对混合金融工具支付的税收政策。利用混合金融工具进行支付形成税务结果错配，主要是因为各个税收管辖权主体对债务和权益的界定存在差异，从而为错配安排提供可乘之机。当前中国相关税收法律、法规对债务和权益的界定只停留在混合性投资业务，并且也只是列出了一般的依照债务处理的条件。为消除该错配安排发生对中国税基的影响，可通过以下条款进行约束：

（1）当金融工具条款下的某项支付在一个税收管辖权主体下已经申请了税前扣除，那么在中国税收管辖权主体下就不能允许其再次申请税前扣除。

（2）当金融工具条款下的某项支付在一个税收管辖权主体下已经申请了税前扣除，在中国税收管辖权下的收款方不得就该支付收入申请享受免税或其他税收优惠待遇；

（3）当在中国税收管辖权主体下作出的某项金融工具条款支付在其他任何税收管辖权主体下都没有被计入一般收入时，中国税收管辖权主体将不允许其申请税前扣除。包括：① 对于支付方税收管辖权下的可扣除性股息支付，拒绝因考虑经济的双重征税问题而给予股息免税；② 某一支付方被所在地（中国税收管辖权主体）视为独立纳税实体，被其母公司所在地（其他税收管辖权主体）视为税务透明体，当其作出金融工具条款下的某项支付时，中国税收管辖权主体不允许其就该笔支付申请税前扣除；③ 某一支付方被所在地（一方税收管辖权主体）视为独立纳税实体，被其母公司（投资方）所在地（另一方税收管辖权主体）视为税务透明体，而该笔支付的收款方在中国税收管辖权下，当其收到金融工具条款下的某项支付在其他税收管辖权主体下进行了税前扣除时，中国税收管辖权主体则将该笔收入计入其一般收入中进行征税；④ 在中国税收管辖权主体下，允许任何超过当期双重计税收入的扣除抵减其他缴税期间的双重计税收入。⑤ 纳税人能够按照税务机关的要求证明，在其他税收管辖区的超额扣除按照当地法律不能抵减任何实体的非双重计税收入，允许其在当期超额扣除。

2. 完善应对反向混合体支付的税收政策。利用反向混合体进行混合错配安排，主要是特殊实体在所在地税收管辖权主体下被视为税务透明体，在其投资方税收管辖权主体下被视为独立纳税实体。为消除该混合错配安排带来的税收影响，中国国内税法应积极引入混合金融工具规则，促进各个税收管辖权主体之间建立起联动机制，可进一步通过以下条款进行约束：（1）受控外国公司、外国投资基金或类似机构的递延纳税收入全额计税。（2）在中国税收管辖权下的实体均被视为非透明体，对实体从境外取得的收入均应列入计税收入。

3. 完善应对可扣除混合支付的税收政策。可扣除混合支付进行混合错配安排，主要利用的是混合支付方的支付在关联方税收管辖权下适用的法规具有差异性。为消除这类差异性带来的混合错配影响，可通过以下条款进行约束：（1）对于在一个税收管辖区（支付方税收管辖区）的可扣除支付引起在另一税收管辖区（母公司所在税收管辖区）的重复扣除情况，当母公司在中国税收管辖区时，不准许这笔支付的税前扣除。（2）对于在一个税收管辖区（支付方税收管辖区）的可扣除支付引起在另一税收管辖区（母公司所在税收管辖区）的重复扣除时，属于支付方在中国税收管辖区时，如果母公司所在税收管辖区允许了这笔支付的税前扣除，则不允许就该笔支付进行税前扣除。（3）在中国税收管辖权主体下，允许任何超过当期双重计税收入的扣除抵减其他缴税期间的双重计税收入。

4. 完善应对双重税收居民的税收政策。针对跨国公司利用双重税收居民身份进行双重扣除的筹划安排，可通过以下条款进行规制：（1）如果纳税人具有双重税务居民身份，对于其支付的款项不允许扣除，但在双方税收管辖权主体下均进行了扣除，同时也在两个税收管辖区法律下计入了应税收入，则允许对包括在中国境内发生的支付款项进行扣除。（2）任何超过当期双重计税收入的扣除即超额扣除可抵减其他期间的双重计税收入。（3）能够按照税务机关的要求证明，在其他税收管辖区的超额扣除按照当地法律不能抵减任何实体的非双重计税收入，允许其在当期超额扣除。

5. 完善税收协定的管理。如前所述，混合错配是指利用两个或多个税收管辖区对一个实体或载体的税务处理差异，以达到获得双重不征税目的。因此，混合错配与国家之间的税收协定的差异密切相关，要遏制混合错配激进型纳税规划的影响，必须从国际税收协定的谈签和管理入手，修订并完善国家税收协定的相关内容，加强对税收协定的管理。

9. 税收信息披露对激进型纳税规划
的法律规制

日益严峻的激进型纳税规划行为，使各国面临着不能及时、全面获取激进型纳税规划方案信息的挑战，而依赖纳税人自愿遵从不能从根本上遏制激进型纳税规划的蔓延，各国税务当局希望快速有效地获取有关纳税规划信息，提高识别激进型纳税规划的能力，强制性信息披露制度应运而生。OECD 不断推出强制信息披露规则的研究成果，并最终以 BEPS 第十二项行动计划——强制披露规则进行了较为完整的呈现，中国目前还没有强制性信息披露的专门安排。

9.1 企业税收信息披露

企业税收信息披露包括三种形式：一是面向税务机关的强制性信息披露，二是现有财务报告体系中自愿与强制相结合的涉税信息披露，三是独立税务报告的自愿披露。各国根据自身的情况，制定了不同的税收信息披露规则。这些规则包括：税收裁定制度、自愿披露减轻处罚制度、税收遵从合作制度、第三方报告制度和强制性信息披露制度。

9.1.1 税收裁定制度

税收裁定制度，也叫税收事先裁定制度。在国际上，目前对税收裁定制度梳理较为全面的是 OECD，其将税收裁定制度定义为：由税务机关向纳税人提供的，就一系列特定事实如何解释和适用税法所作出的自身受其约束的书面报告。① 也可以理解为：纳税人针对预期发生的特定交易事项向税务机关提出报告，请求税务机关按照法律规定作出解释，并出具具有约束力的预处理书面决定。税收裁定制度是将有关征税事项前移，由事后对经济交易定性并征税转变为事前对经济交易定性以消除征税的不确定性，因而对激进型纳税规划具有一定的抑制作用。

据不完全统计，截至 2015 年，已有 104 个国家实施了税收裁定制度，其中 OECD 成员国中有 33 个国家制定并实施了该制度。中国虽然没有单独的税收事先裁定制度，但从税收实践和立法趋势来看，也试图引入这一制度。从税收实践来看主要体现在税收遵从合作协议里，如 2012 年国家税务总局与中国海洋集团有限公司、中国人寿保险（集团）公司、西门子（中国）有限公司签订的税收遵从合作协议涉及了税收裁定内容；2013 年《国家税务总局关于进一步加强大企业个性化纳税服务工作的意见》（税总发〔2013〕145 号）第一次提出了对大企业试行涉税事项事先裁定制度，马钢集团成为第一个"吃螃蟹者"，通过向安徽省国税局报告、申请，依法获得了 2.6 亿元的税收优惠。随后的税收遵从合作协议均涉及税务机关事先裁定制度的服务条款。在税收立法层面来看，2013 年《税收征收管理法修订草案（征求意见稿）》第四十六条对税收裁定作了原则性的规定。

值得注意的是，税收裁定制度不同于个案批复和预约定价安排。税收裁定制度和税收个案批复虽然都是为了解决"税法规范适用特定经济事项的不确定性"的问题，但本质上有较大的区别。一是针对的对象在本质上不同。税收裁定制度针对的是未发生的特定经济事项或业务；税收个案批复针对的是已发生的特定经济事项或业务。二是申请人有本质区别。税收裁定制度的申请人是纳税人；税收个案批复的

---

① Yehonatan Givati. Resolving Legal Uncertainty: The Unfulfilled Promise of Advance Tax Rulings[J]. *Virginia Tax Review*, 2009.

申请人是税务机关，属于税务机关的内部行政行为。[1]三是两者的法律效果有本质区别。事先裁定作出后对纳税人和税务机关均具有法律约束力；税收个案批复的效力只适用于提出申请的税务机关，且提出申请的税务机关只有依照批复作出行政决定，才对行政相对人产生法律效力。若税收个案拟明确的事项需要普遍适用的，应当按照《税收规范性文件制定管理办法》制定税收规范性文件。

税收事先裁定制度与预约定价安排制度也是不同的制度安排。预约定价安排是指企业向税务机关提出未来年度关联交易的定价原则和计算方法的申请报告，由税务机关与企业经过充分协商、确认后所达成的协议，适用于特定纳税人的关联交易，是对其是否符合独立交易原则的事前判断和确认，是税务机关出于反避税目的对纳税人特定纳税事项所作的税务调整达成的协议。也就是说，预约定价安排制度的目的在于强化对关联企业的反避税。而税收裁定制度的目的主要是为纳税人提供税法适用的确定性服务，对其纳税规划进行正确指引，因此其适用范围远远大于预约定价安排，且两者在程序上也有较大差异。

9.1.2 自愿披露减轻处罚制度

自愿披露减轻处罚制度（简称"自愿披露"）是税收征收机关给予已经发生不遵从行为的纳税人在特定条件下纠正逃避税行为的制度。自愿披露可分为一般性自愿披露和特殊性自愿披露两种。一般性自愿披露是针对全体纳税常年采取的披露措施，一般是对接受税务检查或审计通知之前自愿向税务机关披露未申报收入的纳税人，给予的减轻处罚制度。特殊性自愿披露是针对特定纳税人的特定涉税项目，自愿向税务机关报告给予减轻处罚的制度。如澳大利亚于2010年、2014年实施的离岸自愿披露行动（Offshore Voluntary Disclosure Initiative，简

---

[1]参见：《税收个案批复工作规程（试行）》（国税发〔2012〕14号）和《关于进一步规范税收个案批复类文件办理工作的通知》（税总办发〔2015〕184号）。

称 OVDI），通过减轻处罚措施，鼓励纳税人主动向税务机关报告境外所得和资本利得。美国从 2009 年开始先后实施了一系列离岸自愿披露项目（Offshore Voluntary Disclosure Program，简称 OVDP），通过提供避免刑事指控的机会，鼓励纳税人报告未申报的离岸账户信息、资产及所得。中国《国家税务总局关于进一步规范影视行业税收秩序有关工作的通知》（税总发〔2018〕153 号），对于在规定期限认真自查自纠，主动补缴税款的影视企业及从业人员，免予行政处罚，不予罚款等规定，就具有特殊性自愿披露制度的特征。

2015 年，OECD 对 47 个国家实施一般性和特殊性自愿披露项目的主要特征进行了调查，结果显示：所有国家对纳税人的不遵从行为采取零容忍的态度，并通过"激励"（包括正向激励和反向激励）予以应对。通俗地讲，就是"大棒"+"胡萝卜"。"大棒"主要是指在国内法中对未进行纳税申报又不参与自愿披露的纳税人予以处罚，大部分国家通常对那些未通过自愿披露项目全面及时地向税务机关报告信息的纳税人不仅补征税款和滞纳金，而且对其进行刑事起诉和监禁。"胡萝卜"则主要是指给予自愿披露未申报所得的纳税人以不同程度的豁免。80% 以上的国家都实行一般性自愿披露项目或类似的行政措施，其他国家则实行临时性披露项目。一般性披露项目要求纳税人必须缴纳自愿披露项目应缴纳的税款；临时性披露项目往往会采取减税，采用不同的税款计算方法和降低滞纳金措施，鼓励纳税人进行信息披露。在 OECD 所调查的 47 个国家中，有 19 个国家免除罚款或降低处罚金额；在 38 个实施一般性披露项目的国家中，有 26 个国家免除监禁，只有美国和澳大利亚等极少数国家仍不排除监禁的可能，但自愿披露会为减刑或避免被提起刑事诉讼提供依据。此外，一些国家要求纳税人提供额外信息，包括离岸架构、实体和资产信息，建立或维护离岸架构的税务顾问或其他中介的信息，自愿披露减轻处罚措施才能生效。

9.1.3 税收遵从合作制度

20世纪70年代，美国在对偷逃税行为研究的基础之上，逐步形成了税收遵从合作理论，税收遵从合作以纳税人是否依照税法履行纳税义务为依据，将不认真履行或逃避纳税义务的情形归结为税收不遵从。美国科学院（NAS）将税收遵从合作定义为纳税人负有根据纳税申报时的税法、规定和议会决定的相关税收规定，及时填报应填报的所有申报表，准确计算申报纳税义务。中国税务部门认为税收遵从合作是指纳税人遵照税收法律、法规、规范性文件的要求及时报税、正确报税、按时交税，完成缴纳税款义务。[①]关于税收遵从合作问题，理论界进行了大量的研究，并对遵从合作的类型进行了分析和归类。一般认为，税收遵从合作有以下几种类型，见下表：

表　税收遵从合作及类型

类别	类型	特点
遵从合作	防卫性遵从	是由于纳税人害怕税务部门发现其存在偷税漏税逃税行径，且恐惧各种处罚措施，基于设身处地考虑自身利益的角度，从而对纳税遵从予以选择
	制度性遵从	纳税者具有偷逃税的意愿，权衡风险之后，因为制度严密性，导致不存在客观实施的条件，所以不得不选择遵从依法纳税
	忠诚性遵从	是由于纳税人对政府所提供的公共物品、公共服务等感受到满意，然后基于道德修养和对国家的忠诚感，从而选择自觉遵从行为
不遵从合作	自私性不遵从	是由于纳税人追求个人利益最大化，同时不想承担相应的法定义务，从而选择利用做账的方式，通过低报应税收入手段，选择不遵从行为
	无知性不遵从	纳税者没有偷税漏税逃税的思想，但税法的条文复杂烦琐冗余，导致因为知识水平限制，难以对税法规定进行正确理解，进而做出的不遵从行为
	情感性不遵从	纳税人针对政府提供的公共物品与服务觉得极为不满，为发泄情绪或者报复，从而选择的不遵从行为

---

①参见：《2002年—2006年中国税收征收管理战略规划纲要》。

世界各国对税收遵从合作的重视程度不断提高，如加拿大、新西兰、新加坡等国家将税收遵从合作的概念引入其税务部门的战略管理体系，将提高税收遵从合作作为税务管理的首要目标。对于税收不遵从的情况，制定了改善税收遵从的措施。这些措施包括：加大强制执行力度、增加税法的威慑力；改进纳税服务、降低纳税成本；提供遵从合作的纳税人的社会地位，对不遵从的纳税人进行处罚；加强对税务代理人的遵从管理。美国设立了纳税人遵从评估项目（TCMP）[①] 和国家研究项目（NRP），通过纳税人遵从评估项目的设立，一是从整体上衡量税收遵从度，对税收遵从情况进行总体评价；二是建立纳税评估和选案模型，提高选案的针对性及审计效率；三是分析影响税收遵从的因素，完善税务机关的应对措施。澳大利亚将税收遵从模型引入税务管理，指导税务管理工作。该模型 [②] 将不同的动机因素、纳税人的遵从意愿与表现和税务机关的应对措施对应起来，并制定了涵盖税务从业者、个人、微型企业、中型企业、大型企业、养老金及遵从模型等方面税收遵从管理规划及针对大企业共同特点的大企业税收遵从战略。中国在 2003 年发布的《2002 年—2006 年中国税收征收管理战略规划纲要》中首次提出了"遵从"，在 2009 年发布的《大企业税务风险管理指引（试行）》（国税发〔2009〕90 号），实际上就是大企业税收遵从制度，旨在引导大企业合理控制税务风险，防范税务违法行

① TCMP 是"税法遵从测量计划"的简称，通过该计划获取纳税人是否遵从税法的相关信息。按照 TCMP 的规定，税务机关首先随机选取被稽查审计的对象，然后根据纳税识别功能模型（DIF）计算被选中纳税人的相应"分数"，"分数"越高意味着该纳税人偷逃税的概率越大，根据"分数"高低决定是否对该纳税人进行税务稽查审计。但 TCMP 的执行过程，给政府和纳税人均造成了沉重的成本负担，加之税务机关在税务稽查审计中有时有滥用权力之嫌，并由此引发纳税人的不满，因此引起美国国会的高度关注。国会为此举行多次 TCMP 听证会。1994 年，IRS 对 TCMP 进行了彻底的改革，并由此形成了新的税务稽查审计选择计划，即市场细分专业化计划（简称 MSSP）。
② 陈新宇. 国外税收遵从的实践 [J]. 涉外税务，2008（03）.

为，依法履行纳税义务，避免因没有遵循税法可能遭受的法律制裁、财务损失或声誉损害。

OECD 网站正式发布的《2017 年税务管理报告》聚焦全球税收遵从管理五大焦点：一是针对大型企业，许多国家税务机关都成立了大型企业的独立管理单位，管理大型企业纳税人的特定遵从风险和复杂商业事项。二是针对高净值自然人（HNWI），许多国家将高净值自然人群体的遵从管理作为税务管理的优先事项。三是针对中小企业（SMEs），很多国家认为中小企业是遵从管理非常关键的领域，税务机关通过研究新方法，改善和支持其税收遵从。四是针对影子经济，许多国家的税务机关开始使用新的技术和分析方法。五是针对共享经济，许多国家认为共享经济已经开始出现税收风险，税务机关开始尝试通过其他政府部门获取交易信息。

税收遵从合作制度最终体现在税收遵从合作协议上，税收遵从合作协议既是相关企业对遵守税收法律法规的承诺，也是税务机关了解企业重大涉税事项，及时获得全面、准确的涉税信息，实施有针对性的税收管理和服务的渠道。企业积极、主动披露涉税信息，特别是并购、重组、纳税规划等重要涉税信息的行为及其结果，对激进型纳税规划行为具有遏制作用。

9.1.4 第三方涉税信息报告制度

第三方涉税信息是指税收征纳双方之外的情报数据，涉及与纳税人的生产经营活动和税务机关的征收管理相关联的其他单位或企业个人。第三方涉税信息报告制度是指通过法律法规的形式规定指定第三方向税务机关报告与纳税人的生产经营活动和税务机关的征收管理相关联的情报数据。第三方涉税信息报告制度旨在通过解决征纳双方信息不对称问题，对激进型纳税规划行为形成遏制。从国内层面来看，第三方涉税信息报告制度，可以堵塞第三方利用技术手段和资金流动为纳税人进行激进型纳税规划提供的便利通道，降低征收成本。从国际层面来看，第三方涉税信息报告制度有利于开展国际税收合作，遏制跨境激进型纳税规划行为，消除国家间的有害税收竞争，防止税基侵蚀和利润转移。

美国国内收入局（IRS）从 20 世纪 60 年代开始建立第三方信息报告制度，其涉及的范围逐渐扩大，由工资、利息和股息的支付的第三方报告逐步扩大到租金、特许权使用费、赡养费、实行一次性支付（如演讲费稿费等服务报酬）的第三方报告。2010 年，美国政府推出《海外账户税收遵从法案》（简称"FATCA 法案"），要求非美国金融机构向美国政府报告美国账户持有人信息并承担代扣代缴税款义务，将第三方信息报告的主体延伸到国外。2014 年在 G20 的推动下，OECD 发布了《金融账户涉税信息自动交换标准》（Standard for Automatic Exchange of Financial Information in Tax Matters，简称 AEOI）。其中，通用报告标准（Common Reporting Standard，简称 CRS）规定了自动信息交换的主题、内容、标准、要求和程序，将第三方信息报告的主体拓展到国家之间。截至 2017 年 6 月 30 日，已有 101 个国家（地区）承诺实施 CRS，已有 96 个国家（地区）签署实施 CRS 标准的多边主管当局协议或者双边主管当局协议。第三方信息报告制度在政府层面得到了积极响应。

目前，OECD 的 30 多个成员国基本上都建立了第三方信息报告制度，报告主要适用于所得税的征管，大多数国家都将工资、薪金、股息、利息收入等列入报告范围，但具体报告范围存在较大的差别。以银行自动报送为例，澳大利亚要求报送支付的利息及收受人；丹麦要求报送账户的开立和撤销，利息及收受人，年末账户余额及其他相关信息；法国需要报送账户的开立和撤销，利息及收受人，资本所得；

瑞典需报送利息及收受人，年末账户余额及贷款利息。从信息报告的主体来看，主要包括三个方面的主体：一是政府部门和其他社会组织；二是交易对方，包括雇主、银行、保险公司、基金机构等；三是其他部门和人员。

第三方信息报告制度主要是为了遏制激进型纳税规划的蔓延：从国内层面来看，可以防范纳税人利用技术手段和资金流动进行激进型纳税规划；从国际层面来看，可以加强税收征管的国际合作，防止纳税人通过国家之间的资金转移进行激进型纳税规划。

9.2 强制性披露制度

9.2.1 强制性披露制度的特征

强制披露制度是指纳税人在采用纳税规划安排时，纳税人和筹划代理人（机构）一方或双方有义务在规定期限内将筹划交易或安排的详细信息向税务机关报告的制度。强制信息披露制度具有以下几个基本特征：一是强制性信息披露的目的是遏制激进型纳税规划；二是强制性信息披露只面向税务机关；三是强制性信息披露具有很强的保密性；四是强制披露的内容有很强的税收专业性，它所披露的信息是针对某项经济活动的纳税规划安排作出的披露，不宜也不能单独在财务报表上反映。中国目前的税收信息披露虽然有面向税务机关的强制披露，但不属于强制性信息披露的范畴。因为它只是在一般意义上向税务机关提供的纳税申报表等相关信息，并不反映纳税人纳税规划安排的信息披露。

1984 年，美国率先采用强制性披露制度。加拿大的避税交易报告法案（2013）、南非所得税法中的应报告交易（2003）、英国的避税筹划方案披露法案（2004）等都具有强制性披露制度的性质。自 2008 金融危机后，OECD 对税基侵蚀和利润转移的研究进入快速推进的阶段。进入 2013 年后，关于纳税规划强制披露规则的研究成果不断出现（见 OECD2011、2012、2013、2015 报告），并最终在 2015 年形成了系统性成果——《强制披露规则》。欧盟理事会于 2018 年 5 月发布了强制披露指令。

9.2.2 强制披露规则的框架及比较

强制性披露规制一般包括披露人、应披露的信息、披露时间、筹划方和使用人的义务、不披露的后果以及如何有效使用收集的信息等六个要素，但各国在具体制定强制披露规制时侧重点有所不同。

1. 规则的适用范围。强制披露制度一般都有明确适用的税种范围，从目前各国的做法来看，大多适用于所得税类。如英国强制披露规则的适用范围主要包括个人所得税、企业所得税、资本利得税、国民保险金、印花税、遗产税（信托安排）、住宅税。美国强制披露规则的适用范围主要包括个人所得税、企业所得税、遗产和赠与税以及其他联邦税。加拿大强制披露规则适用范围主要是个人所得税、企业所得税。欧盟的强制披露规则适用于除增值税、关税、消费税和强制性社会保障缴款（某些欧盟国家可能会包含这些税种）以外的所有税目。

2. 披露人。强制披露制度对由谁履行披露义务有明确规定，从目前国际上的做法来看，有两种主要形式：一是由筹划方和纳税人同时履行披露义务；二是由筹划方（主要是中介机构）履行主要披露义务。但在具体规定上还略有区别，如加拿大和美国在强制披露制度中规定筹划方和纳税人均负有披露义务。在加拿大，强制披露规则的披露义务人是纳税人和筹划人，其中筹划人①包括税务顾问②，筹划人与税务顾问可以是同一个主体，但采取不同名称时，其披露的内容也不相同，且采取适当形式投票后，可以选择筹划方和纳税人中的任一方承担披露义务。在美国，强制披露制度的披露义务人是税务顾问和纳税人，并且纳税人必须在一个单独的附于纳税人的退税声明中提供关于相关交易以及预期可得税收利益的详细信息，并且将该交易第一时间向OTSA（避税分析机构）进行披露。即不论筹划方是否已经披露了交易行为，应披露交易的所有纳税人均应在申报纳税时，向联邦税务局的避税分析处报告详细的交易信息和预期的税收利益。欧盟和南非的强制披露规则规定，筹划方（中介机构）履行主要的披露义务。在欧盟，如果中介机构位于欧盟境外，或因享有法律专业特权无须承担披露义务，则披露义务由另一个中介机构承担。如果没有中介机构，则由相关纳税人承担。在南非，只有在筹划方或其他参与人书面确认披露报告时，该参与人的披露责任才算完成。如果筹划方在境外，或不存在筹划方，或筹划方有法律专业特权时应当将披露责任转移给纳税人。

3. 披露的内容。强制信息披露规定了应披露的信息。应披露的信息包括两层含义：一是披露标准，即何种纳税规划安排需要进行披露；二是具体披露信息，即达到披露标准的筹划安排应披露的具体信息。目前，从已有的披露制度安排来看大致有两个标准：一是门槛标准（threshold approach）。即某项交易符合特定交易特点，将被列入强制性信息披露的范畴。目前，门槛标准的主要考量指标是获取主要税

---

① 筹划人：推广、销售纳税规划安排方案设计，包括或涉及交易或一系列交易，或作出声明，或表示其推广、销售的有关纳税规划安排方案设计有益于在纳税规划活动中得到更多的税收优惠等的主体。

② 税务顾问：为与自身无关联的其他主体（主要是指纳税人）在交易或一系列交易中提供任何合同保护，或任何帮助或建议的创建、发展、规划、组织、实施交易或系列活动的主体。

收利益，即某项纳税规划安排的主要目标是获取税收利益，则该纳税规划安排应当被披露。目前，英国、爱尔兰、加拿大采用这一标准。门槛标准的优点在于：可以排除无须披露的纳税规划安排，只需筛选出可能产生最大税收风险的交易行为，同时在一定程度上可以减少纳税人的遵从成本和税务机关的行政成本。门槛标准最大的缺陷在于门槛限额较低时会扩大信息披露的范围，而且对跨国交易中税收利益确认时会增加纳税人的不确定性。因此，它一般适用于一般性、单一交易的纳税规划安排。二是特征标准（hallmarks）。特征标准是专门用于衡量某些特殊交易事项是否满足披露条件的标准，一般适用于税务机关重点关注的某些特定交易。特征标准通常划分为普遍特征和特殊特征。普遍特征是指一般纳税规划具有的特征，适用于容易复制，并为大多数纳税人所使用的纳税规划。这类纳税规划具有保密性[1]和额外收费[2]两个特征。英国、美国、加拿大和爱尔兰均有普遍性特征标准。特殊特征是指针对不同交易制定不同的具体标准，适用于利用税制设计的系统性漏洞的纳税规划。各国在特殊特征的制定上具有较大的灵活性，如美国、英国、加拿大、爱尔兰和葡萄牙所制定的针对亏损的有关筹划安排：英国制定的租赁筹划安排；爱尔兰针对雇佣的筹划安排；爱尔兰和葡萄牙针对收入转化的筹划安排；南非的涉及混合工具的筹划安排；等等。欧盟将保密条款；收购亏损公司并将该公司的亏损用于该公司的经营活动之外；收入转化为资本或可享受更多税收优惠的其他收入；利用无经济实质的导管公司或实体借贷套利；支付给关联企业的可扣除的跨境款项（收到时）适用零税率或几乎为零的税率、全额豁免或税收优惠制度等均列入特殊特征。

从具体披露信息来看，当某项纳税规划安排被认定为披露对象，

---

①保密性：筹划方或筹划顾问要求客户对其提供的纳税规划安排保密。

②额外收费：纳税规划获取的税收利益多少决定客户支付收费的多少。

披露人需向税务机关提供有关筹划运作、预期税收收益的获取路径以及筹划方和使用者的详细信息等。一般包括：① 提供筹划发起人和使用者的姓名、地址、电话和税务编号等信息；② 筹划安排具体符合披露标准的说明；③ 详细描述整个纳税规划安排及预期税收利益；④ 提供与筹划相关的法律依据，包括相关国家的法令；⑤ 筹划方需提供客户名单；⑥ 反映筹划安排产生的实际税收利益额。不过，各国的具体规则差异比较大，如英国既采用普通规则标准，也采用特殊规则标准。英国在纳税规划安排强制披露中采用保密性、保险费和标准化的税收产品三个通用特征。针对损失、租赁、就业收入和附属住房采用特殊特征；针对印花税、土地税和遗产税的纳税规划制定了单独的强制披露规则。英国的纳税规划强制披露的内容主要包括：① 纳税规划方案用户（纳税人）报告纳税规划方案编号（SRN），并纳入纳税申报表进行纳税规划的信息披露，不需提供细节。② 纳税规划方案的筹划人披露筹划方案及细节。美国关于纳税规划强制披露规则规定的披露内容主要集中在国内税务局（IRS），并且主要针对上市交易、秘密交易、契约保护性交易、亏损交易、利益性交易等可报告交易。纳税人和税务顾问有披露纳税规划设计细节的义务。加拿大关于纳税规划强制披露规则的披露计划详情的规定与英国和美国的规定有所不同，纳税人、税务顾问和筹划人有披露筹划方案细节的义务。

4. 披露时间及流程。披露时间可以从筹划方和纳税人两个角度考察。在已有的强制披露规则中，筹划方的披露时间大致有两种安排：一是在纳税规划方案即将达到可使用状态时进行披露；二是在实施纳税规划方案时进行披露。从国家税收的角度看，前一种方案优于后一种方案，因为披露的时间越晚，税收收入流失的可能性越大，早期披露更有助于达到强制披露制度的目的。目前，英国、爱尔兰和葡萄牙等采用纳税规划方案即将达到可使用状态时进行披露的时间标准，但在披露时限上有所不同；南非、加拿大则采用在实施纳税规划方案时进行披露。在具体披露时间和流程上，各国也存在差异。

5. 筹划方和使用人应履行的其他义务。纳税规划的使用人可以向税务机关提供他们唯一的筹划编号或客户名单，便于识别披露计划的使用人。美国、英国和加拿大等国将筹划编号作为区分不同纳税规划方案的唯一识别号。此外，英国要求筹划方每季度提供客户名单；美国则规定筹划方在联邦税务总局提出书面要求之日起20个工作日内提交客户名单。

6. 不披露的后果。强制披露制度对未履行披露义务或未充分履行披露义务给予不同的处罚。从现有的强制披露制度来看，处罚主要采取货币处罚、非货币处罚以及货币处罚和非货币处罚相结合等形式。目前，英国和爱尔兰采用按日货币处罚的形式。此外，英国还特别规定对于首次处罚后仍然不履行披露义务的进行二次处罚。[1]美国和加拿大的处罚规则也采取货币处罚，但罚款金额与纳税人获得的税收利益或筹划方收取的服务费直接相关联，即按税收利益或服务费的一定比例处以罚款。美国除了采取货币处罚外，也采取非货币处罚。非货币处罚虽然没有直接货币损失，但对纳税规划安排的实施有重要影响，影响纳税人对某项交易罚款的申诉效力，影响税务机关对纳税人税务处理提出异议的时限。

7. 信息的收集与使用。强制披露制度还规定了信息的收集与使用制度，设立专门机构收集、分析信息。如英国就设有专门负责披露计

---

[1] 英国关于纳税规划强制披露规则中的惩罚制度：（1）对于拒绝披露纳税规划方案的处最高达到100万英镑的处罚；（2）如果纳税人用户未能在报告中对使用该纳税规划设计进行申报，则对第一次失败报告处以100英镑的处罚，对第二次失败报告处以500英镑的处罚，对于后续再次的失败报告将处以英镑1000英镑的处罚（关于失败报告，其适用于每一项纳税规划方案设计）；（3）对于筹划人未能提供纳税人客户名单上的每遗漏一位纳税人客户将被处以5000英镑的罚款。

划的风险评估团队；美国则由联邦避税分析处（OTSA）负责对所有应披露交易和潜在避税计划事宜监管，并确保这些避税信息在税务机关内部发布。税务机关与纳税规划方和筹划的使用者沟通有两个主要渠道：一是发布公告，告知筹划安排的风险，进而影响纳税人或筹划方的行为。二是通过公开出版刊物，如英国的《聚焦》、加拿大的《税收警报》等，这些公开出版物是税务机关与纳税人之间及时沟通的工具，既传达了税务机关的税收关注点，又对纳税人起着重要的预警作用。

总之，税收强制披露规则在税收实践中的应用时间并不长，目前也只有美国、加拿大、南非、英国、葡萄牙、爱尔兰、荷兰、波兰、以色列以及韩国等建立了强制披露机制，从实施效果来看比较令人满意。从总体上来看，英国的强制信息披露规则覆盖面比较广，处罚力度比较大，加拿大的规则的覆盖面较窄，适用性较差；美国的披露流程规定详细而规范，具有比较好的可操作性。

9.3 中国对税收信息披露的规制

9.3.1 中国对税收信息披露的规制及存在的问题

中国对税收信息披露的规制主要体现在《税收征管法》《税收征管法实施细则》《企业所得税法》《企业所得税法实施条例》《特别纳税调整实施办法（试行）》《企业会计准则》《大企业税务风险管理指引（试行）》《国家税务总局关于进一步加强大企业个性化纳税服务工作的意见》《重大税收违法案件信息公布办法（试行）》《纳税人涉税保密信息管理暂行办法》等法律、法规中。这些法律法规对加强税收征管、遏制激进型纳税规划起到了一定的作用，但缺乏系统性、完整性和针对性。

首先，从上述对有关税收信息披露规制的列举来看，涉及的法律、法规较多，并且呈现出"嵌入式""碎片化"的特征，如税收裁定制度嵌入在《关于进一步加强大企业个性化纳税服务工作的意见》中，税收遵从合作制度嵌入在《大企业税务风险管理指引（试行）》中。披露的范围较窄，且要求被淡化。

其次，从目前信息披露的主渠道来看，主要通过财务报表和纳税申报表进行信息披露，事实上以会计信息披露为主。但是会计信息的制定主要是针对投资人、债权人和其他经营管理机构，以提供企业的财务状况和盈利能力等经济信息为目标。由于会计信息存在的私有性，企业在进行信息披露时往往会有选择性地进行披露，所以企业提供的财务报表等会计信息难以满足税务机关的工作，尤其是反避税的需要。虽然有的税务机关也单独制定了独立的税收信息报告制度，如《大企业重大涉税事项报告制度（试行）》，但只具有其形式而已，因为它是税务机关鼓励签约的定点联系大企业，就重大涉税事项与税务机关展开积极沟通，并非强制要求签约的定点联系大企业必须向税务机关报告重大涉税事项。

再次，从税收信息披露人来看，范围较窄且职责不清。《税收征管法》要求国家建立、健全税收信息共享制度，明确了纳税人、扣缴义务人和其他有关单位的涉税信息提供义务，但对具体部门的权利义务，税收信息提供的范围、方式，违反规定的处理等没有具体规定，且税务代理等税务中介机构没有纳入其中。缺乏配套的具体操作办法，导致信息提供方对于涉税信息披露义务履行的主观能动性不高，税务机关无法充分有效获得涉税信息，很难满足反避税的现实需要。

最后，从税收信息披露的处罚来看，标准不明确。目前税收信息披露义务的遵从度不高，存在涉税信息主动申报的意识不强，提供涉税信息的内容或形式不符合规定，披露不准确、不及时等情形，但相关法律、法规没有规定所应承担的法律责任和相应的处罚标准，对于行为人恶意不履行税收信息披露义务以及履行涉税信息披露义务不当缺乏实际有效的可操作规则和程序。

9.3.2 中国建立强制性信息披露制度的必要性

目前，虽然大部分国家还没有建立税收信息强制披露规则，但其对防止激进型纳税规划的必要性是毋庸置疑的。如税收裁定制度，使纳税人可以获得税务机关更多有针对性的个性化服务，增加税收政策适用的确定性，并在一定程度上预见纳税规划后果。又如第三方涉税信息报告制度，可以堵塞纳税人通过第三方利用技术手段和资金流动进行激进型纳税规划，对跨国激进型纳税规划效果更为明显。再如税收遵从合作制度，要求纳税人全面和真实地披露涉税的问题和交易，并提供足够的信息。不论是何种举措，其目的都是披露，都在不同程度上要求或鼓励纳税人及其税务顾问向税务机关提供纳税信息，这些信息比纳税申报表上的信息更为及时、详细。但是强制性信息披露和其他信息披露的目标不同，其他信息披露通常缺乏强制性的信息披露规则的专注性，强制信息披露专注于获取纳税人或筹划人的特定信息，并且强制性信息披露的关键特性是强制性。因此，建立强制信息披露十分必要。

1. 建立强制信息披露制度是全球协同反避税的现实需要。伴随着跨国公司业务的拓展，跨国交易范围的不断扩大和规模的不断增长，纳税规划安排已具有明显的"国际化"与"全球化"的特征，严重侵蚀着相关国家的税基，并与各国的税收立法意图相去甚远。通过国际合作协同应对激进型纳税规划已成为国际趋势和共识。2013 年，OECD 的 BEPS 行动计划在 G20 圣彼得堡峰会上得到了各国领导人背书。2014 年，中国国家主席习近平在 G20 峰会上关于"加强全球税收合作，打击国际逃避税"的讲话，强有力地表明中国将积极加入国际反避税联合行动。2015年，OECD推出了第十二项行动计划——《强制披露规则》，要求对纳税规划安排的信息披露进行强制披露成为一种新兴且重要的反避税工具和手段。目前，美国、加拿大、南非、英国、葡萄牙、爱尔兰、以色列和韩国作为OECD和G20成员国已实施了强制披露规则，并取得了一定的效果。中国作为G20的成员国有必要根据国情，在借鉴经验的基础上，着手构建强制信息披露规则。

2. 建立强制信息披露制度是实施一般反避税条款的配套需要。一般反避税条款（GAAR）是针对不具有合理商业目的而获取税收利益等避税行为的反避税法规。中国在2015年正式实施了《一般反避税管理办法（试行）》，对企业不符合要求的避税安排实施特别纳税调整。但GAAR在实施过程中存在较多缺陷，建立强制性信息披露制度将有助于一般反避税条款的实施。主要表现在三个方面：一是一般反避税条款是一种事后调整，采取的是税务机关事前查获可疑信息、纳税人事后举证的信息传递方式。这种信息传递方式使征纳双方在税法的遵从上大打折扣，不仅增加了税收遵从成本，而且削弱了反避税运行机制的有效性。而强制性信息披露制度是一种事前披露，这种事前披露不仅有利于税务机关及时识别潜在的纳税规划安排，而且对激进型纳税规划安排具有遏制作用，使得谨慎型、保守型或是更加关注名声型的纳税人产生畏惧心理而放弃相应的避税安排。二是一般反避税条款既不是法律漏洞补充条款，也不是税务司法机关反避税的授权条款，它仅仅是规范避税行为的宣示性条款。通过强制披露所披露的纳税规划安排可以作为税务机关作出税务处理的参照，甚至成为判断激进型纳税规划的判例。三是强制信息披露对于避税的定义含义更为广泛，不仅涉及各类税种，且包含纳税规划角度下被认为是恶意和高风险的交易。因此，要达到反避税的目标，需要建立强制性信息披露制度，使税务机关及时掌握潜在的纳税规划安排，结合一般反避税条款的规定直接对不合理的避税行为进行处理，从源头上遏制并打击避税。

3.建立强制性信息披露制度有利于提高中国反避税工作的综合效率。强制性信息披露制度有利于降低中国反避税的成本，并提高其综合效率。一是该制度专门针对纳税规划安排，提升了避税交易或行为的透明度，有利于税务机关识别避税交易与避税参与人，降低对避税的识别成本；二是税务机关对纳税规划（尤其是激进型纳税规划安排）信息的获取有助于提高税务审计效率，加强相关部门之间的相互配合，共同提升纳税人的税收遵从度；三是强制性信息披露有利于税务机关更全面地了解纳税规划交易或纳税规划的具体情况，缩短识别避税安排的时间，从而提升税务部门的反避税效率。

4.建立强制性信息披露制度有利于税收信息披露专门化、系统化。一是能解决目前税收信息披露"嵌入式""碎片化"的问题，将税收信息披露系统化。二是能够解决税收信息披露范围过窄、职责不清、处罚不力等问题，明确披露义务人的范围、职责及不披露的处罚标准，有助于完善中国税收信息披露体系。

9.3.3 关于中国强制性信息披露规则的建议

1.强制性信息披露规则的制定原则。关于强制信息披露规则的设计原则，BEPS第十二项行动计划中最关键的有四项原则：一是强制披露规则应清晰易懂，应尽可能明确地提供具体内容和程序，使纳税人对税收政策的要求能够准确把握。二是强制披露规则应平衡合规成本，应当在税务机关和纳税人之间平衡额外的合规成本。披露义务的范围和程度是实现平衡的关键，规则的设计既要考虑增加的纳税人的额外成本，也要考虑税务机关的功能。三是强制披露规则应有效实现预期目标，应有效地实现预期的政策目标，并准确地确定相关计划。

强制性披露制度的主要目标是获得早期避税计划的信息及其用户和筹划人。四是强制披露规则应有效使用披露信息。税务机关应实施有效的程序，以便充分利用纳税人披露的信息。我们认为，中国强制信息披露规则的设计也应遵循上述原则，但基于中国的国情，还应坚持整体披露与循序渐进相结合的原则。这主要是基于整体信息披露将会增加信息披露的难度和遭遇不必要的抵制。因此，宜采取先试点、后推广的传统做法，即在流转税类和所得税类中分别先选择个别税种进行强制信息披露试点，然后根据对具体的实施效果的评价，循序渐进地扩大适用范围。

2. 强制性信息披露的范围。目前，中国的反避税条款仅适用于企业所得税中的转让定价、资本弱化、成本分摊等特别纳税调整事项，范围过窄已是共识。中国应该尽快建立覆盖面较广的税收安排信息披露制度，从信息搜集与披露的角度打开全面反避税的突破口。同时，按照所得税类和流转税类分别设计相应的强制性信息披露制度。

3. 披露义务人的选择。在披露义务人的选择方面，中国2015年实施的《一般反避税管理办法（试行）》中侧重于纳税人承担披露义务。从规制激进型纳税规划的角度，我们认为有失偏颇，建议重视第三方披露信息。第三方应包括：（1）与纳税相关的第三方；（2）银行和其他金融机构；（3）网路交易平台；（4）政府有关部门和机构；（5）税务代理人。

4. 披露标准的选择。目前，中国税收信息披露主要有三个方面的标准：一是基于财务报表体系基础上的企业税务信息披露标准，及纳税有关的基本税收信息披露。二是基于《一般反避税管理办法（试行）》的信息披露，主要针对以获取税收利益为唯一目的或者主要目的，或以形式符合税法规定，但与其经济实质不符的方式获取税收利益的避税安排。三是基于《特别纳税调查调整及相互协商程序管理办法》的信息披露，主要针对纳税特别调整。这三种信息披露均属于事后披露。强制信息披露标准的选择，不同于上述三种披露，它属于事前披露。在披露标准的选择上，可以通过对激进型纳税规划行为的梳理，提炼其共同特征，按特征确定披露标准；也可以通过对激进型纳税规划先兆的研究、分析，根据其先兆的特征确定披露标准。我们认为，根据先兆的特征确定披露标准，对遏制激进型纳税规划更为有效。

5.强制披露规则与其他披露规则的协调。强制披露规则要求纳税人和筹划人在纳税规划方案尚未实施之前，及时报告纳税规划信息，以提高税务机关对特定的税收政策和税收风险的评估与应对。其他的信息披露也可能产生部分类似的结果，但其具体目标不同，税收裁定和税收遵从方案不能替代强制性披露规则，同样强制性的披露规则不能取代其他类型披露的需要。因此，要使强制信息披露与其他信息披露尽可能协调和统一。

10. 数字经济对税收的挑战及应对

数字经济的快速发展不仅推动了商业模式的演变，加速了跨国企业全球价值链的整合，改变了社会互动方式，而且给基于传统经济模式的税制体系和跨境税源管理带来了严峻挑战。大型跨国公司在数字经济的运营模式下进行激进型纳税规划，侵蚀着相关国家的税基，加深了各国对数字经济及其带来的税基侵蚀和利润转移问题的重视。

10.1 数字经济的内涵及其发展

数字经济的概念最早由美国经济学家唐·塔普斯科特在其《数字经济》(1995)著作中提出，随着曼纽尔·卡斯特的《信息时代：经济、社会与文化》(1996)、尼葛洛庞帝的《数字化生存》(1996)等著作的出版与畅销，网络社会、全球化、网络化、信息技术、技术与组织创新、比特时代、数字化界面、数字化生活等数字经济的概念和理念迅速传播，美国商务部(1998)为了描述信息科技给美国以及全球带来的经济变革与影响，率先使用了"数字经济"的概念。因此，一般认为美国是数字经济的发源地。

广义的数字经济与网络经济、信息经济的内涵比较接近，泛指以网络信息技术为载体的经济活动。科技界一般认为数字经济涵盖数字化、网络化、智能化三个阶段；经济学界一般将信息经济划分为基础型信息经济、融合型信息经济、效率型信息经济、新生型信息经济、福利型信息经济等五种形式。①因此，目前国家及政府部门讨论的数字经济一般是指各种形式存在的信息经济。2016年，G20杭州峰会首次提出全球性的《二十国集团数字经济发展与合作倡议》，将数字经济定义为："数字经济是指以使用数字化的知识和信息作为关键生产要素、以现代信息网络作为重要载体、以信息通信技术的有效使用作为效率提升和经济结构优化的重要推动力的一系列经济活动。"这一定义比人们通常理解的数字经济就是信息产业的外延要广泛得多，也是目前最权威、最认可的对数字经济定义。

数字经济在中国的发展大致经历了三个发展时期：（1）萌芽期（1994—2002年）。这一时期以互联网行业崛起为标志，以新浪、搜狐、网易三大门户网站的创立为先驱，以百度、腾讯等搜索引擎和社交媒体为推手，以新闻门户、邮箱业务、搜索引擎为业态代表，以阿里巴巴、京东等电子商务网站为典型的商业模式，中国数字经济初现端倪。随着互联网的推广，用户数量的快速增长，一大批以互联网为基础的企业相继成立，这一时期的企业主要模仿国外成功的商业模式，并以争夺流量和用户为核心内容，对技术创新重视不够。（2）发展期（2003—2012年）。这一时期以电子商务的核心业务——网络零售为龙头，带动数字经济进入一个新的发展阶段。2003年，阿里巴巴通过个人电子商务网站淘宝网，建立了电子商务本土化商业模式，并迅速发展为全球最大的C2C电子商务平台；通过淘宝网的支付宝业务，建立起了本土化的第三方支付平台，在支付宝从淘宝网中分拆独立出来后，经过创新和发展，逐渐成为第三方支付领域的龙头。2005年，网民通过博客以个人姿态深度参与互联网互动，带来了互联网运用的巨大变化。2006年，仅中国网络零售额就超过千亿。2007年，中国发

---

① 安筱鹏.中国信息经济研究发展报告 [EB.OL]. https://www.sohu.com/a/125051545_470089.

布了《电子商务发展"十一五"规划》，把电子商务定为国家重要的新兴产业。以博客、微博、微信等为载体的自媒体新兴业态不断涌现，社交网络服务使人际交流及联络方式发生着重大变革，社交网络与社交关系突破了传统的边界。2009 年，以社交网站为基础的虚拟社区游戏兴起，开心网、开心农场等虚拟社区游戏成为大众休闲（消费）的时尚。2012 年，中国的网络零售额超过 1 万亿，手机上网用户的规模达到了 4.2 亿。手机上网用户超过台式电脑上网用户，标志着中国数字经济发展又上了一个新的台阶。（3）成熟期（2013 至今）。手机网络用户规模化后，互联网行业进入了移动端时期，中国数字经济迈入成熟期。这一时期有两个重要标志：一是传统行业互联网化。以网络零售为牵引，生活服务向线上转移。二是新的商业模式不断涌现。以摩拜、ofo 为代表的共享行业业态为开端，催生了共享经济模式的不断创新；以淘宝网络直播模式与网购和海淘的融合为引领，使网络直播真正成为一种强有力的经营模式。基于互联网、云计算和大数据等一系列数据驱动的数字经济的新商业模式不断涌现。新商业模式主要包括电商、搜索、社交、互联网金融、共享等五类，涉及电子商务、应用软件商店、在线支付服务、云计算、参与式网络平台、网络广告、高频交易等。

在数字经济的发展演变过程中，中国在政策层面为数字经济的发展保驾护航，对其快速发展起到了推动和保障作用。在萌芽时期，政策的支持和扶持主要是信息化建设，具体包括构建移动通信网络、空间信息基础设施、软件产业等信息化基础设施。在发展时期，政策的支持和扶持重点在电子商务：《关于加快电子商务发展的若干意见》（2005）把促进以电子商务为代表的数字经济发展上升到了国家战略高度；《电子商务发展"十一五"规划》（2007）将电子商务服务业作为新兴产业进行规划，并通过政策重点支持，推动其发展。在成熟时期,《国务院关于积极推进"互联网+"行动的指导意见》(2015)为开端,各部委密集出台了鼓励数字经济发展的相关政策和指导意见。政策的支持和扶持给数字经济的发展不断注入活力。研究数据显示:2017年中国数字经济总量达到27.2万亿元,占GDP比重达到32.9%,对GDP的贡献为55%,新增就业552万人,占比达40.9%。[①]在数字经济的驱动下,管理模式、商业务模式、产业模式不断创新,新型业态不断涌现。

10.2 数字经济的基本特征

近几年来,随着信息通信技术的广泛运用,数字经济得到了快速发展,呈现出新的经济特征。学者廖益新(2015)认为,商品和服务数字化、管理模式一体化、经济活动网络化是数字经济最显著的特征。马化腾(2017)在中国国际大数据产业博览会数字经济高峰对话会上将数字经济的特点概括为实、新、通三大特点。[②]同年,其在中国国际数字经济峰会又补充了高、深、快三个特征。OECD(2015)发布的BEPS第一项行动计划研究成果把数字经济的新特征概括为强流动性、高度依赖数据、网络效应、多层次交互性、大波动性等五个方面,并对其进行了逐一的分析。我们认为,数字经济的特征表现在以下几个方面:

1.数字经济中的产品或服务具有虚拟性。数字经济中的电子产品、数字交付服务等,与传统的工业产品及其服务不同,并不强调实物产品及其服务与之对应。如电子商务网站使用的电子虚拟货币,因

---

① 数字经济改变商业模式,成为商业新局面的竟然是它? [EB.OL]. [2018–10–31]. https: // baijiahao.baidu.com/s?id=1615818417657775996&wfr=spider&for=pc.

② 参见: 2017中国国际大数据产业博览会数字经济高峰对话会上马化腾在"数字经济"高峰对话会上的演讲。

特网内容提供的流媒体、空间服务等，均是以数字形式存在的虚拟商品和服务。

2. 数字经济中的产品或服务具有高附加性。数字产品主要通过知识（技术）的投资形成无形资产，投资开发的无形资产通常会对数字经济中价值创造和经济增长起到至关重要的作用。数字产品或服务的定价并不遵循传统经济学的市场定价策略。从传统经济学的视角考察，数字经济中的产品或服务具有较高的价值附加性，其产品或服务的附加值与其投入技术的先进程度成正比，即越是高科技产品，其附加价值越高，成本回收期则愈短。

3. 数字经济中供给和需求的界限日趋模糊。供给侧和需求侧在传统经济中有严格的划分，经济行为主体中供给方和需求方的界限泾渭分明。但是，随着数字经济中生产模式和销售模式的创新，供给方和需求方逐渐融合成为"产消者"①。

4. 数字经济中生产的边际成本呈递减性。一般而言，非数字产品的生产边际成本呈递增性。但数字产品不同，其边际成本具有递减的特点。如软件行业就特别明显，虽然研发阶段成本较高，但形成数字产品后，每生产一份数字产品，只需要对研发结果进行简单的拷贝即可。

5. 数字经济高度依赖数据。数字经济背景下企业的生产经营离不开数据。随着信息、通信技术的发展，存储容量的提升和存储成本的下降，数据的采集、存储、分析和应用变得更简便，这些数据转化为盈利能力也更加容易。而在传统经济模式下，企业对数据的应用较为单一，相较于数字经济来说依赖程度较低。

6. 数字经济中企业价值链管理更加灵活。企业的价值链管理就是

---

① 产消者：参与生产活动的消费者，该词由阿尔文·托夫勒提出，见其所著《第三次浪潮》（中信出版社 2006 年版）。

企业将运营管理与纳税规划活动相结合的一种管理方式，就是选择最优的纳税规划策略进行企业价值分配。由于信息、通信技术的发展与进步，数据的采集、存储、分析和应用变得更简便，这大大提高了企业获取市场信息的能力和业务分析的能力，使企业内外部之间的沟通都更加便利，进而提高了企业集中管理全球业务的能力，使集团企业可以在各成员企业间实现政策和战略的协调整合，企业越来越能够选择最佳生产活动和资产的地点，也可以远程进行更多的功能。在传统经济模式下，由于许多功能需要借助物理实体来实现，难以实现随意变换，所以限制了企业价值链的灵活程度。

10.3 数字经济的主要商业模式及其对税收的挑战

数字经济的发展以信息、通信技术的广泛应用为基础，衍生新的商业模式的能力更强，速度更快。与电子商务既有联系，又有区别。数字经济下，新商业模式与传统电子商务的典型区别主要有两点：一是新型商业模式下的交易内容多为数字产品，不仅商品分类困难，其交易量也缺乏监控渠道。二是传统的电子商务主要是通过电子商务平台整合价值链，促成跨时间、跨地域的交易，而新型商业模式更多地被用来进行全球价值链整合。G20/OECD 推出的 BEPS 行动计划——《关于数字经济面临的税收挑战报告》着重分析了在数字经济背景下的四种新商业模式，以及在新的商业模式下的税务筹划架构，指出了其对国际税务框架构成的压力。

10.3.1 在线零售及其对税收的挑战

在线零售是卖方（零售商）通过互联网向买方（消费者）提供商品或服务。在互联网上，买方通过对产品或服务的在线浏览，比较，选购自己满意的商品或服务，在网上下订单。卖方对订单识别后，根据买方需求，选择合适的物流配送方式，进行货物或服务的配送。卖方在销售过程中不仅可以提供商品或服务，还可以收集有关用户（消费者）的消费偏好，并有针对性地推送广告。这种商业模式具有全球性、匿名性、无纸化等特征。目前，大多数国家的税法明确规定了对在线销售有形商品、提供劳务和转让无形财产的适用规则，这对正确处理国内和国际税收问题非常重要。但是在数字经济背景下，在线销售数字产品、数字劳务、无形资产对各国国内法和国际税收规则提出了严峻的挑战。这些挑战包括：

1. 常设机构变得更加不确定。遵循常设机构标准对非居民在本国从事生产经营活动行使税收管辖权的基本原则，是现代最为重要的国际税收法律标准之一，也是跨国纳税人进行纳税规划的重要筹划点。虽然《OECD税收协定范本》和《UN税收协定范本》对其进行了定义，各国之间税收协定也有相应的定义，但是对在线零售构成常设机构的情形并没有明确规定，税收事务处理上具有不确定性，纳税人往往利用这种常设机构界定的缺陷，拓宽侵蚀税基并转移利润的空间。

2. 转让定价法律规制更加困难。转让定价作为关联企业间的内部价格，是税务机关和纳税人关注的焦点，各国均强调对转让定价的规制。在在线零售，尤其是跨境在线零售中，母公司通过网络为子公司提供各种数字化的财务、咨询类的服务，使得转让价格的判定和关联企业关联关系的判断比较困难，税基侵蚀和利润转移的可能性增大。

3. 利用国际避税地更加便利。为了服务于在线零售支付，许多银行选择在国际避税地注册，在网上开通"联机银行"业务。在线零售时，跨国企业广泛利用网上开通的"联机银行"，利用电子货币，通过电子现金的方式将来源于高税负国家的所得直接转入避税地"联机银行"，更加便利地规避相关税收。

10.3.2 互联网广告对税收的挑战

互联网广告[①]，是指通过网站、网页、互联网应用程序等互联网媒介，以文字、图片、音频、视频或者其他形式，直接或者间接地推销商品或者服务的商业广告。具体来讲，就是以互联网为媒介发布商品或者服务信息的商业广告，包括与商品或者服务信息链接的相关文字、图片、视频、电子邮件、付费搜索、商业性展示等。互联网广告依赖于互联网广告发布中介的数据收集与分析，根据用户行为的相关度推荐显示或在用户搜索结果中显示在媒介中呈现。广告投放费用计算方面，互联网广告主要采用每千人成本、每次点击成本以及每一执行成本及根据投放效果的评价等方式进行计价。大多数情况下，虽然互联网广告用户的报酬与其贡献的数字内容没有直接关系，但用户的贡献的数字汇集成大数据，通过不同方式为企业创造价值。评估和量化数据的价值，对数据所创造的价值进行再分配，仍是一个尚未解决且非常复杂的问题。例如甲企业通过某用户群或客户群收集数据，并将这些数据提供给第二个用户群乙企业，乙企业利用这些数据为甲企业设计商业广告，这种数据交易如何定性，是免费商品，或是以物换物交易；在会计和税务上如何处理；如果甲、乙两企业分布在不同国家，如何将利润在不同国家之间进行合理分配；等等问题，都是税收面临的严峻挑战。

10.3.3 云计算业务对税收的挑战

云计算是一种新兴资源使用和交付模式，是一种虚拟资源和共享实体结合、提供包括计算、存储、软件等多方面服务的商业模式。这些服务全部使用在线形式提供，不受时间、地点限制，只需连接互联

---

①参见：《互联网广告管理暂行办法》（2016 年中国国家工商行政管理总局令第 87 号）。

网。云计算通过建立基础设施达到规模经济，也可以利用客户端对空间和处理能力的需求弹性而共享空间，从而把服务器适用量提升到最大限度。云计算业务具有成本效益性，消费者获取资源的成本一般是由广泛的用户群分担，且云计算业务必然同时涉及转让资产、使用权和提供劳务，在销售时，不仅有产品与服务的捆绑销售，也存在服务与服务的捆绑销售。尽管云计算数据中心的"有形物理存在"比较好判断，其所在地常被视为收入来源国，现行的《OECD 税收协定范本》也认为可以将服务器视同常设机构对待，由数据中心所在国对其进行征税，但税收也面临严峻的挑战：一是云计算收入的性质认定适用的会计准则缺失，带来收入的确认难题。二是以服务器作为常设机构有悖独立核算原则，因为数据中心的服务器一般是独立运行，仅有少量的维护人员，由服务提供商作出实际运营的管理决策，而数据中心所在国往往并不是服务购买方所在国。三是云计算服务提供商在国外可以建立多个数据中心，通过数据多重备份，在提供服务的过程中实时调配数据资源，这使得确定本地区数据中心提供的服务和区分各数据中心的所得十分困难。因此，在云计算业务模式下，常设机构的认定、常设机构在数据动态移动下的跟踪、利润在不同国家或地区的常设机构的分配，都是国际税收所面临的挑战和难题。

10.3.4 应用软件商店对税收的挑战

应用软件商店是应用软件的数字发行平台，以中央零售平台的形式满足消费者下载和使用的需求，主要采用收费下载、内置广告及免费下载、收费使用等盈利模式。由于软件产品没有排他的单一物理形式，无须物理运输便可轻易被转让，并可无限制地被复制，而且软件使用者一般不会购买软件的源代码，这导致了无法明确其行为是软件购买还是软件授权，如何对其收入性质进行界定。特别是当软件提供商是境外企业时，由于海关和外汇监管的介入，跨境软件购买或授权所面临的问题更为复杂。在中国，税收实务中许多企业会选择以下两种方式解决：一是将软件购买视同为软件授权，并且相应地扣缴 6% 的增值税和 10% 的预提所得税（除非双边税收协定提供优惠税率）；二是通过光碟或者闪存等介质以实体形式进口软件，并将软件的价值作为该介质的价值向海关进行申报，并缴纳 17% 的进口增值税。只要软件进口和软件授权的管辖仍被税务机关、海关及外汇管理部门区别对待，该实务问题就可能会一直存在。[①]

10.4 数字经济背景下激进型纳税规划空间

10.4.1 数字经济中的 BEPS 问题

企业进行激进型纳税规划侵蚀税基的活动有很多种，但在数字经济背景下最主要的有两种：一是通过避免成为常设机构来实现；二是通过无形资产的跨境转移来实现。这主要是因为数字经济领域无形资产增多且高度依赖信息通信技术。在传统的经营模式下，企业获得市场份额，往往采取在市场所在地设立生产销售实体，这些实体会承担当地的大部分营运活动，进而产生纳税义务。随着商业模式的不断演变，企业借助信息通信技术开展不在市场所在国设立实体的业务活动，使非居民企业在没有实体存在的情况下向某国销售产品和服务的操作更容易实现。同时，数字经济背景下的某些新商业模式高度依赖数据，而数据的虚拟性则为企业利用无形资产转让进行纳税规划提供了更大的可能。正如本章 10.3 所述，某些新商业模式高度依赖数据，而这些数据产生的价值的定性和归属问题在给税收工作带来挑战的同

---

① 毕马威. 2018 年中国税务前瞻——税收与中国数字经济 [EB/OL]. https：//home.kpmg/cn/zh/home/insights/2017/11/china-tax-looking-ahead-2018.html.

时，也给企业带来了新的跨境纳税规划空间。

1.数字经济带来的常设机构BEPS问题。数字经济背景下，电子商务、电子支付、云计算等新兴业务模式使企业的经营活动不再受到地点、场所的限制，同时创造所得的方式也更加虚拟化、多样化，这使得常设机构的认定问题更加困难。主要表现为以下四个方面：

第一，固定的经营场所不再是体现经济连接度的唯一形式。因为企业通过网络技术便可以实现各种经济业务，在他国设立固定的经营场所不再是必备要件，经济活动也不再高度依赖人的参与，可以进行"无址化"经营。因此，现行的常设机构认定规则不足以反映数字经济背景下的经济连接度。如 A 企业可以通过在不同网络服务商提供的服务器上设立网址从事网上各种交易活动，A 企业机构所在地和网络服务商提供的服务器所在地既可以在同一场所，也可以在不同场所。如果 A 企业机构所在地和网络服务商提供的服务器所在地不在同一场所，且没有在服务器所在地设立固定基地或安排人员出场，根据常设机构和经营活动所在地的有关规定，尽管 A 该企业事实上通过异地的服务器从事了涉税交易活动，但不能确定异地服务器就是 A 企业的常设机构或经营活动所在地。

第二，常设机构的收入可能并不与实质的经济活动直接相关。目前常设机构的认定主要依据场所和收入两个要素，但在数字经济背景下经营活动可能并不与实质的经济活动直接相关，而是通过间接的经济活动实现价值。例如一些免费的搜索引擎可以通过免费的服务积攒大量用户，进而提升自身品牌价值，吸引更多的付费商户合作，达到增加收入的目的。

第三，所得性质的认定问题。在数字经济中，所得性质的认定对于开展反避税工作来说显得尤为重要。数字经济改变了一部分商品的存在形式，重"有形"变为"无形"，不再以"实物形式"存在，而是以"数字形式"存在。销售和服务、产品和技术等之间的界限越来越不清晰，导致一项收入究竟应该认定为销售或提供服务的所得，还是应该划归为特许权使用费，成了决定来源国对相应的收入是否有征税权的主要因素。

第四，准备性、辅助性活动的认定。过去被视为准备性、辅助性的活动，例如储存和保管，信息搜集等，已经成为数字经济中重要的经济活动。以受众群体最广的聊天软件为例，企业为用户免费提供交流平台，积累的大量注册用户就会成为该平台推送广告、产品、服务的客户，成为企业的利益来源，从这个角度来看其提供的免费服务就不应该被视为辅助性活动。

总的来说，在传统经济模式下，经济交易对物理存在有着较高的依赖性，因此常设机构的判定规则是重要的反避税工具。但在数字经济背景下，新型商业模式使数字经济参与者可以不在来源地国家设立物理存在的常设机构，取而代之的是通过电子邮件、可视会议、IP电话、传真以及独立代理人等实时沟通方式，既可以与该国市场保持一定程度的商业联系，又无须在当地纳税，现有常设机构判定规则失效。虽然这些情形本身并不是BEPS问题，也不是数字经济背景下特有的情形，但是当这些情形与激进型纳税规划并行，导致这部分收入不需要在任何国家缴税或仅需要缴纳极少的税款时，就构成了数字经济背景下的BEPS问题。

2. 数字经济背景下与无形资产相关的BEPS问题。无形资产带来的BEPS问题并不是数字经济模式下所特有的，只是数字经济背景下的无形资产相关BEPS问题更加严重。在数字经济中，新商业模式高度依赖无形资产，无形资产在企业的价值链中所占的比重越来越大。企业的数字产品和服务可以不受传统物流运输的束缚，呈现出"无界化"的特征，自由地在全球范围内进行价值分配，为纳税规划提供了更广阔的空间。传统的、常见的利用无形资产进行筹划有三种模式：

第一，利用各国税收管辖权的差异搭建避税架构。这种方式一般是以专有技术为根基，以"双层爱尔兰汉堡""爱尔兰荷兰三明治"架构为典型模式。

第二，利用成本分摊协议转移企业核心价值。这种方式一般是以知识产权为根基。以跨国企业预先在避税地设立子公司，在确定无形资产的风险和收益比例时，夸大避税地子公司承担的风险为典型模式。

第三，利用特许权使用费降低集团总体税负。比较典型的是企业在耗费了大量的研发投入后形成无形资产，然后通过在避税地设立空壳公司直接掌握该项无形资产，再以提供特许权使用权的名义向该避税地公司支付高额的特许权使用费，最终达到将利润转移到避税地的目的。

数字经济背景下利用无形资产进行纳税规划呈现出新的特点：一是利用数据收益的确认以及征税权的划分。数字经济中，数据是重要的无形资产之一。数据的运用可以为企业创造价值已是不争的事实，但对其创造的价值如何评估和量化、如何分配仍然是一个尚难解决且非常复杂的问题。例如甲乙两国的地缘文化基本相同，甲国企业可以通过甲国的用户群收集偏好数据，然后将这部分数据提供给乙国某企业，乙国企业则通过分析这些数据设计针对甲国用户群的广告，通过广告提高了营业收入。这部分增加的营业收入主要贡献因素是甲国企业获取的甲国用户群的偏好数据，但甲国很难主张对该部分营业收入的征税权，因为缺少确认数据收益的相关规定，使得将数据收益在这些国家之间进行合理的分配成为一个棘手的问题。二是企业可以通过价值链重组将其在当地的业务设计为仅产生很少利润的活动，或者通过资产和风险的分配降低税负。这些特点运用于筹划，就造成了税基侵蚀和利润转移。

10.4.2 数字经济背景下纳税规划路径

基于现代信息和通信技术，以及对于海量数据的开发而衍生的新型商业模式，模糊了商品与服务之间的界限；各种商业模式的经营形式、盈利渠道及其货币化渠道之间存在着极大的差异，在日益激烈的国际税收竞争中，对处理国际税收事宜提出了严峻的挑战。各国纷纷行动起来应对这种挑战，但当采用的方式和方法存在差异，就进一步增加了税收的不确定性，动摇了公平竞争的环境，并为税收制度的滥用打开了新的空间。

1. 所得税的筹划途径。数字经济背景下关于所得税的激进型纳税规划途径主要有以下三种：（1）利用转让定价筹划。转让定价是跨国企业最常使用的纳税规划工具，并不是数字经济的特有产物。但在数字经济背景下，跨国企业常常利用无形资产价值创造及其分配难、国际税务合作难、税务机关获取相关信息难等特点，拓展纳税规划的空间。如在中国，大致有两种典型的筹划策略：一是把在中国的收入最小化，通过合同安排，把企业在中国的功能、资产和风险降至最低。如将无形资产之类的可转移数字资产的风险和法定所有权分配给低税率国家的集团公司成员，或通过特许权利分配、成本分摊协议等向避税港地区转移无形资产的相关权利，从而降低给予中国经济体的相应收入分配。二是把在中国的扣除最大化，通过抬高支付给其他国家关联企业的利息、特许权使用费、服务费、管理费等手段，最大限度地减少在中国的应纳税收入。（2）滥用税收协定的筹划。在数字经济背景下，跨国企业往往利用国家（地区）间签订的税收协定中的优惠条款，通过设立壳公司，借助互联网和数字手段完成交易，规避相关国家预提所得税。比如中国的股息预提所得税税率一般为20%，但对毛里求斯、新加坡、塞舌尔、中国香港、中国澳门等国家或地区给予税收优惠，按 5% 的税率征收。一些跨国企业利用这些税收优惠安排，进行重组，把注册地迁往有税收协定优惠的国家或地区，通过导管公司或脚踏板公司，降低在中国的预提所得税。（3）规避应纳税实体存在。传统经济模式下，受通信、物流、外汇管制、关税壁垒等因素影响，跨国企业在一国开展经营活动，一般需要在该国境内设立生产、营销、分销等实体存在，即常设机构，这些活动所赚取的利润应该在该国纳税。但随着数字经济的发展，新的生产和商业模式不断衍生，一些跨国企业可以通过数字化手段管理企业，通过互联网等数字交易渠道达成和完成交易，获取利润，通过对"存在纳税实体"的规避，达到避税目的。

2. 关税及增值税的筹划途径。税负由最终消费者承担是增值税最大的特点，在跨国企业通过远程销售商品或提供服务的情形下，由于企业购进商品和服务的进项增值税可以抵扣销售货物和服务时的销项增值税，B2B（企业与企业）之间的跨境数字交易基本上不存在避税的可能。但在 B2C（企业与个人消费者）经营模式下，跨国企业借助互联网向中国个人消费者远程销售商品或提供服务，对销售的有形商品，按中国税法规定需要征收关税，但由于税收遵从成本、关税的申报规则、征收方式，海关税务征管及稽查等，只有 6% 左右的进口商品被补缴关税，大多数消费者选择逃避关税。另外，在中国，增值税一般由销售企业代扣代缴，当跨国企业通过互联网远程向中国消费者销售无形商品或提供服务时，由于全部交易都可以通过互联网完成，而中国税务机关和这些跨国企业达成由其代扣代缴增值税的共识是十分困难的，如果不能采取有效的方式和方法对跨国公司的此类销售行为征收增值税，就会造成巨大的税收流失。

10.5 数字经济背景下规制纳税规划的策略

10.5.1 对 BEPS 行动计划的认识

OECD/G20 在《关于数字经济面临的税收挑战的报告》（BEPS 第一项行动计划）中，首先分析了数字经济及数字经济衍生的新的商业模式的主要特点，讨论了数字经济背景下的 BEPS 问题及对税收征管的挑战和应对；其次从税收基本原则出发，分析、讨论了数字经济对税收政策的挑战，对数字经济背景下的新型商业模式的纳税规划与税收问题作了典型的具体的分析，提出了税收问题及解决的备选方案；最后是报告的结论及工作计划。其实，BEPS 整个行动计划都试图为数字经济背景下的 BEPS 问题及其演变提供解决方案：一是试图通过限制滥用税收协定，对数字经济中的焦点问题——常设机构、无形资产等重新定义，恢复税收来源地的征税权。二是针对转让定价的关键问题，即试图在全球价值链上规范无形资产的利润分摊，堵住以技术为特征的无形资产通过人为成本分摊逃避纳税的漏洞。数字经济本身并不会形成 BEPS 问题，而是作为工具或者内容加剧了 BEPS 的影响。[①]由于数字经济是重构新的国际税收规则体系最重要的推手，所以第一项行动计划几乎包含了其他所有行动计划关注的焦点问题。从理论上看，如果 BEPS 行动计划能够完全落实和实施，数字经济背景下的大多数 BEPS 问题就能够得到解决。但从实际来看，这似乎不太可能。因为在落实和实施 BEPS 行动计划上，认识很难统一一致。

基于 BEPS 行动计划，学者们也进行了广泛的研究，主要包括两个方面：一是对 BEPS 行动计划的评估；二是对反避税的研究。对于 BEPS 行动计划的评估，主流的观点认为，行动计划虽然有助于推动

---

① 参见《关于数字经济面临的税收挑战的报告》中译本第三页。

BEPS 问题的解决，但其所提供的参考性解决方案实用性和适用性不足，各国需结合本国国情酌情选择执行。如 Worek，C.J.（2015）认为，OECD 的 BEPS 第一项行动计划虽然提出了很多方法，且都意在补救数字经济带来的更加严峻的税基侵蚀和利润转移问题，但似乎并不能达到预期的目的。Miranda Stewart（2015）认为，BEPS 行动计划主要是针对流动性、灵活性很强的跨国集团采取的措施，是否借鉴 BEPS 行动计划的研究成果，各国需结合本国国情进一步斟酌。Michael Butler and Marianna Danby（2015）在分析澳大利亚出台的"人为避免成为常设机构"的税法草案时指出，现有的关于常设机构的判定规则，在数字经济的发展过程中已经呈现出不再有效的趋势，因为在数字经济背景下完全可以不通过设立任何物理存在而获得可观的经济收益，建议澳大利亚参考 BEPS 行动计划研究成果，用经济活跃度代替物理存在作为常设机构的判别标准。Ramazan Bier（2017）在分析 BEPS 行动计划如何与土耳其国内法衔接时指出，虽然 BEPS 行动计划有众多国家的支持，但这些行动计划在各国家的实施基础不同，有的行动计划甚至与某些发展中国家无关。而梁鲜珍（2017）认为，国际社会应突破传统规则，用"显著经济存在"代替现行的"常设机构"概念，OECD 不建议各国采用"显著经济存在"的新联结度规则的观点较为保守。针对数字经济的反避税问题研究，主要集中在对常设机构的界定和对数字经济征税两个方面。如 Hongler 和 Pistone（2015）提出将常设机构的概念加以扩展，采用"虚拟常设机构"的概念，通过这一概念把通过网站在另一国提供的数字化服务囊括其中。欧洲议会（2015）在其关于"共同统一公司税基"（CCCTB）提案的意见中指出，采用"数字化营业机构"把提供商品和服务的供应商以及客户或用户的实际地点作为判断是否构成常设机构的标准。Brauner 和 Baez（2015）提出，按照 10% 的税率对可能造成税基侵蚀和利润转移的数字经济支付项目征收总额预提税，相关企业可选择在收入来源国进行净额税收登记或接受最终性的总额预提税。Prof.Dr.Georg Kofler 和 Prof.Dr.Gunter Mayr 以及 Christoph Schlager（2017）通过亚马逊、谷歌的商业模式的分析，认为采用虚拟常设机构或对数字经济征收均衡税的方案有利有弊，需要从多方面加以审视。陈琍、方凯、秦泮义（2016）通过对 BEPS 行动计划成果和世界各国应对数字经济挑战的相关措施的总结，建议中国参考 BEPS 行动计划对常设机构以及跨境贸易的相关规定修订和完善常设机构的定义。

中国对数字经济中的 BEPS 问题的研究起步比较晚，对《关于数字经济面临的税收挑战的报告》的认识，"拿来"的较多，创新的较少。对 BEPS 行动计划研究结论及对策在总的原则和思路上与国外研究基本保持一致。

10.5.2 数字经济背景下规制激进型纳税规划的国际实践

数字经济的普及是全球趋势，带来的税收问题也是全球性的。基于对 BEPS 行动计划的认识或承诺，有关国家沿着常设机构和无形资产两个方向，开始对激进型纳税规划的规制进行实践与探索。在常设机构方面主要有引入虚拟常设机构、修改准备性辅助性活动范围、通过"显著经济存在"概念的引入等三个方面的税收实践。在无形资产方面，从开征利润转移税、修改 CFC 规则、征收预提税等方面进行了探索。

1. 针对常设机构的探索与实践。针对常设机构，目前研究比较多的是虚拟常设机构。"虚拟常设机构"的方案（virtual permanent establishment）由 Arvid A.Skaar 教授和 Luc.Hinnekens 等人提出，主要针对现行常设机构的概念对跨国电子商务的适用性问题，认为继续使用现行的常设机构定义将导致网址的所有人仅向居住国纳税。指出，尽管非居民企业在来源地没有有形的固定营业场所或设施存在，但只要其通过互联网，运用数字技术和手段，在来源地持续进行实质性的营业活动，其收入与来源地就产生了紧密而有效的经济联系，可以认定其在来源地设有虚拟常设机构，通过虚拟常设机构取得的生产经营所得应在来源地优先征税。虚拟常设机构通过三个因素进行判断，包括：（1）通过网址进行的活动构成来源国税法规定的营业性活动。（2）这种营业活动必须是持续性地，对企业本身具有实质性的重要意义。（3）这种营业活动不属于《OECD 税收协定范本》第五条第四款规定的准备性或辅助性活动范围。OECD 在其 BEPS 行动计划中虽然吸收了关于"虚拟常设机构"的观点，但对构成来源国对非居民数字产品和服务行使管辖权征税的联结点，仍然没有提出明确、统一和具有良好操作性的标准。

不过，少数国家已经开始了税收实践，法国针对常设机构定义无法覆盖数字经济的问题，在制定针对数字经济的反避税新税制中，引入了"虚拟常设机构"的概念。如果某公司在其境内提供数据收集服务，那么该公司将被认为在法国构成"虚拟常设机构"。但为了继续推动数字经济的发展，也会并行对数字经济研发给予税收优惠。印度作为信息技术比较发达的国家，对数字经济问题一直较为关注。印度从 2016 年 6 月 1 日开始实行 BEPS 第一项行动计划中设计的"虚拟常设机构"概念，同时在国内税法中引入对特定数字商品或服务征收预提所得税、对数字经济征收同等税款等措施。欧洲议会在其关于 CCCTB 提议的意见中指出，可以适当通过提供商品和服务的供应商以及客户或用户的实际地点来判断是否构成"数字化营业机构"。同时，奥地利打算在其轮值期间（2018 年下半年起）推动"数字化常设机构"（虚拟常设机构）概念的建立。

2. 修改准备性辅助性活动范围。作为 OECD 国家税制改革参考的首要范本，OECD 出台的 BEPS 行动计划也给出了参考性解决意见。首先，报告决定修改准备性或辅助性活动的范围。数字化经济的发展带来商业模式的变革，很多以往被认为仅是准备性或辅助性的活动，现在可能已经成为企业的核心业务活动。为了确保核心业务活动的收入可以在其来源国征税，报告建议对常设机构中的准备性或辅助性活动的豁免范围进行修改，以保证其在数字经济中的合理性。其次，还新加入了一条反分割规则，旨在防止关系密切的关联企业利用这些例外条件分割商业活动来获得好处。主要内容是：如果一个在线销售实体产品的卖家，在市场地设有仓库并雇佣众多员工以便存储、配送其产品，那么根据新准则该卖家可以被认定为在市场地构成了常设机构。同时，针对跨国集团人为选定集团内某一公司作为销售合同签署方，并使该公司成为法律上有效的合约销售主体等虚假安排也作出调整。例如销售商在线销售有形产品或其他服务并在某地设有子公司，当地的销售团队长期承担与客户签订销售合同的职责，且签订后母公司无须再对合同内容作重大修改，那么这个子公司可以认定为是其母公司的常设机构。

3. 显著经济存在。BEPS 行动计划在最新成果中发展和深化了其在 2014 年提出的方案，提出使用"显著经济存在"概念来判断联结度，并详尽地列出了常设机构概念新联结度规则应考虑收入因素、数字技术因素和用户因素等技术因素。在这一概念下，尽管企业的经济活动可能通过网络、技术或其他虚拟途径进行，但只要这三个因素显示该非居民企业在该国有意义且实质性地参与了经济活动，那么非居民企业在该国存在应纳税实体，该国可以对其实施税收管辖。

4. 开征利润转移税。利润转移税是在数字经济背景下出现的新税种，由于数字经济为利润转移创造了更加便利的环境，一些国家已经采取或拟采取开征利润转移税。利润转移税主要针对以下情况开征：

当某企业出于减少缴纳税款的目的，将在一国产生的所得通过一定的架构转移至税率较低的他国，这部分被转移的、来源于该国的所得就将被视为利润转移税的计税基础。最先开征这一税种的国家是英国。英国在 2015 年颁布的新财政法案中确定引入该新税种，规定从 2015 年 4 月 1 日起，将对在英国进行生产经营活动并获得利润却将所得转移至境外的跨国公司征收 25% 的税。如果 30 天内未缴纳所有税额，将会面临处罚。澳大利亚也参照英国的做法，从 2017 年 7 月 1 日起，开征转移利润税，同时对符合测试条件的也规定了豁免门槛，并将此举作为对跨国公司反避税法案的补充。

但是对于开征利润转移税这一做法国际上存在分歧，有学者认为，这为解决数字经济背景下利用无形资产实现国际避税提供了新的解决思路，拓宽了税收主权国的反避税政策选择范围，是值得考虑的方法。相反的，有学者认为，毕竟 BEPS 问题是普遍存在的，如果个别国家单独采取某种针对性的活动可能会加大相关国际组织（如 OECD）制定整体应对方案的艰巨性，同时也会使世界范围内的相关反避税工作更加棘手。

5. 开征预提税。开征预提税也是应对数字经济背景下 BEPS 问题的一个选项。在数字经济中，企业提供数字产品和服务取得的收入基本上不受现行的 CFC 规则的限制，不需缴纳税款。由于这部分交易中无形资产占比极高，交易的过程也仅需极少的人力，所以这些收入的流动性更加特殊。因此，BEPS 行动计划建议各国可以重新思考设计 CFC 规则，达到让数字经济下产生的收入成为母公司所在地的应税收入。行动计划给出的参考性意见有以下两个方向：第一，对 CFC 规则下的收入作出定义，对数字经济中涉及的新型的、典型的收入作出分类。第二，将分配给 IP 的相关收入认定为 CFC 收入。这虽然可能会导致企业无限期递延境外收入的汇回，但与第一条建议相结合可以更加准确地确认企业的收入。意大利正在通过修改来源地征税所要求存在的关联，修改 CFC 规则，推进对数字化交易征收预提税。

10.6 中国对数字经济背景下纳税规划的规制

10.6.1 中国对数字经济背景下纳税规划法律规制梳理

针对数字经济背景下的纳税规划法律规制，中国并没有出台单独的文件，其大多分散在我国的《一般反避税条款》和《特别纳税调查调整及相互协商程序管理办法》中。主要法律、法规梳理见下表：

表　中国对数字经济背景下纳税规划法律规制梳理

序号	名称	涉及主要内容
1	《中华人民共和国政府和新加坡共和国政府关于对所得避免双重征税和防止偷漏税的协定》（国家税务总局公告 2010 年第 75 号）	第九条：联属企业
2	《中华人民共和国企业所得税法》第四十一至四十八条，《中华人民共和国企业所得税法实施条例》第一〇九至一二三条	赋予税务机关对关联交易不符合独立核算原则进行调整的权利
3	《特别纳税调整实施办法（试行）》（国税发〔2009〕2 号）	在内容上旧的转让定价法规，并结合特别纳税调整，对如何进行特别纳税调整，尤其是在转让定价调查和调整方面，作出了具体规定
4	《一般反避税管理办法（试行）》（国家税务总局令第 32 号）	进一步明确了一般反避税的适用范围和判断标准，制定了一套严谨的一般反避税管理程序
5	《关于非居民企业间接转让财产所得税若干问题的公告》（国家税务总局公告 2015 年第 7 号）	进一步规范和加强非居民企业间接转让中国企业股权等财产的企业所得税管理

序号	名称	涉及主要内容
7	《关于企业向境外关联方支付费用有关问题的公告》（国家税务总局公告 2015 年第 16 号）	规范和加强企业向境外关联方支付费用的转让定价管理。列明 4 种不符合独立交易原则的行为，在计算企业所得税时不得扣除
8	《关于规范成本分摊协议管理公告》（国家税务总局公告 2015 年第 45 号）	成本分摊协议达成之日 30 日内报国家税务局备案
9	《关于完善管理申报和同期资料管理有关事项公告》（国家税务总局公告 2016 年第 42 号）	借鉴 BEPS 第十三项行动计划的成果，明确同期资料和国别报告的要求，同时对关联申报的内容进行细化
10	《关于完善预约定价安排管理有关联事项的公告》（国家税务总局公告 2016 年第 64 号）	进一步完善了预约定价安排管理，同时落实了 BEPS 第五项行动计划最低标准要求，将单边预约定价安排纳入强制自发情报交换框架，并告知纳税人
11	《特别纳税调查调整及相互协商程序管理办法》（国家税务总局公告 2017 年第 6 号）	进一步规范明确了特别纳税调查调整程序，增加了无形资产、劳务关联交易转让的相关规定，对特别纳税调查中重要事项予以明确
12	《关于税收协定中"受益所有人"有关问题的公告》（国家税务总局公告 2018 年第 9 号）	借鉴 BEPS 第六项行动计划成果，提高"受益所有人"判断标准的刚性，滥用税收协定风险较高的安排进行更加有效的防范

1. 针对人为避免成为常设机构的法律规制。《〈中华人民共和国政府和新加坡共和国政府关于对所得避免双重征税和防止偷漏税的协定〉及议定书条文解释》（国家税务局公告 2010 年第 75 号），用大量的篇幅解释了常设机构认定的各类情况，界定和注释可适用于所有的协定和安排，作为税收协定的解释蓝本。但从口径来看，采纳了 OECD 协定范本注释中的扩展性解释。总的来说，常设机构可以分为四类：机构、场所类，工程、活动类，人员劳务类和代理类常设机构。① 从反避税的案例来看，机构、场所类常设机构的认定以营业性、固定性、

---

① OECD 协定范本中规定的常设机构有四种：一般类型常设机构、工程型常设机构、劳务型常设机构、代理型常设机构。

长期性为核心标准。工程、活动类常设机构的认定紧扣 6 个月的时间节点，即只要与该工程、活动有关的监督管理活动持续时间超过 6 个月就可以被认定为常设机构。人员劳务类常设机构的认定分为两种情形：因分承包工程作业发生的劳务以持续时间是否超过 6 个月判定；为工程项目提供咨询服务的劳务则以持续时间是否超过 183 天进行判定。但是伴随转让专有技术使用权而提供的服务一般不作为常设机构认定，除非该服务是通过设在中国的固定场所或其他场所提供并且达到规定的时间标准。代理类常设机构中只有非独立代理人可能构成常设机构，既包括公开代理、部分公开代理，也包括不公开代理。核心是看签订合同对于委托人有没有约束力。独立代理人不会被判定为常设机构；子公司构成母公司常设机构的认定一般涉及两种情形：一是子公司要求母公司派员提供劳务且停留时间超过 6 个月或 183 天；二是子公司有权并且经常以母公司的名义签订合同。

2. 针对利用无形资产的法律规制。针对利用无形资产进行避税的反避税政策主要体现在国家税务总局颁布的《特别纳税调查调整及相互协商程序管理办法》（国家税务总局公告 2017 年第 6 号）。该公告在整合了此前中国关于无形资产反避税相关规制的同时，吸收了 OECD 在 BEPS 行动计划中的成果，进一步规范、明确了特别纳税调查调整程序，增加了无形资产、劳务关联交易转让的相关规定，对特别纳税调查中重要事项予以明确。核心要义可以概括为税务机关可以按照符合独立交易原则的标准对企业向并未发挥实质作用的关联方支付费用的行为进行纳税调整。主要内容体现在该公告的第三十条至第三十三条。其中第三十条提出了通过无形资产参与收益分配时应以价值贡献为衡量标杆，即进行利润分配的过程中应当全面分析整个企业集团的运营流程，充分考虑各方在形成、使用无形资产的过程中的价值贡献。对于仅拥有无形资产法律所有权却未实际对无形资产的形成作出贡献的不予参与无形资产相关收益分配，对于在无形资产形成和使用过程中仅有提供资金行为的应以获得合理的资金回报为限。第三十二条明确指出，特许权使用费的支付与获取应当与对应的经济利益相匹配，否则税务机关就有权实施特别纳税调整。该公告中的这些规定是中国结合 BEPS 第八至十项行动计划报告中的建议作出的积极响应，有利于规制数字经济背景下滥用成本分摊协议造成的侵蚀收入来源国税基的行为，并与《关于完善管理申报和同期资料管理有关事项公告》（国家税务总局公告 2016 年第 42 号）强调价值链分析的重要性相呼应。

10.6.2 中国针对数字经济背景下纳税规划规制存在的问题

1. 关于常设机构的法律规制。针对常设机构的反避税工作，中国主要适用《中华人民共和国政府和新加坡共和国政府关于对所得避免双重征税和防止偷漏税的协定》中关于常设机构的认定，这种规制方法显然不能抑制数字经济背景下利用常设机构进行的 BEPS 活动。首先，中国目前采用的紧扣物理性存在的常设机构认定规则很难在数字经济背景下遏制激进型纳税规划的发生，因为在数字经济背景下跨国企业可以通过不设立物理性存在的方式展开业务。第二，数字经济背景下，企业的活动大多是通过网络展开的，很少涉及工程项目，因此工程活动类常设机构认定方法也并不适用。第三，由于数字经济背景下跨境提供的服务可以通过在线数据平台或远程网络实现，不再需要派遣人员进行实地操作，因此目前采用的关于人员劳务类常设机构的认定规则也不能有效发挥作用。第四，数字经济背景下企业在他国开展业务可能不再需要实体代理人，通过线上操作完全可以实现直接交易。总而言之，传统经济模式下为解决利用常设机构避税而设计的法规不足以满足数字经济背景下的反避税要求。

2. 关于无形资产的法律规制。应对数字经济背景下的 BEPS 问题，中国虽然已经吸收了 BEPS 行动计划第八至十项的优秀成果，但是对于数字经济中无形资产的定义还存在进一步完善的空间。数字经济中的无形资产范围不断扩大，而原有的判断标准已经很难管制数字经济背景下的无形资产交易，因为对一项数字经济活动的实质究竟是销售商品，还是提供劳务，或是收取特许权使用费的判断变得更加困难，将导致多方主张来源地管辖权的混乱。如提供云计算服务的企业收取的客户付费的定性，如果将其定性为特许权使用费，即使其境外客户在所在国没有构成常设机构，收入来源国也可以对其主张实行税收来源地管辖，对其收入进行征税；如果划归为营业利润，则只要企业在客户所在国没有构成常设机构，收入来源国就不能主张行使征税权。在数字经济反避税工作中，完善现有的反避税政策可以防范数字经济背景下的 BEPS 行为，但是 BEPS 行动计划的报告中也曾指出，数字经济之所以会带来种种税收问题，很大程度上是因为各国国内税制对于数字经济方面的规制存在空白或漏洞。因此，在完善我国针对数字经济的反避税政策时借鉴其他国家的经验也十分必要。

10.6.3 中国针对数字经济背景下纳税规划规制的改进探讨

OECD 发言人曾在 G20 财长会议上表示，"国家的税法并没有跟上数字经济时代的步伐，这造成了诸多可以被跨国公司利用的减税漏洞"。因此，面对数字经济带来的税收挑战，中国需要进一步完善针对数字经济的反避税政策。在当前数字经济发展的大背景下，多国都在尝试寻找更好的方法减少数字经济带来的税收流失，其中多数国家所采用的方案大都参考 OECD 组织出台的 BEPS 行动计划中的参考性解决方案。

1. 制定数字经济常设机构认定规则。对于数字经济进一步加剧常设机构认定困难的问题，BEPS 行动计划中提出了从经济行为发生地以及价值贡献角度对跨国公司利润进行分配的理念和方法，为中国在今后的国际税收合作中争取和维护自身税收权益提供了机遇。由于数字经济的交易内容多为数字形式，具有高流动性且对物理性质常设机构的依赖较小，所以判定常设机构的传统方法存在短板，不能有效监控人为避免成为常设机构的情况。针对 BEPS 行动计划提供的参考性解决方案，建议中国引入显著经济存在规则。显著经济存在规则，即当非居民企业在来源地国具有显著经济存在时，就可以认定该企业与来源地国的经济发生了"有意义且有实质性的相互影响"，从而在来源地国构成应纳税实体。显著经济存在规则是对原有常设机构判定标准的颠覆，为经济联结度的判定设立了一个新的标杆——综合考虑收入因素、数字化因素和用户因素。通过对这三个因素的综合考察来判断非居民企业是否在所得来源地构成显著经济存在以及所得来源国是否对该居民企业负有征税权。

我们认为，收入因素可以认为是判断"经济存在"的直接指标。如果非居民企业从一个国家取得收入不是偶发事件，即获得的收入具有可持续性时就可以视为该非居民企业在该国已经构成了显著经济存在。这就是说，将收入视为认定非居民企业在他国构成显著性经济存在的客观性指标。虽然数字化因素与收入不同，并不是认定"经济存在"的直接指标，但可以用来判定经济存在的显著性，一般表现为当地域名、当地数字平台、当地付款方式偏好等体现市场参与度的数字化因素。如果非居民企业可以通过网络或其他技术工具与他国用户建立并保持有意义且持久的相互影响，则可以认为该非居民企业具有可以被认定为显著经济存在的数字化因素。用户因素与数字化因素相同，也是衡量经济存在显著性的重要指标。这一因素主要是通过用户活跃度来衡量，用户活跃度可以直接作为衡量市场影响力的指标，用户活跃度越高说明市场影响力越大。之所以未采用用户量作为衡量指标，主要是考虑到用户量作为一个规模总量并不能很好地说明经济存在的显著性：一是可能存在无效用户；二是实际收益可能并不与用户数量存在线性关系，但用户活跃度可以很好地反映经济参与程度。显著经济存在规则应用的可行性可以从三个因素的可获得性进行分析：对于收入因素来说，其获得性可以得到充分保障，这一要素的可获得性与一般经济模式下企业收入获得的监管模式无异，但是该收入的范围应仅划定为非居民企业通过数字平台在该国进行的数字化交易获取的所得。数字化因素的可获得性可以凭借其物理属性得到保障，两者都具有客观存在，可以通过相关部门的备案数据直接获得。用户因素的可获得性也毋庸置疑，这主要是依赖于信息技术的发展，一段时期内的用户活跃度完全可测算。以 APP（应用程序，Application 的缩写）的用户活跃度为例，测算主要依赖三个因素：日开启率、启动频次以及停留时长。一般来说，一个 APP 每天启动的次数越多，每次启动停留的时间越长，就表明该软件的用户活跃度越高。

以显著经济存在标准取代常设机构标准将是常设机构概念的一次深刻变革。这一判定规则需要设计一套综合测试规则来评估企业、企业开展的业务以及业务所在国客户之间的关系，由此来判定该企业是否在该国有实质性经济存在。如果显著经济存在规则被采用，数字经济模式下的多种常见经营模式都将面临在所得来源国被征税的境况，例如网上销售业务、互联网广告、线上应用软件商店、云计算等多种新兴的商业模式，从而减少相关的税基侵蚀活动。

2. 完善数字经济背景下无形资产法律规制措施。在非数字经济时代，利用无形资产进行的纳税规划方案在企业中就占据很大比例，数字经济时代的到来使得这种筹划方案如虎添翼。中国虽然在《特别纳税调查调整及相互协商程序管理办法》中吸收了 BEPS 行动计划中有益的研究成果，但仍需要进一步完善。一是完善无形资产相关定义，数字经济条件下的无形资产较之传统意义上的无形资产涵盖的面更广，形式也更加多样，但实质上就是信息通信技术的发展将许多资产数字化形成了企业的无形资产。可以考虑将数字资产作为一个大类划入无形资产，从而达到完善无形资产相关定义的目的。这里的数字资产是指以电子数据形式存在并为企业拥有或控制，以备出售或处在生产过程中的非货币性资产，还应包括企业日常生活中持有的虽不以出售为目的，但可通过该部分资产的其他用途直接为获得收益而服务的数字资产。举例来说，某数字经济企业在提供数字服务的同时收集并用来分析的用户信息，这部分信息虽然并不用于出售，但是在进行收集分析后可以为企业提供产品改进方向，而产品的改进便会为企业带来收益。因此，可以考虑将这类数字信息也纳入数字资产的范围。二是完善常设机构优先原则。完善常设机构优先原则，是指在对企业进行无形资产转让获得的收入征税时，如果该部分收入既可以被认定为特许权使用费收入，又可以被并入常设机构营业利润，则采用常设机构优先原则，优先选择并入常设机构营业利润计算所得税。对于数字经济背景下的新商业模式来说，数字化的无形资产占比不断增大，例如数字经济企业提供服务的虚拟服务器。由于这部分无形资产带来的收入大部分是依靠收集收入来源地数据获取的，如果被认定为特许权使用费收入，则无法保障收入来源国征税权的完整。如果直接认定为该企业的常设机构营业利润，则可以更好地体现价值创造与税收负担相一致原则。

3.完善其他配套税收法制。现阶段中国的数字经济发展迅猛，但是并没有抛弃实体经济，而是利用数字经济带动、激活实体经济的发展。因此，对于实体经济极其重要的税种（例如增值税）也应尽快跟进，对其激进型纳税规划进行法律规制。尽快制定涵盖增值税、消费税和个人所得税等多税种的反避税法律，力求形成一个涵盖多税种的反避税法律规制体系。

参考文献

[1] 安世全，朱婷.新企业所得税"特别纳税调整"的缺憾与对策[J].会计之友（下旬刊），2010（01）：92-94.

[2] 蔡定珍.公司避税的法律规制研究[D].北京：中央民族大学，2012.

[3] 曾姝，李青原.税收激进行为的外溢效应———来自共同审计师的证据[J].会计研究，2016（06）.

[4] 陈博.税务筹划研究述评[J].科技进步与对策，2010，27（05）.

[5] 陈珮.应对恶意税收筹划措施的国际比较研究及启示[J].财政研究，2011（08）.

[6] 陈仁艳.我国转让定价反避税的立法缺陷和完善路径[J].吉林工商学院学报，2014，30（01）.

[7] 陈媛媛.我国资本弱化税制的缺陷与完善[D].苏州：苏州大学，2017.

[8] 陈云陆.税收筹划的法律分析[D].重庆：西南政法大学，2008.

[9] 陈志胜.税收优惠正当性的法理分析及其制度优化[D].长沙：中南大学，2007.

[10] 崔晓静.中国与"一带一路"国家税收协定优惠安排与适用争议研究[J].中国法学，2017（02）.

[11] 邓茜.我国大企业税务风险管理研究[D].成都：西南财经大学，2012.

[12] 丁家辉，陈新.iTax—苹果公司的国际避税结构和双重不征税问题（中）[J].国际税收，2015（03）.

[13] 董莐.珠海市涉外企业转让定价避税与反避税研究[D].长春：吉林大学，2012.

[14] 杜永奎.我国企业纳税筹划必须解决的基本问题[J].法制与经济（下旬刊），2009（06）.

[15] 樊燕.规制国际税收协定滥用措施的最新发展及中国应对[D].上海：华东政法大学，2016.

[16] 樊勇.OECD国家大企业税务风险管理的经验与启示[N].中国税务报，2013-06-05（B01）.

[17] 方卫平.修改我国《预约定价安排（参照文本）》的建议[J].税务研究，2006（08）.

[18] 高旭，马连锋，高伟，李骞，唐玮.我国资本弱化税制：国际借鉴及完善[J].税务研究，2017（08）.

[19] 高阳，贾兰霞.深入解读《一般反避税管理办法（试行）》——访国家税务总局国际税务司副司长王晓悦[J].国际税收，2015（01）.

[20] 顾瑜.我国转让定价法律规制研究[D].南京：南京师范大学，2011.

[21] 管永昊，董佩云，张雁.国际避税的新模式及应对思考[J].兰州财经大学学报，2015，31（06）.

[22] 郭昌盛.一般反避税条款的司法适用——兼评最高院再审儿童投资主基金诉杭州西湖区国税局税务征收案[J].经济法论丛，2017（02）.

[23] 郭心洁，王学浩.后BEPS时代：转让定价中的价值链分析[J].国际税收，2016（12）.

[24] 王道树，倪廷辉，蔡宇，朱江涛，张锋，陈恩宪.澳大利亚国际税收管理工作的进展及借鉴——在全球BEPS行动计划背景下[J].国际税收，2014（12）.

[25] 韩霖，高阳.将BEPS应对落在实处——江苏省国家税务局发布《2014—2015年度国际税收遵从管理规划》[J].国际税收，2014（07）.

[26] 韩芹.税务筹划的法律风险研究[D].重庆：西南政法大学，2012.

[27] 韩卫.英国发布反避税指南滥用税收筹划或将受阻[N].中国税务报，2013-05-08（007）.

[28] 胡汉，周薇.跨国公司在我国避税安排及应对研究[J].福建论坛（人文社会科学版），2016（01）.

[29] 胡俊洋.在华跨国公司转让定价避税行为与反避税策略研究[D].上海：上海海关学院，2017.

[30] 胡丽文.税收法定下的实质课税原则[J].法制与经济，2016（02）.

[31] 黄文秀.正常交易原则在资本弱化税制的适用研究[D].上海：华东政法大学，2014.

[32] 黄颖珺.论反国际避税措施中的"实质重于形式"原则[D].上海：华东政法大学，2008.

[33] 贾民胜.我国防范资本弱化税制问题研究[D].北京：首都经济贸易大学，2017.

[34] 金鑫.俞俊利，政府治理、终极控制与上市公司税收激进行为[J].中南财经政法大学学报，2015（05）.

[35] 李航星，方敏.我国现行资本弱化税制的不足及应对措施[J].税收经济研究，2015，20（06）.

[36] 李慧琳.我国受控外国企业规则的完善研究[D].北京：首都经济贸易大学，2017.

[37] 梁文涛.企业纳税筹划风险的五种应对策略[J].财会月刊，2010（10）.

[38] 刘剑文.税收法定原则的完整内涵及现实意义[N].经济参考报，2015-03-11（008）.

[39] 刘开锐，宋兴义.中国一般反避税立法框架研究[J].扬州大学税务学院学报，2010，15（03）.

[40] 刘来益.跨国企业转让定价与税基侵蚀的研究[D].北京：对外经济贸易大学，2016.

[41] 刘荔云.税收法定主义原则的理性设计与现实困境[J].法制与社会，2009（10）.

[42] 刘铭.苹果避税案例下的税务筹划探讨[J].北方经贸，2014（05）.

[43] 刘培俊，郭小凤.论企业税收筹划的异化及其理性复归[J].重庆大学学报（社会科学版），2006（06）.

[44] 刘培俊.企业税收筹划正当性的税法学简析[J].法学评论，2007（03）.

[45] 刘培俊.税收筹划税法规制的适度性[J].北京理工大学学报（社会科学版），2007（04）.

[46] 刘奇超，何建堂，徐惠琳.论欧盟在打击BEPS方面的功能定位与具体行动[J].国际税收，2015（07）.

[47] 卢阳.论我国税收法定原则的立法现状及其完善——以叶某诉西宁市国家税务局案为例[J].西安财经学院学报，2015，28（05）.

[48] 罗龙初，江联华，程日华，邹艳芳，黄赟.税收法治视野下实质重于形式原则的适用[J].中国管理信息化，2015，18（22）.

[49] 马丽亚，王树锋.大企业税收风险的防范与规避策略研究[J].生产力研究，2013（04）.

[50] ［澳］米兰达·斯图尔特，陈新.数字化BEPS环境下的滥用和经济实质（上）[J].国际税收，2015（09）.

[51] ［澳］米兰达·斯图尔特，陈新.数字化BEPS环境下的滥用和经济实质（下）[J].国际税收，2015（11）.

[52] ［澳］米兰达·斯图尔特，陈新.数字化BEPS环境下的滥用和经济实质（中）[J].国际税收，2015（10）.

[53] 潘修中.论税法解释：税收法定主义的限制和突破[J].税务与经济，2010（06）.

[54] 齐贵.税收筹划的风险及防控途径分析[J].中国国际财经（中英文），2018（04）.

[55] 厦门市国家税务局课题组，戴黎明，罗绪富，付景红.对提高大企业税收遵从度的几点思考[J].涉外税务，2013（04）.

[56] 苏歆.税收激进对企业经营战略的影响[D].东南大学，2017.

[57] 孙菅菅.论避税行为的法律性质及其规制[D].山东大学，2011.

[58] 汤洁茵.税法续造与税收法定主义的实现机制[J].法学研究，2016，38 (05).

[59] 田高良，司毅，韩洁，卞一洋.媒体关注与税收激进——基于公司治理视角的考察[J].管理科学，2016，29 (02).

[60] 万海芳，刘细发.我国应对税基侵蚀利润转移问题的策略[J].税务研究，2014 (10).

[61] 王佳锦.避税行为、信息透明度与非效率投资研究[D].福州：福州大学，2015.

[62] 王珏.论税收法定原则对于税收筹划的重要性[J].法制博览，2016 (02).

[63] 王瑞.大企业税收分类管理问题研究[D].大连：东北财经大学，2010.

[64] 王素荣，于美男.海外投资资本结构税务筹划研究[J].国际商务财会，2015 (01).

[65] 王玮，周宁宇.我国强制性信息披露制度的构建：基于反避税视角[J].税务与经济，2016 (05).

[66] 王懿.落实BEPS行动计划加强对外支付费用转让定价管理[J].国际税收，2015 (05).

[67] 王增业，王劲松，张辉.税基侵蚀和利润转移行动计划对中国企业跨国税收筹划的影响[J].国际石油经济，2017，25 (02).

[68] 魏雪梅.我国税收法定原则的法治化进程研究[J].税务研究，2016 (02).

[69] 吴雅峰.论滥用国际税收协定避税及其法律规制[D].北京：中国政法大学，2007.

[70] 吴振宇."合理商业目的"辨析[J].国际税收，2013 (09).

[71] 徐海荣，王真.借鉴国际经验遏制利用避税地恶意税收筹划[J].涉外税务，2010 (07).

[72] 延峰，冯炜，崔煜晨.数字经济对国际税收的影响及典型案例分析[J].国际税收，2015 (03).

[73] 杨坤，薛思童.税收优惠政策税务筹划误区辨析[J].财会通讯，2013

(11).

[74] 杨娜.从"沃达丰税案"看"实质重于形式"原则在税法中的适用[J].青年科学(教师版),2014,(8).

[75] 杨杨,杨晓倩.法国数字经济税收相关问题探析——基于全球BEPS行动计划[J].税收经济研究,2015,20(04).

[76] 叶姗.一般反避税条款适用之关键问题分析[J].法学,2013(09).

[77] 叶永青,叶红,冯海弘.国际税收发展新动向——税基侵蚀和利润转移[J].上海国资,2013(07).

[78] 易新.税收分析与纳税评估[J].旅游纵览(下半月),2013(06).

[79] 张萌.上市公司关联交易中财务舞弊行为的探析[D].南昌:江西财经大学,2014.

[80] 章良常.基于博弈视角税收筹划问题研究[D].东北财经大学,2011.

[81] 赵凌彤.跨国公司国际避税行为的法律规制[D].哈尔滨:哈尔滨商业大学,2017.

[82] 朱杰进.国际机制间合作与G20机制转型——以反避税治理为例[J].国际展望,2015,7(05).

[83] 邹睿.跨国并购中的滥用税收协定措施[D].上海:华东政法大学,2013.

[84] 张卫彬.国际税收协定与国内税法关系探讨[J].西南政法大学学报,2009(03).

[85] 刘西胜.关于税收筹划强制披露规则研究[D],北京:外交学院,2017(05)。

[86] 蔡畅.资本运营涉税处理与案例解析[M].北京:中国法律出版社,2015(3)。

[87] 刘天永.中国税法疑难案件解决实务[M].北京:中国法律出版社,2016(10)。

[88] 薛刚.财务欺诈对会计准则制定的影响[J].中国管理信息化,2006(5)。

[89] Cai H, Liu Q. Competition and Corporate Tax Avoidance: Evidence

from Chinese Industrial Firms [J]. *Economic Journal*, 2009.

[90] Brian J. The Taxation of Controlled Foreign Corporations: An International Comparison [J]. *Arnold Canadian Tax Foundation*, 1986.

[91] Prem S, Hugh W. The tax avoidance industry: accountancy firms on the make [J]. *Critical Perspectives on International Business*, 2013.

[92] Ling C, Edward L, Maydew, L, Luo Z. Customer - supplier relationships and corporate tax avoidance [J]. *Journal of Financial Economics*, 2016.

[93] Nicole Wilson-Rogers & Professor Dale Pinto. A Mandatory Information Disclosure Regime to Strengthen Australia's Anti-avoidance Income Tax Rule [J]. *Australia Tax Review*, 2015.

[94] Tax Treaty with Switzerland given force of law [J]. *Deloitte Australian*, 2014.

[95] Brodersen J, Eckhardt T, Ehlermann C. Germany Considers Proposal for New Anti-Hybrid Rule, Other Amendments [J]. *Journal of International Taxation*, 2015.